KB268166

부모의 양육이 자녀의 세계관을 만든다

Conservatives Who Raise Liberal Children:

How the Parenting of One Generation Shapes the Politics of the Next

부모의 양육이 자녀의 세계관을 만든다

한 세대의 양육은 어떻게 다음 세대의 정치적 사고를 형성하는가?

렙 브래들리 지음

홈앤에듀

"이 책이 중요한 이유는, 2008년 금융 위기를 포함해 현재 미국이 겪고 있는 여러 문제들의 근본 원인을 이해하는 데 필요한 기초를 제공한다는 것이다."

조셉 오르시니 - 공학박사이자 (전)알래스카 주 상원의원 / 2008년 영문판 추천사

"렙 브래들리를 여러 해 동안 알아왔고, 문화와 인간 행동에 대한 그의 날카로운 분석에 늘 감탄해왔다. 그는 지혜라는 드문 은사를 가지고 있으며, 다소 복잡한 개념조차 누구나 쉽게 이해할 수 있게 하는 데 탁월하다. 나는 주와 연방 차원의 정치 영역에서 다양한 직책을 맡아 일하면서 수많은 사람을 만났지만, 렙은 정말 통찰력 뛰어난 사람이다. 이 책은 분명 고전으로 남을 것이다."

바버라 알비 - (전)캘리포니아 주 하원의원 / 2008년 영문판 추천사

나는 미국에서 두 아들을 어렵게 키워낸 엄마다. 그렇기에 이 책이 정치적 입장을 나누는 책이 아니라, 지금 이 시대에 아이를 키우는 모든 부모가 반드시 읽어야 할 책이라는 사실을 알고 있다.

오늘날 미국의 교육은 아이들에게 책임보다 권리를 먼저 가르친다. 교사의 훈계는 폭력으로 오해되고, 부모와 교사의 권위는 억압으로 취급된다. 자유와 질서의 경계가 무너지면서, 교육은 훈련이

아닌 방임에 가까운 모습으로 변해버렸다.

아이들은 자신을 통제하는 법 대신, 모든 선택을 '나의 자유'라는 말로 정당화하는 법을 배우며 자라났다. 이는 더 이상 미국만의 문제가 아니다. 한국 역시 이미 그 흐름 안에 들어와 있다.

이 책은 보수와 진보의 편을 가르는 책이 아니다. 오히려 성숙함과 미성숙함의 문제를 묻는다. 어른이 된다는 것은 무엇을 허용했는지가 아니라, 무엇을 가르쳤는가의 결과임을 조용히 짚어주며, 부모와 교육자가 다시 어디로 돌아가야 하는지를 질문하는 책이다.

지금 이 책이 한국어로 번역되어 출간되는 것은, 한국 사회가 더 이상 이 질문을 미룰 수 없는 지점에 와 있기 때문일 것이다.

진 커밍스 - 〈The Asia Post〉·〈The Korean Weekly〉 전 발행인,
미국–아시아 전략·외교·경제 정책 분석가

왜 공들여 키운 자녀가 부모와 전혀 다른 가치관을 갖게 되는가. 이 질문에 이 책은 아주 명확한 해답을 제시한다.

저자 렙 브래들리는 인간이 본성적으로 자기중심적인 '기본값'을 가지고 태어나며, 부모가 훈련을 통해 이를 교정하지 않으면 사회는 결국 욕망에 지배당하게 된다고 경고한다. 이 책은 단순한 양

육서를 넘어, 가정 내의 작은 질서와 순종의 훈련이 어떻게 한 사회의 정치적 사고와 도덕적 토대를 형성하는지를 날카로운 통찰로 풀어낸다.

저자는 아이를 고난으로부터 무분별하게 보호하는 대신, 자신의 선택과 행동에 책임을 지는 '자기 통치' 능력을 길러주는 것이야말로 부모가 줄 수 있는 가장 깊은 사랑임을 역설한다. 다음 세대의 인격 형성을 통해 무너진 사회의 토대를 다시 세우길 소망하는 모든 부모와 지도자들에게 이 책을 강력히 추천한다.

이태희 - 그안에진리교회 담임목사, 윌버포스크리스천스쿨 교장,
윌버포스 아카데미 대표, 미국 변호사

오늘날 미국이 무너진 진짜 이유를 '자기 절제를 미덕으로 배우지 못한 교육의 결과'로 분석하는 브래들리 목사님의 진단은, 대한민국의 현실과도 놀라울 만큼 겹쳐 보인다.

자녀의 사회적 성공이 부모의 최우선 가치이자 우상이 되어버린 시대가 지속된 결과, 사법과 언론, 교육을 포함한 사회 전반이 양심을 잃었고 우리 사회는 현재 심각한 도덕적 타락 앞에 직면해 있다.

미국의 문제에서 소름 돋을 만큼 닮아 있는 한국의 현실을 마주

하며 『부모의 양육이 자녀의 세계관을 만든다』가 이 시점에 출간된 것에 감사함을 함께 나누고 싶다.

이지현 - (주)다음세대에듀 대표이사

이 책은 현대 사회가 부모들에게 당연한 것처럼 강요해 온 잘못된 자녀양육 방식을 하나하나 되짚고 바로잡는 책이다.

'친구 같은 아빠 되기', '아이 자존감 세워주기', '원하는 것 물어보기', '감성 존중하기' 등 오늘날 우리 사회와 문화가 부모에게 요구하는 거의 모든 태도는, 실상 아이들을 성숙으로 이끄는 대신 가정의 질서를 허물어 왔다. 그렇게 시작된 가정 안의 혼란은 결국 사회 전반의 붕괴로 이어진다.

이 책이 우리에게 소개된 것은 참으로 감사한 일이다. 부모의 권위와 가정의 질서가 다시 세워질 때, 자녀들은 절제와 순종을 통해 성숙해 갈 수 있다. 가정이 바로 설 때, 우리 사회와 나라도 다시 도덕적 토대를 회복하게 될 것이다. 이 책을 강력히 추천한다.

조평세 - 1776연구소 대표, 월간지 <월드뷰> 부편집장

오늘날 도덕적 기준은 흔들리고 개인의 욕망은 이성을 압도하고 있다. 이 책은 이러한 혼란의 근본 원인을 '가정 안에서의 양육

결핍'에서 찾으며, 부모의 양육 방식이 자녀의 세계관을 형성하고 더 나아가 사회와 국가의 방향성까지 결정짓는 과정을 날카롭게 짚어낸다.

인간은 본성적으로 감정에 이끌리고 즉각적인 만족을 추구한다. 저자는 이러한 성향을 방치할 경우 아이는 책임을 감당하지 못하는 어른으로 자라게 된다고 경고한다. 반대로 부모가 분명한 리더십 아래 '자기 절제self-control'와 '책임'을 훈련할 때, 자녀는 건강한 인격을 지닌 성숙한 시민으로 성장할 수 있음을 설득력 있게 보여준다.

가정의 회복이 곧 사회 회복의 출발점임을 공감하는 모든 부모와 교육자, 그리고 다음 세대의 미래를 고민하는 이들에게 이 책을 강력히 추천한다. 우리의 양육 방식은 한 아이의 인생을 넘어, 다음 세대의 사고와 사회의 방향을 형성하는 설계도가 될 것이다.

김진호 - 글로벌SQ연구소 소장

Conservatives Who Raise Liberal Children:

How the Parenting of One Generation Shapes the Politics of the Next

부모의 양육이 자녀의 세계관을 만든다

한 세대의 양육은 어떻게 다음 세대의 정치적 사고를 형성하는가?

서문

이 책은 자녀양육서가 아니다. 부모들만을 위한 책도 아니다. 이 책은 정치적 성향과 상관없이 오늘날의 사회 흐름과 정치 철학에 대해 우려하고, 그것을 형성하는 데 부모의 역할이 어떤지를 이해하고자 하는 모든 사람들을 위한 책이다.(아이 양육에 대한 구체적인 지침을 원한다면 내가 진행하는 자녀양육 세미나나『성경적 자녀양육 지침서』라는 책에서 실질적인 도움을 얻을 수 있을 것이다.)

이 책을 쓰게 된 것은 지난 수십 년간 나에게 던져진 많은 질문들 때문이다. "근 50년 동안 미국은 왜 이렇게 변했는가?", "우리는 어디서부터 잘못된 걸까?", "좋은 가정에서 자란 자녀인데 왜 부모와 전혀 다른 가치관을 갖게 되는가?", "미국의 도덕적 타락에 대한 책임은 누구에게 있는가? 학교인가, 대중문화인가, 언론인가?", "미국이 흔들리게 된 것은 가난, 인종차별, 교육 부족 같은 데서 비롯된 것인가? 아니면 무감각, 편협함, 억압적인 종교가 원인인가?"

이 질문들에 대한 답은 그리 어렵지 않다. 나는 이 책을 통해 많은 이들이 현대 정치에 대해 새로운 통찰을 얻게 되길 원하지만, 사실 대부분은 자신이 이미 느껴왔던 것들을 글로 확인하게 될 거라 생각한다. 나의 글로 인해 사람들이 생각을 더 분명히 정리할 수 있도록 도울 수 있다면, 그것으로 충분하다.

이 책의 핵심 아이디어는 1998년에 처음 떠올랐다. 그 내용을 친구 조셉 파라에게 나누었을 때 그는 나에게 책을 써보라고 권했고, 그때부터 긴 여정이 시작되었다. 나는 그 후 8년 동안 뉴스 기사들을 수집하고, 정치 철학을 분석하며, 생각들을 정리했다. 글쓰기에 속도가 느리고 신중한 편이라 지난 1년간 집필 과정은 매우 고된 시간이기도 했다.

책의 일부는 이전에 WorldNetDaily.com에 두 편의 칼럼으로 실렸던 것이다. 1장에 일부는 원래 《'미국에 무슨 일이 일어난 것일까?'에 대한 궁극적인 대답》으로 발표되었던 글이다. 그 글의 몇몇 문장들은 이 책의 다른 장에도 등장한다. 10장은 원래 WorldNetDaily.com에 《나쁜 양육이 국경 정책으로 변할 때》라는 제목으로 짧은 분량으로 먼저 게재되었던 글이다.

어떤 이들은 내가 가정생활에 대해 강의하고 글을 쓴다는 이유만으로, 내가 완벽하게 모든 것을 잘 해온 사람이라, 이 주제를 다룰 자격을 갖추었다고 생각할지도 모른다.

정말 그랬다면 얼마나 좋았을까.

내가 가정과 자녀양육에 대해 끊임없이 다루고 있는 것은 사실이지만, 그것이 내가 완벽하게 잘 해왔다는 뜻은 아니다. 그래서 내가 처음 쓴 양육서의 부제가 바로 '자녀가 어릴 때 알았더라면 좋았을 것들'인 것이다. 나는 처음부터 모든 일을 제대로 해내는 재능은 없는 것 같다. 그런 재능을 가진 사람들이 부러울 뿐이다.

내게 주어진 은사는 분석하고 기록하는 일이다. 나는 실수를 하고, 실수에서 배우며, 배운 것을 다른 사람들과 나눈다. 나는 인간 본성에 대해 이해하기 위해 노력했고, 나 자신의 양육 실수뿐 아니라 수천 가정의 양육 여정을 세심하게 관찰하고 기록해왔다. 그로 인해 가정생활과 다음세대 교육, 문화, 정치의 역학을 평가하고 기술할 수 있는 기반을 갖게 된 것이다.

왜 이 책이 지금 한국에서도 필요한가? 2008년 출간된 이 책은 미국 사회를 배경으로 쓰였지만, 저자가 던지는 질문은 놀라울 만큼 오늘의 한국 가정에도 그대로 적용된다.

"왜 부모 세대와 자녀 세대의 생각은 이렇게 달라졌는가?"
"왜 아이들은 점점 더 감정 중심적이고 충동적인 선택을 하게 되었는가?"
"왜 권위, 질서, 절제라는 말은 낡고 억압적인 개념처럼 받아들여지게 되었는가?"

한국 사회 역시 지난 수십 년간 빠른 속도로 감정 중심, 자기중심적 문화로 이동해 왔다. 교육 현장은 '학생 중심'이라는 이름 아래 권위를 제거해 왔고, 가정은 아이의 욕구를 최우선에 두는 방향으로 변해 왔다. 그 결과 많은 부모들은 '선을 긋는 법'을 잃어버렸고, 아이들은 감정과 욕구를 스스로 통제하지 못한 채 성장하고 있다.

이 책은 바로 그 지점을 파고든다. 겉으로 보기에는 정치 이야기를 다루는 것처럼 보이지만, 실제로는 가정의 역할과 아이의 인격 형성, 그리고 그 인격이 사회와 문화를 어떻게 만들어 가는가에 대한 책이다. 미국의 사례를 통해 설명하지만, 저자가 제시하는 원리는 어느 나라에서나 동일하게 적용된다.

- 인간은 태어날 때 본능적으로 자기중심적이다.
- 그 본능은 시간이 아니라 훈련을 통해 다루어져야 한다.
- 부모가 자기 절제와 책임을 가르치지 않으면, 아이는 본성대로 살아가게 된다.
- 그리고 그렇게 자란 아이들이 다음 세대의 사회와 문화, 정치의 모습을 만들어 낸다.

한국 사회 또한 진로, 정치, 신앙, 윤리, 생활 습관 등 거의 모든 영역에서 부모 세대와 자녀 세대 사이의 간격이 점점 벌어지는 현상을 겪고 있다. 이 간격의 원인은 단순히 시대가 바뀌었기 때문이 아니라, 가정의 양육 방식이 달라졌기 때문이다.

이 지점에서 독자들에게 한 가지 언급할 것이 있다. 미국의 인식 구조는 일반적으로 '보수주의 conservatism vs 자유주의 liberalism'이지만 한국은 '보수 vs 진보'다. 그러나 단어만 다르지 우리가 일반적으로 말하는 진보주의가 미국에서는 'liberalism 자유주의'과 일맥상통한다. 오히려 '자유주의'는 한국 사회 안에서 경제적 자유주의, 고전적 자유주의, 혹은 단순한 개인의 자유 확대라는 의미로 사용되고 있다. 또 일상적으로 '자유주의'를 잘 쓰지 않다 보니 언뜻 익숙한 '자유민주주의'를 연상시킨다. 따라서 '자유주의'로 그대로 옮기는 것에 무리가 있음을 인식하게 되었다. 그래서 liberalism을 문맥에 따라 '진보주의' 혹은 '진보적'이라는 표현으로 옮겼다. 또 이러한 결정에는 liberalism을 자유주의로 번역하는 것이, 저자가 의도한 의미를 정확히 전달하기에도 한계가 있다는 판단에서였다. 그러나 이것은 특정 정당이나 정치 세력을 지칭하기 위함이 아니라, 저자가 말하는 '감정 중심적 가치관, 권위에 대한 거부, 경제적 평등, 사회복지 확대, 자기표현의 절대화, 국가의 역할 확대를 긍정적으로 보는 사상적 경향'을 한국 독자들이 보다 직관적으로 이해할 수 있도록 돕기 위한 선택이다.

다시 강조하지만, 이 책은 정치적 입장을 선동하거나 특정 이념을 옹호하기 위한 책이 아니다. 저자가 일관되게 말하고자 하는 핵심은, 한 세대의 양육 방식이 다음 세대의 인격과 세계관을 형성하고, 그 결과가 사회와 정치의 모습으로 드러난다는 사실이다. 본서에서 사용되는 '진보주의'라는 표현은 정치적 구호가 아니라, 인간 본성과 양육의 결과를 설명하기 위한 하나의 개념적 도구로 이해해 주기를 바란다.

이 책은 한국의 부모들에게 다음과 같은 질문을 던진다.

"당신의 자녀는 본성을 따라 자라고 있는가?"

"아니면 훈련을 통해 절제와 인격을 배우고 있는가?"

이 질문은 불편할 수 있다. 그러나 지금 한국 사회의 모습을 바라볼 때, 반드시 던져야 할 질문이기도 하다.

감사의 말

지난 1년 동안 내가 남편이자 아버지로서 자리를 자주 비웠음에도 묵묵히 가정을 지켜준 아내 베벌리에게 먼저 고마움을 전하고 싶다. 그녀는 집에서 본인의 몫 이상을 감당했을 뿐 아니라, 원고를 꼼꼼히 읽고 편집에 대한 제안도 아끼지 않았다. 여러 면에서 나에게 완벽한 짝이다.

특별히 미안함과 고마운 마음을 전하고 싶은 사람은 우리 아이들이다. 지난 1년 동안 아쉽게도 잠들기 전 대화와 기도를 함께 나누지 못한 날들이 많았다.

나에게 삶의 중요한 원칙들을 세워 주신 부모님을 허락하신 하나님께도 감사를 드린다.

그리고 마지막으로, 내 메시지를 믿어주고 집필을 격려해준 나의 친구 조셉 파라에게 진심으로 감사한다.

들어가는 말

미국에는 문제가 있다. 대다수의 부모들, 심지어 보수 성향의 부모들조차도 자녀를 진보 성향으로 키우고 있다. 의도적으로 그런 건 아니다. 대부분은 의도치 않게 그렇게 된 것이지만, 어쨌든 실제로 그렇게 되고 있다.

"그건 중도 성향 부모들에게나 해당되는 얘기지, 보수적인 부모들은 아닐 거야. 내가 아는 중년의 공화당 지지자들은 다들 자녀들도 공화당원이 되었는 걸?" 하고 말하는 사람들도 있을 것이다.

물론 당신 친구들의 이야기에 대해 내가 이의를 제기할 수는 없다. 하지만 나는 내 주장을 고수한다. 미국의 부모들—보수주의자들도 포함해서—자녀들을 점점 더 진보주의적인 세계관을 가진 어른으로 키우고 있다는 것이다.

내가 말하는 '진보적'이라는 것은, 단순히 진보 정당에 가입한다는 의미가 아니다. 점점 더 많은 젊은이들이 어른이 되어 갈수록, 삶을 바라보는 방식 자체가 진보주의적으로 변하고 있다는 말이다. 오십 대 이상인 사람이라면 대부분 공감할 것이다. 우리 문화는 오십 년 전보다 훨씬 더 진보주의적으로 변했다는 것을.

그렇다면 이런 변화는 어떻게 일어난 걸까?

나는 그 책임이 주로 부모에게 있다고 본다. 우리는 어른이 되었지만, 결국 어린 시절 양육 방식의 결과물이다. 우리의 부모세대는 훈육 방식과 자녀 교육을 통해 우리가 '권위'를 어떻게 받아들이고,

'삶'을 어떻게 바라보는지를 형성해 주었다. 그들이 우리를 특정 정당 지지자로 키우려 했던 것은 아니겠지만, 우리는 그들의 직접적인 영향, 혹은 그들이 허용한 외부 영향—학교, 친구, TV 등—을 통해 세계관을 갖게 되었다.

그들의 의도든, 방임이든, 행동이든, 무행동이든, 우리는 부모를 통해 정의에 대한 개념, 개인의 책임, 어려운 이웃에 대한 관심, 표현의 자유, 개인의 권리 등에 대한 시각을 형성해왔다.

의심의 여지없이, 부모는 다음 세대의 시민을 만들어내는 핵심 책임자다.

결국 우리가 어떤 인격을 갖게 되었는지는 부모의 영향에 대한 우리의 반응이 만들어낸 결과다. 그리고 우리가 가진 인격, 혹은 인격의 부재는 우리가 정부를 어떻게 바라보고 접근하느냐—그것이 유권자의 입장이든, 입법자의 입장이든—를 결정짓는다.

대부분의 정치인은, 결국 자라서 어른이 된 아이일 뿐이며, 어린 시절 부모에게서 배운 원칙으로 나라를 다스리려 한다. 다시 한 번 분명히 하고 싶다. 내가 말하는 것은, 자녀들이 부모의 정치적 가치관을 의도적으로 주입받아서 자라 그대로 같은 정당에 가입한다는 이야기가 아니다. 그런 말을 하고 싶은 것이 아니다. 내가 말하는 것은, 한 사람의 세계관은 어린 시절 어떻게 양육되었는가에 따라 형성된다는 것이다.

　부모의 양육이 자녀의 세계관을 만든다

물론 대학 교수들의 정치적 편향이 우리에게 영향을 미쳐 정치 철학을 정교하게 다듬고 이론화하는 데 도움을 줄 수는 있다. 하지만 우리가 대학에 입학했을 때 이미 개인적인 편향은 어느 정도 자리 잡혀 있었다. 교수들이 우리에게 영향을 줄 수 있었던 이유는, 우리가 이미 그 방향으로 기울어 있었기 때문이다. 그 방향은 바로, 가장 영향을 많이 받는 시기—어릴 적—부모의 리더십 방식에 의해 정해진 것이다.

그럼에도 여전히, '이 시대 성인은 자신을 길러준 사람들의 결과물이다'라는 내 주장에 의문을 제기할 수도 있을 것이다. 사실 이 책의 전반적인 목적 중 하나는 정치적 관점이 부모에 의해 어떻게 형성되는지를 보여주는 것이다. 하지만 정치를 잠시 제쳐두고, 지금 우리 사회의 도덕적 상태만 봐도 부모의 영향력이 얼마나 강력한지를 알 수 있다.

최근 몇 년 사이 뉴스 보도에서는 특히 충격적인 범죄들이 보도되었다. 양심의 가책조차 없이 끔찍한 짓을 저지르는 청소년들의 이야기다. 이것은 단순히 미디어의 악영향에 대한 그런 문제가 아니다. 실제로 미국의 도덕성은 수십 년에 걸쳐 서서히 무너져왔다. 그리고 그 책임의 가장 큰 부분은 바로 부모에게 있다.

제1장
어른은 자라난 아이일 뿐이다

"아이들에게 행한 것을, 그들이 사회에 행하게 될 것이다."

- 칼 메닝거 박사(정신과의사)

1979년 1월 29일, 열여섯 살의 브렌다 앤 스펜서는 캘리포니아 주 샌디에이고에 있는 초등학교에서 22구경 소총을 들고 무차별 총격을 가했다. 그 사건으로 교장과 관리인이 사망했고, 어린이 8명과 경찰관 1명이 부상을 입었다. 브렌다는 나중에 이렇게 말했다. "월요일이 싫어서 그랬어요. 하루를 좀 재미있게 만들어보려고요." 그녀는 총을 쏜 데에 아무 이유도 없었고, 오히려 그 일이 굉장히 재미있었다고 했다.

무자비한 살인자는 역사상 늘 있어 왔다. 하지만 문명화된 현대 미국에서, 그것도 한창 자라나는 '순수한' 아이가 이렇게 아무렇지 않게 무고한 생명을 해치는 일은 한 번도 없었다. 더 안타까운 것은, 이 사건이 단발성 사건이나 돌발적 예외가 아니었다는 점이다. 이것은 당시 미국 문화 속에서 자라고 있던 도덕적 타락이 처음으로 대중 앞에 드러난 것이었으며, 하나의 시작이었다.

- 1985년 1월 21일: 14세의 제임스 앨런 커비가 텍사스 주 미들랜드, 고다드 중학교에서 총을 난사했다. 그는 교장을 살해하고 3명에게 부상을 입혔다.
- 1988년 9월 26일: 제임스 윌슨은 사우스캐롤라이나 주 그린우드

의 초등학교에 들어가 학생 7명과 교사 2명에게 총을 쐈다. 그 결과 8살 여자 아이 두 명이 목숨을 잃었다.

• 1989년 1월 17일: 패트릭 퍼디는 캘리포니아 주 스톡턴의 한 초등학교 운동장에서 AK-47 자동소총을 난사했다. 5명의 아이들이 그의 손에 목숨을 잃었고, 30명이 부상을 입었다.

• 1992년 5월 1일: 에릭 휴스턴은 산탄총과 절단된 22구경 소총을 들고 자신이 이전에 다녔던 캘리포니아 올리브허스트의 고등학교를 찾아갔다. 시민교육 수업에서 낙제점을 받은 것에 앙심을 품고 담당 교사를 포함해 4명을 살해하고 9명을 다치게 했으며, 약 80명의 학생을 인질로 잡았다가 결국 투항했다.

• 1993년 1월 18일: 켄터키 주 그레이슨에 있는 이스트 카터 고등학교, 17세 게리 스콧 페닝턴은 성적표 점수에 불만을 갖고 총을 가지고 학교로 갔다. 그는 영어 선생님과 관리인에게 총격을 가해 살해하고, 22명의 반 친구들을 인질로 잡았다가 자수했다.

이후 1999년 4월 20일 콜럼바인 고등학교 총격 사건이 발생하기 전까지도, 비슷한 학교 내 총기 난사 사건이 열 차례 더 일어났고, 그때마다 또 다른 무고한 생명들이 희생되었다. 콜럼바인 고등학교에서는 그날 15명이 숨지고 거의 20명이 부상을 입었고, 많은 사람들이 '이제 이보다 더 끔찍한 일은 없을 거야'라고 생각했다. 하지만 그로부터 15건의 학교 총기 사건이 더 벌어진 뒤인 2007년 4월 16일, 버지니아 공대에서는 한 학생의 총격으로 교수와 학생 32

명이 목숨을 잃었다.

50년 전만 해도 상상도 할 수 없었던 생명 경시 범죄들이, 이제는 흔한 뉴스가 되어버렸다. 같은 학교 아이들과 선생님을 살해하고, 같이 놀던 친구를 죽이며, 10대 엄마가 갓 태어난 아기를 버려 죽게 만든다.

한 조사에 따르면 60세 이상 교도소 수감자들 대부분이 지금의 젊은 범죄자들을 '양심이 결여된 새로운 유형'이라고 여긴다고 응답했다.

도대체 미국의 젊은이들에게 무슨 일이 일어난 걸까?

어떤 사람들은 이런 무차별적 폭력이 아이들에게 장난감 총을 허용했기 때문이라거나, 폭력적인 TV, 음악, 비디오 게임을 너무 많이 접한 탓이라고 주장한다. 또 어떤 이들은 총기 규제법이 너무 약하다고 말하고, 또 다른 이들은 안전하고 건전한 방과 후 프로그램이 없기 때문이라고 지적한다. 하지만 사회 전반의 흐름을 볼 때, 이 끔찍한 범죄들을 단순한 현상으로 보아서는 안 된다. 도덕적 기반이 무너짐으로 인해 강력 범죄율이 급증하고 있다는 더 깊은 문제의식으로 나아가야 한다.

1991년 이후 범죄율이 다소 감소하긴 했지만, 여전히 역대 최고 수준 근처에 머물러 있다. 미 연방수사국FBI의 통계에 따르면, 1960년 이후 강도 사건은 250%, 강간은 318%, 중범죄 폭행은 329% 증가했다. 전체적으로 볼 때, 지난 50년 동안 폭력 범죄는 세 배로

늘었다.

미국에 무슨 일이 일어난 걸까?

범죄는 증가하고, 가정은 급격히 무너지고 있다. 전국 평균으로 보면 결혼한 열 쌍 중 네 쌍이 이혼을 하고 있다. 1960년대에 '세대 차이'라는 표현이 처음 등장한 이후, 부모와 자녀 사이의 간극은 더 벌어졌다. 이제 청소년들은 단지 부모와 소원한 정도가 아니라, 법적으로 독립하겠다며 부모를 상대로 소송을 하기도 한다.

심지어 선천적 장애를 갖고 태어난 아이가 자신을 낙태하지 않은 것에 대해 부모에게 소송을 제기한 사건도 있었다. 더 심각한 것은, 이런 도덕적 붕괴에 대해 대중이 더 이상 충격을 받지 않는다는 점이다. 오히려 선정적인 토크쇼를 즐겨 보며 그것을 하나의 오락으로 여긴다.

미국에 도대체 무슨 일이 일어난 걸까?

교육적으로도, 학생들의 학업 성취도는 역대 최저 수준이다. 1963년 SAT^{대학입학 자격시험} 평균 점수는 1081점이었으나, 이후 수십 년에 걸쳐 1017점 수준으로 떨어졌다. 한 세대 전만 해도 교사들이 가장 큰 문제로 꼽았던 것은 '수업 중 잡담'이나 '껌 씹기' 같은 사소한 것들이었다. 하지만 지금은 폭력, 마약, 성폭행이 가장 심각한 문제로 대두되었다. 질서와 규율로 학습에 최적화된 교실은 이제 과거의 유물이 되었다. 많은 학생들은 더 이상 교사를 존경하지 않고, 교사의 어떤 말도 진지하게 받아들이지 않는다. 도대체 미국에 무슨 일이 일어난 걸까?

성性적으로도, 우리는 이제 욕망이 지배하는 사회에 살고 있다. 지난 수십 년간 혼전 및 혼외 성관계는 크게 증가했다. 한때는 암시장에서 은밀히 거래되던 외설적 포르노그래피가, 이제는 웹사이트를 통해 개인 핸드폰으로 어디든 가지고 다니며 소비하는 시대가 되었다. 1950년대까지만 해도 대부분의 10대 소녀들은 자신의 순결을 소중히 여겼다. 하지만 2002년 미국 질병통제예방센터CDC의 조사에 따르면, 10대 여성의 47%가 이미 성경험이 있는 것으로 나타났다. 혼전·혼외 성관계의 증가는 성병의 확산으로 이어졌고, 그 중에는 치명적인 에이즈 바이러스도 포함되어 있다. 미국의 42대 대통령인 빌 클린턴은 나라의 최고 수장으로서, 국민들에게 특히 아동과 청소년들에게 모범이 되어야 할 인물이었다. 그러나 노골적인 성적 타락과 거짓말이 폭로된 이후에도 그의 지지율은 높기만 했다. 이전에는 부도덕하고 상식에서 벗어나 손가락질을 받던 것들이, 이제는 정상으로 여겨지고 심지어 존경받는 수준에 이르렀다.

이게 정말 미국인가? 미국에 무슨 일이 벌어진 걸까?

우리 사회가 이런 상태에 이른 원인은 무엇일까?

우리가 이렇게 심각한 도덕적 타락에 빠진 이유가 가난 때문일까? 그렇다면 모두가 돈을 가지게 되면 사회가 회복될까? 교육이 문제일까? 학교의 교육 수준이 나아지면 도덕성이 회복될까? 대중문화 때문일까? 선정적이고 폭력적인 대중매체, 게임, 음악을 제한하면 폭력과 성적 타락이 줄어들까? 혹시 방과 후 프로그램 부족이 원인일까? 그렇다면 정부가 예산만 지원하면 세상이 다시 질서를 되찾을까? 사회는 사회 자체로 존재하는 것이 아니라, 구성하고 있는 개인들의 반영이다. 따라서 사회의 몰락이란 결국 그 사회 구성원 개개인이 무너졌다는 뜻이다. 그러므로 문제의 원인도, 그 해결책도 결국 한 사람 한 사람에게서 시작된다. 한 사회의 도덕적 문제를 해결하려면, 그 사회를 구성하는 개인들이 먼저 회복되어야 한다.

미국 사회의 도덕적 타락에 영향을 미친 사람들은 한 가지 중요한 덕목이 결여되어 있다. 문명 사회를 유지하는 데 필수적인 그 성품을 그들에게서는 찾아볼 수 없다. 그것은 바로 자기 절제^{self-control}다. 통제 불능의 사회는 결국 자기 절제력을 갖추지 못한 사람들로 구성되어 있다. 오늘날 미국이 심각한 도덕적 문제에 빠진 가장 큰 이유는, 개인들이 스스로를 절제할 능력을 상실했기 때문이다.

엄청난 도덕적 타락과 그로 인해 야기된 문제들을 이렇게 단순하게 얘기해도 될까? 하는 의구심이 들 수도 있겠다. 그러나 나는 그 이상의 답을 찾지 못했다. 지금 미국에서 대부분의 사람들은 욕망에 지배를 받으며 살아가고 있다. 자기 절제가 안 되기에 스스로에게 "안 돼"라고 말하지 못한다.

만약 이들에게 자기 절제라는 덕목이 있었다면, 그들 자신도, 그들이 이루는 사회 역시 지금처럼 통제 불능의 상태가 되지 않았을 것이다.

분노가 일면 그들은 그것을 폭력적인 행동이나 말로 분출한다.

성적 욕망이 일면 사탕을 까먹듯 포르노를 탐닉하고, 결혼 서약도 무시한 채 상대를 쫓는다. 탐욕이 일면 훔치거나 속여서라도 원하는 걸 얻는다. 스트레스를 받으면 술을 마시고, 현실에서 도피하려 약을 찾는다.

자기에게 이득 된다면 정직은 뒷전이 되고, 거짓말하고, 속이고, 망설임 없이 약속을 깨뜨린다. 개인의 쾌락 추구에 중독된 사람들이 지금의 미국을 구성하고 있다. '자유의 나라'라 불리던 이곳은 이제 욕망의 노예들로 가득한 땅이 되어버렸다.

수십 년 전 사람들도 우리와 똑같은 인간이었다. 우리처럼 화를 내고, 욕정을 품고, 남의 것을 탐냈고, 슬픔을 잊기 위해 나름의 방식으로 자신을 달래기도 했다. 하지만 한 가지 중요한 점에서 지금과는 분명 달랐다. 그들은 자기 절제가 더 뛰어났다. 자제력이 있었기에, 분노에 휘둘려 살인을 저지르지 않았고, 그 결과 살인율은 훨씬 낮았다. 욕정은 있었지만 성적 절제력이 더 강해서 더 적은 사람과 관계를 맺었고, 성병도 덜 퍼졌다. 남의 돈이나 물건을 탐내기도 했지만, 그 욕심을 행동으로 옮기지 않는 능력이 있었기에, 훔치는 사람도 적었다.

지난 40년 동안 우리는 자기 절제라는 덕목을 잃어버렸다. 이제 우리 사회는 스스로를 다스릴 줄 아는 사람들로 구성되어 있지 않다. 자신의 충동이나 욕망을 조절할 능력이 없다는 건, 우리 건국의 아버지들이 말하던 개인의 '자기 통치self-government' 능력을 상실했다는 뜻이다.

사회가 자기 절제를 가진 사람들로 구성되어 있다면, 법과 규제가 덜 필요하다. 경찰이 할 일도 줄어들고, 문을 잠글 필요도 없으며, 잃어버린 물건도 주인을 찾아 돌아온다. 그런 사회에서는 사람의 말이 곧 약속이고, 악수 한 번이 곧 계약이 된다. 절제력 있는 사람들이 사는 사회는 자유를 유지할 수 있지만, 절제력이 없는 사람들이 사는 사회는 점점 더 많은 법과 통제를 필요로 하게 된다.

미국의 건국자들은 인간의 본성이 충동적이라는 걸 잘 알고 있었다. 그들은 자유를 바탕으로 한 정부가 최소한의 통제로 유지되려면, 국민 한 사람 한 사람이 자기 자신을 통제할 수 있어야 한다는 사실을 명확히 이해하고 있었다.

혹시 내가 무슨 말을 하는지 아직도 잘 모르겠다면, 학교 선생님에게 물어보면 된다. 선생님들은 매일 교실 안에서 이 현실을 직접 체험하고 있으니까. 교실은 사회의 축소판이기 때문이다. 자기 절제가 뛰어난 학생은 거의 감독할 필요가 없다. 누가 보고 있든 없든 옳은 일을 하며, 그렇기에 자유를 더 많이 허용할 수 있다. 그런 아이들은 선생님의 한 마디에 즉시 조용히 하고, 규칙도 잘 지킨다. 안타깝게도, 오늘날엔 그런 학생이 드물다.

젊은 교사들은 '껌을 씹거나 수업 중 잠깐 잡담하는 것'이 가장 큰 문제였던 40년 전 교실을 그저 꿈꾸기만 할 뿐이다. 교사의 권위를 무시하고 자기 절제가 안 되는 아이들이 교실로 들어오면서, 교실의 질서를 잡는 일 자체가 하루 종일 에너지를 소모하는 싸움이 되어버렸다.

　아직도 이해가 잘 안 된다면, 경찰관에게 자기 절제의 중요성에 대해 물어보면 된다. 그들은 매일같이 자기 통제가 되지 않는 사람들에게 테이저건을 사용해야 하니까. 입을 닫고, 시키는 대로 즉시 행동할 수 있는 능력이 없는 사람들이 너무 많다. 미국에서는 매일같이 경찰의 지시에 따르지 않는 시민들을 진정시키기 위해 테이저건이 사용된다. 하지만 그들 중 상당수는 경찰의 지시를 잘 따랐다면, 고통도 피할 수 있었고 체포도 되지 않았을 것이다. 물론 일부는 술에 취했거나 약에 취해서 그런 행동을 했을 수 있다.

　하지만 많은 경우, 부모에게서 '입 닫고 시키는 대로 하라'는 기본을 배우지 못한 것 때문에 결국 스스로 고통을 자초한 것이다. 테이저건을 맞은 대부분의 사람들은 자신이 그런 대우를 받을 만한 행동을 했다고 생각하지 않는다. 그들은 자라면서 자신이 아주 중요한 존재라고 여기는 사고방식을 갖게 되었고, 그래서 누군가가 자신에게 명령을 내리는 상황에서 자기 감정을 표현할 권리가 있다고 생각한다. 마음속에 떠오르는 말을 다 내뱉어야 직성이 풀리고, 자신보다 더 높은 권위에 복종하는 것이 아예 불가능한 사람들이다.

　어릴 때 부모나 선생님에게 말대꾸를 참지 못하던 아이는, 훗날 테이저건을 맞게 될 가능성이 꽤 높다. 인터넷에서 조금만 검색해 보면 내가 무슨 말을 하는지 금방 확인할 수 있다. 입을 함부

로 놀리고, 통제되지 않는 사람들이 경찰에 체포되는 영상이 넘쳐
난다. 결국 핵심은 단순하다. 교실이든, 지역사회든, 한 나라든, 자
기 절제가 된 사람은 질서를 지키며 좋은 시민이 된다. 반대로, 자
기 자신이나 욕망을 통제하지 못한 사람은 질서를 깨뜨리고 사회
를 어지럽힌다. 그렇게 어렵게 생각할 일도 아니다. 이건 정말 단
순한 문제다.

자기 절제는 어디로 갔는가?

문제는 "어떻게 우리 사회가 자기 절제를 잃게 되었는가?"가 아
니다. "왜 오늘날의 개인들은, 이전 세대 사람들이 가지고 있던 자
기 절제를 갖추지 못하게 됐는가?"이다. 자기 절제는 학교에서 배
우는 것이 아니다. 나이가 든다고 저절로 생겨나는 것도 아니고,
또래 친구들 사이에서 배우는 것도 아니다. 자기 절제란, 부모에
게 어린 시절부터 받은 훈련을 통해 길러지고 깊이 뿌리내리게 되
는 성품 중 하나이다. 토머스 제퍼슨은 이렇게 말했다. "자기 통치
를 위한 자질은 타고나는 것이 아니라, 몸에 밴 습관과 오랜 훈련
의 결과다."

오늘날 미국이 무너지고 있는 진짜 이유는 이것이다. 대부분의
현대 부모들이 자기 절제를 미덕으로 여기도록 양육 받지 않았기
때문에, 그들 역시 자기 자녀에게 그것을 가르치지 못하는 것이다.
어떤 부모들은 아이들에게 "열대우림을 보호해야 한다"고 가르치
고, 성적 충동이 생기면 콘돔을 사용하라고 교육했을 수도 있다.

하지만 그보다 더 본질적이고, 개인에게도 사회 전체에도 절실한 미덕 '자기 절제'는 가르치지 않았다.

50년 전 미국은 지금보다 도덕적이었다. 그것은 정부 프로그램 덕분도 아니었고, 총기 규제가 더 엄격했기 때문도 아니며, 학교에 예산이 더 많아서도 아니었다. 우리 지역사회와 학교가 더 안전했던 이유는, 아이들이 충동대로 행동하지 않도록 부모가 훈련시켰기 때문이다.

자기 절제를 배운 아이는, 원하는 걸 얻기 위해 형제자매를 때리는 행동을 습관적으로 하지 않는다. 이런 아이는 자라서 거짓말하거나, 속이거나, 훔치거나, 살인하거나, 결혼 서약을 깨뜨리는 사람이 되지 않는다. 그는 부모나 선생님, 혹은 상사에게 말대꾸하고 싶을 수도 있다.

하지만 스스로를 통제하며 공손하게 말하는 법을 안다. 운전 중 누군가 끼어들었을 때 욕을 하거나 손가락 욕을 하고 싶어도, 갈등을 키우지 않기 위해 스스로를 억제할 수 있다. 심지어 학교 친구들에게 총을 쏘고 싶은 충동이 들더라도, 그는 그것을 행동으로 옮기지 않을 수 있다. 그에게도 욕망과 본능적인 충동은 있지만, 그것들이 그를 지배하게 내버려두지 않는다. 감정이 그를 좌우하지 않기 때문에, 그는 분별력을 갖고 지혜롭게 선택할 수 있다. 쾌락에 지배당하지 않기에, 맡은 일을 성실히 감당할 수 있다. 그리고 자기만족만을 좇지 않기 때문에 거짓말로 무언가를 자꾸만 감출 일도 적어진다.

부모는 자녀 인생에서 가장 영향력 있는 시기에 함께하며, 그 권위로 인해 자녀에게 가장 깊고 지속적인 영향을 줄 수 있는 존재다. 하지만 만약 부모가 '자기 표현'이나 '자아 실현'을 삶에서 최고의 가치로 여긴다면, 또 자녀에게 모든 걸 허용하는 것을 사랑이라 착각한다면,

그들은 사회 구성원으로서 가장 기본이 되는 성품인 자기 절제를 가르치지 못하게 된다.

대부분의 미국 부모들이 겪는 문제는, 그들 스스로가 자기 절제를 갖고 있지 않다는 것이다. 없는 것을 자녀에게 물려줄 수는 없다. 혹시 자기 절제를 어느 정도 갖추고 있다고 해도, 그것이 어떻게 형성되었는지를 모른다면 부모세대가 자신에게 해준 것을 인지할 수 없기에 자녀에게 동일하게 적용하지 못하게 된다.

대부분의 부모들은 자녀를 행복하게 해주는 데 몰두한 나머지, 아이들이 스스로를 지나치게 중요하게 여기는 시각을 갖도록 만든다. 이런 아이들은 자기 절제를 배우지 못하고, 그 반대인 자기 방종으로 가득 차게 된다. 이들은 자라서 자기 뜻대로 사는 것이 당연한 권리라고 여기며, 타인을 희생시켜서라도 자기 행복을 추구한다. 바로 이것이 통제를 모르는 어른이 된 이들의 마음의 중심 아닌가? 자신의 욕망이 더 중요하다고 믿는 도둑이나, 타인의 생명권을 침해하는 살인자의 관점이 바로 이것이다. 또한 이런 자기중심성은 수많은 결혼이 깨지는 원인 중 하나가 된다.

나는 다시 한 번 주장한다. 이 시대 성인은 자신을 길러준 사람

들의 결과물이다. 만약 한 사회가 통제력을 잃었다면, 그것은 그 사회의 시민들이 자기 절제를 가르쳐주지 못한 부모들 밑에서 자랐기 때문이다. 만약 자녀들이 자기 만족을 추구하는 삶에 익숙해지고 도덕적 절제가 결여된 채로 성장해 유권자가 되거나 정치인이 된다면, 그들의 삶의 태도와 세계관이 정치에도 고스란히 드러나지 않겠는가?

1장의 핵심

✓ 사회의 문제는 개인의 문제이며, 개인의 문제는 양육의 문제다.

✓ 인간은 본성적으로 자기 절제가 부족한 존재로 태어난다.

✓ 자기 절제는 시간이 아니라 훈련을 통해 형성된다.

✓ 훈련받지 않은 아이는 결국 통제되지 않은 어른이 된다.

잠시 멈춰 생각해 보기

1. 나는 '아이의 자유'를 존중한다는 이유로, 가르쳐야 할 절제를 미룬 적은 없었는가?

2. 내 삶에서 자기 절제가 부족한 영역은 어디이며, 자녀에게 어떻게 비쳐지고 있을까?

3. 지금 허용하고 있는 작은 기준들이, 훗날 아이에게 어떤 선택으로 이어질 수 있을까?

제2장
건강한 사회란 무엇인가

"정부는… 국민 안에 도덕성이 남아 있는 한,

결코 군주제·과두제·귀족제 등

독재적이고 억압적인 체제로 전락하지 않을 것이다."

—조지 워싱턴(미국 초대 대통령)

왜 이렇게 많은 미국 부모들이 진보주의 자녀를 키우고 있는 걸까? 여기에 대한 내 가설은 이렇다. 모든 인간은 삶에 대해 동일한 성향을 가지고 태어난다. 각자가 고유한 성격을 지니고 태어나긴 하지만, 기본적인 성향은 같다. 우리는 모두 본성적으로 진보주의자로 태어난다는 것이다. 다시 말해, 진보주의는 인간 심장의 자연스러운 상태라는 것이다. 우리가 보수주의자로 자라려면, 본성에 거슬러 훈련을 받아야 한다.

요즘처럼 기술이 발전한 시대에 이런 비유를 써볼 수 있다. 진보주의는 우리의 '기본값' 운영 체제와 같다. 어린 시절 동안 부모는 우리가 기본 설정대로 움직이지 않도록 끊임없이 노력하며 우리의 설정을 바꾸어줘야 한다. 부모가 이 과정을 성공적으로 수행한다면, 우리는 새로운 설정이 완전히 고정된 상태로 성인이 된다. 만약 훈련 없이 그대로 방치된다면, 모든 아이들은 진보적인 시각을 가진 채로 성장하게 될 것이다.

그렇다면 혹시 내가 말하고자 하는 바가, 공화당 성향의 부모가 자녀를 제대로 훈육하지 못해 자녀가 민주당원이 된다는 뜻일까? 꼭 그런 건 아니다. 공화당 가정에서 자란 아이들은 대개 공화당 성향을 유지하고, 민주당 가정에서 자란 아이들 역시 대체로 민주당 성향을 유지한다. 시러큐스 대학교에 아서 브룩스 교수의 연구에 따르면, 시민의 80%가 부모와 같은 정당 선호도를 가지고 투표를 한다고 했다.

내가 말하고 싶은 핵심은 이것이다. 보수주의 부모가 인간은 본성적으로 진보적이라는 이해가 없이, 본성을 거슬러 키워야 한다는 사실을 모른 채 양육을 하면, 의도치 않게 자녀가 진보주의적인 시각을 가진 사람으로 성장해 있다는 것이다. 그런 자녀들은 자라서 공화당원이 될 수도 있고, 스스로를 '보수주의자'라고 자처할 수도 있다. 하지만 그 내면과 철학은 부모보다 더 진보적일 것이다. 그렇게 되면 공화당은 점점 더 진보주의적으로 변하게 되는 것이다.

이 점은 특히 보수주의자들에게 더 큰 우려가 되어야 한다. 많은 공화당 가정이 민주당 가정보다 자녀 수가 더 많다는 사실에 안도하고 있기 때문이다. 지난 30년간 일부 보수주의자들은 공화당 가정이 민주당 가정보다 평균적으로 자녀를 41% 더 많이 낳는다는 점에서 안심해 왔고, 언젠가 수적으로 민주당을 앞지르게 될 거라 기대해 왔다. 그러나 보수주의자들은 경계해야 한다. 진보주의자들이 자녀 대신 작은 반려견을 택한다고 해서 마냥 기뻐할 일이 아니다. 진보주의자들은 숫자에서 보수주의자를 앞지를 필요조차 없다. 지금처럼 보수주의자들이 자녀를 제대로 길러내지 못하는 한, 진보주의자들은 그저 시간이 흘러가기를 기다리기만 하면 된다. 아무것도 하지 않아도 다음 세대의 보수주의자들은 지금의 진보주의자들만큼이나 진보주의적으로 변해 있을 것이다. "악이 승리하는 데 필요한 유일한 조건은 선한 사람들이 아무것도 하지 않는 것이다."라는 말이 있다. 진보주의가 승리하는 데에도 마찬가지 원리가 적용된다. 부모가 아무것도 하지 않으면 그만이다.

문제는 오늘날 젊은 보수주의자들 가운데 상당수가 진정한 보수주의의 본질을 제대로 이해하지 못하고 있다는 점이다. 그들은 보수적 외교 정책에서 보이는 단호한 태도에 끌리고, 우파 성향의 토크쇼 진행자들이 내세우는 논리적인 주장에 동의하긴 하지만, 정작 자신들의 삶에서는 '보수주의'라는 말을 정의하는 도덕적 기준을 잃고 있다. 실제로 그들의 삶의 방식은 점점 더 진보주의적 도덕성과 가치관을 받아들이는 모습을 보이고 있다. 그렇기 때문에 그들은 보수주의를 낳는 인격적 토대, 즉 자기 절제와 도덕적 일관성을 자녀에게 가르칠 능력을 상실했다.

이제 다음 장으로 넘어가기 전에, 인간 본성의 기본 원리와 올바른 양육의 기초, 그리고 보수주의자와 진보주의자의 차이점과 도덕적 차이를 분명히 짚고 넘어가는 것이 중요하다. 지금부터 보수주의자와 진보주의자의 주요 차이점을 간단히 요약하고자 한다. 3장에서는 인간 본성의 뿌리 깊은 성향을, 4장에서는 효과적인 자녀 양육의 기본 원리를 자세히 다룰 것이다.

보수주의자와 진보주의자의 차이점

보수주의자들은 진보주의자를 과도하게 돈을 쓰고, 범죄에 관대하며, 큰 정부를 추구하는 징징대는 사람들로 풍자하곤 한다. 반면 진보주의자들은 보수주의자를 냉혈한 편협주의자로 묘사하며, 대기업을 옹호하고 표현의 자유와 약자를 억압한다고 비난한다. 이런 과장된 이미지들은 접어두고, 이제 단어의 정의에 근거해서 진보주의와 보수주의의 차이점을 분명히 정리해보자.

용어를 정의하기에 앞서, 내가 제시할 정의가 스스로를 보수주의자 또는 진보주의자라고 여기는 모든 사람에게 꼭 들어맞지는 않을 것임을 먼저 말해두고 싶다. 그 이유는 두 가지다. 첫째, 순수한 진보주의자나 순수한 보수주의자는 드물다는 것이다. 대부분의 진보주의자는 일정 부분 보수적인 요소를 가지고 있고, 많은 보수주의자들도 진보적인 특징을 가지고 있다. 둘째, 사람들이 자신이 속한 정치적 정체성을 구성하는 기본 요소들을 잘 이해하지 못하는 경우가 많기 때문이다. 사실 이 책을 쓴 이유 중 하나도 바로 이것이다. 내가 내리는 정의에 동의하기 어려운 부분이 있다면, 열린 마음으로 읽어보길 바란다. 이 책이 당신의 생각을 바꾸게 될 수도 있다.

용어 정의

용어 정의를 위해 10개가 넘는 사전을 참고하여 조사했다. 정치적으로 '진보적'이라는 것은 '구속에서 풀려난 상태', 즉 정박지에서 풀린 배처럼 방향 없이 흘러가는 상태라고 정의할 수 있다. 계속해서 변화하고, 가치의 기준이 유동적이며, 전통이나 정통성에 얽매이지 않는 것이 특징이다. 미국 정치에서 순수한 진보주의자는 헌법을 점점 더 확장적으로 해석한다. 이들은 헌법을 '살아 있는 문서living document'라고 부르며, 제정 당시 창립자들의 의도에 얽매이지 말아야 한다고 주장한다. 또한 진보주의자는 도덕에 대해서도 자유로운 시각을 갖고 있어서, 미국이 건국되던 당시 사회 전반에서 일반적으로 수용되었던 도덕적 가치들을 억압적이라고 여기고, 이를 버리는 데 주저하지 않는다. 그들은 이러한 '구시대적 가치'에서의 해방을 헌법이 보장하는 '표현의 자유'를 누리는 것으로 간주한다.

진보주의의 핵심 원칙은 그들이 '자비로운 정부compassionate government'라고 부르는 개념이다. 그들은 자신을 '자비의 옹호자the champions of compassion'라 자처하며, 사회적 약자 지원과 연대의 중요성을 강조한다. 그들은 억압받는 사람들의 권리를 수호하는 수호자가 되고자 한다. 따라서 사회적 약자를 위한 권리를 보장하고, 집 없는 사람들을 위한 주거와 의료 서비스를 마련하며, 역사적으로 차별받아 온 이들의 자손들을 돌보고, 모욕적인 언어로 상처받거나 피해를 입은 사람들을 보호하며, 잠재적 차별이나 학대 피해자들에게 특별한 권리를 부여하길 원한다. 특히 개인의 권리 보호, 그중에서도 제한 없는 '자기 표현'의 권리에 대해 강하게 주장한다. 이 모든 자비와 도움은 법률, 사법 결정, 그리고 적절히 운영되는 정부 프로그램을 통해 가장 잘 실현될 수 있다고 그들은 믿는다.

반면 보수주의란 변하지 않는 기초에 기반을 둔다는 의미다. 이전에 확립된 절대적인 기준에 따라 결정을 내리며, 신중하고 절제된 태도로 진행하는 것을 의미한다. 미국 정치에서 보수주의자는 헌법을 도덕적이고 시민적인 닻으로 받아들이고 그것에 자신을 복종시킨다. 그들은 헌법 제정자들이 정의, 자유, 그리고 자치 정부의 핵심 원리를 명석하게, 아니면 탁월하게 이해한 인물들이라고 생각하여, 그들의 의도를 엄격히 지키려 한다.

보수주의자를 대기업과 개인 부에만 관심 있는 사람들로 풍자하는 것과 달리, 진정한 보수주의의 주요 요소 중 하나는 자비심이다. 그러나 사회 문제에 대한 진보주의적 접근과 달리, 진정한 보수주의자는 개인 책임을 강조하며 사람들이 성공할 수 있도록 돕는다. 이는 보수주의의 핵심 원리다. 그들은 약자에게 무조건적으로 돈이나 주택을 제공하지 않는다. 그렇게 하면 게으름과 의존성, 그리고 감사하지 않는 태도가 길러질 수 있기 때문이다. 대신 유능한 사람은 스스로 책임지고 자신의 생계를 위해 노력해야 한다고 주장한다. 보수주의자는 미국의 위대함이 각 시민의 강인한 인격에 뿌리를 두고 있다고 믿는다. 그들은 개인이 자치, 자립, 그리고 개인적인 강인함을 필요로 한다고 강조하며, 이는 자유 사회의 중요한 특성인 정부의 규모와 권한을 제한할 수 있게 해준다고 믿는다.

보수주의자와 진보주의자는 정부의 역할이 사회를 해로운 영향으로부터 보호하는 것이라는 점에서는 의견이 일치한다. 그러나 무엇이 해로운지에 대해서는 극명하게 다르다. 진보주의자는 '표현의 자유'를 강하게 주장한다. 즉, 다른 사람에게 피해를 주지 않는 한, 자신의 생각을 말하고 개인적 즐거움을 추구할 자유가 있어야 한다는 것이다.

따라서 진보주의자는 이러한 표현이나 자유를 검열하거나 제한하려는 시도를 사회에 대한 해악으로 여기며, 그것을 지키기 위해 강력히 싸운다. 반면 보수주의자도 '표현의 자유'를 중시하면서도 절제 없이 욕망을 추구하는 것은 성품의 결함으로 보고, 이는 사회 전체에 도덕적 해악을 끼치는 것으로 간주한다. 양쪽 모두 사회의 선을 원하지만, 선이 무엇인지 정의하는 데에는 극심한 견해 차이가 있다.

예를 들어, 많은 진보주의자는 정부가 콘돔을 무료로 나누어주고 에이즈 연구를 지원할 의무가 있다고 믿는다. 이는 시민들이 치명적인 결과를 두려워하지 않고 성적 욕망을 추구할 자유가 있어야 한다는 뜻이다. 이들은 낙태가 합법이어야 한다고 강조하는데, 이는 사람들이 번식이 아닌 쾌락을 목적으로 성생활을 할 때 원치 않는 아이를 낳지 않도록 보장하는 것이 정부의 세금으로 운영되는 의무라는 주장이다.

마찬가지로, 보수주의자는 수정헌법 제1조가 보장하는 표현의 자유를 받아들이며 '생명, 자유, 행복 추구의 권리'를 적극적으로 옹호한다. 그러나 개인이 절제 없이 욕망을 추구하는 자유는 어리석고 무책임한 행동이며 이로 인해 사회의 도덕적 기반을 해친다고 본다. 높은 범죄율과 도덕적 붕괴는 욕망의 지배 속에 살아가는 개인들을 허용하고 옹호하는 모든 사회에 특징적으로 나타난다고 확신한다. 보수주의자는 건국의 아버지들과 마찬가지로, 사회적 질서와 전통, 개인의 도덕적 자제를 중시한다. 이는 개인이 스스로 절제하고 책임을 다함으로써 사회 전체의 안정을 도모한다는 관점에 기반한다. 즉, 쾌락주의적이고 저속한 욕망을 행동으로 옮기지 않을 능력을 가져야 한다는 것이다. 따라서 보수주의자는 개인의 도덕적 절제를 강조하는 반면, 진보주의자는 도덕적인 것에서는 벗어나 개인의 자유를 보장하는 법을 강력하게 추구한다. 보수주의자에게 자유란 개인이 무엇으로부터 자유로운 상태의 자유를 뜻한다. 진보주의자에게 자유란 개인이 무엇이든 할 수 있는 자유를 의미한다. 그래서 진보주의자와 보수주의자는 정부에 대한 관점에서 상당히 충돌한다.

앞서 이번 장에서 말했듯이, 진보든 보수든 내 정의에 반대하는 사람들이 있을 것이다. 그들은 자신 있게 '보수' 또는 '진보'라는 꼬리표를 달고 다니지만, 내 설명이 지나치게 단순하거나 자신은 거기에 속하지 않는다고 느낄 수도 있다. 심지어 내가 그들을 그 반대편과 동일시해 버렸다는 생각이 들 수도 있다. 만약 당신이 그런 생각이 든다면, 앞으로 좋은 일들이 있을 거라고 말해주고 싶다. 지금의 답답하고 불편한 마음이 나중에는 오히려 도움이 될 수 있다.

건강한 사회란 무엇인가?

미국 건국의 아버지들은 국가를 세우면서 자신들의 영광을 위한 것이 아니라 후대들을 위해, 그 어떤 국가보다 위대한 사회를 만들고자 했다. 그들은 신권 군주제의 압제 아래 살았던 경험이 있었기에, 모든 사람이 자신의 삶을 스스로 관리하고 개인의 자유와 행복을 누릴 권리가 보장되는 자유로운 사회를 원했다. 이를 보장하기 위해 새로운 정부는 군주가 아닌 국민 스스로가 운영하며, '통치 받는 자의 동의로부터 권력을 얻는' 형태가 되어야 했다. 이렇게 혁신적이고 숭고한 생각을 하려면 특별한 비전을 가진 사람들이 필요했다. 견제와 균형을 갖춘 헌법 공화국 설계를 위한 뛰어난 지성과 지혜를 가진 사람들 말이다. 이들 건국 지도자들은 아직 태어나지 않은 먼 후손들을 위해 자신의 목숨과 재산, 명예를 걸었으며, 현대 정치인들과는 비교할 수 없는 인격과 성품을 보여주었다.

미국 건국의 아버지들은 개인의 도덕성과 정직의 가치를 잘 이해했다. 그들은 이 '국민 자치 실험'이 성공하려면 모든 미국 시민이 개인 자치에 높은 가치를 두어야 함을 알았다. 사무엘 애덤스(미국 독립 혁명 시기 주요 정치 지도자로, 미국 독립 운동을 이끈 대표적인 인물 중 하나)는 1790년 10월 4일 그의 사촌이자 미국의 2대 대통령인 존 애덤스에게 보낸 편지에서 "사람들은 '스스로 다스리는 기술'을 배워야 하며, 그렇지 않으면 사회를 지혜롭게 다스릴 수 없다"고 했다. 헌법의 아버지로 불리는 제임스 매디슨은 "우리의 모든 정치 제도는 인류가 스스로 다스릴 수 있는 능력, 개인이 자신을 통제할 수 있는 능력에 달려 있다"고 강조했다.

건국의 아버지들은 광범위한 정부 통제의 필요성을 제한하고 개인의 자유를 지키기 위해 미국 사회가 도덕성과 전통을 강조해야 한다는 것을 알고 있었다. 미국은 스스로 다스리는 국민의 나라가 될 것이기에, 도덕적 기반을 지키는 일이 필수적이었다.

다음은 미국 건국의 아버지들이 남긴 말들이다.

"오직 도덕적인 국민만이 자유를 누릴 수 있다. 국가가 타락하고 악해질수록 지배자를 더 필요로 한다."

벤저민 프랭클린, 독립선언서 및 헌법 서명자

"국민의 도덕성 없이 대중정치는 결코 번영할 수 없다."

리처드 헨리 리, 독립선언서 서명자

"공화국에서 유용한 교육의 유일한 토대는 종교에서 기초한다. 이것이 없으면 도덕도 없고, 도덕이 없으면 자유도 없으며, 자유는 모든 공화정 정부의 목적이자 생명이다."

벤저민 러시, 독립선언서 서명자

"정부는… 국민 안에 도덕성이 남아 있는 한, 결코 군주제·과두제·귀족제 등 독재적이고 억압적인 체제로 전락하지 않을 것이다."

조지 워싱턴, 미국 초대 대통령

"가장 현명한 헌법과 어떠한 법이 있다 해도, 도덕적으로 타락한 국민의 자유와 행복을 보장해줄 수는 없다."

사무엘 애덤스, 독립선언서 서명자

"부도덕한 행위를 하기 보단 돈을 포기하고, 명성을 포기하고, 학문을 포기하고, 지구와 그 안에 있는 모든 것을 포기하라. 어떤 상황에서든, 아무리 사소해 보여도 부끄러운 행동을 하는 건 절대로 최선이 될 수 없다. 당신이 어떤 행동을 할 때, 그것이 오직 혼자만 아는 일일지라도 세상 모든 사람이 지켜보고 있다고 생각하고 행동하라. 도덕성을 높이기에 힘쓰고, 기회가 있을 때마다 그것들을 실천하라. 이는 육체가 운동으로 강해지듯, 연습으로 습관이 될 것이다. 도덕을 실천하며 살 때, 당신은 삶의 모든 순간, 그리고 죽음의 순간까지 가장 숭고한 행복을 누릴 수 있을 것이다."

토마스 제퍼슨, 미국 3대 대통령 독립선언서 서명자

"우리의 자유는 교육, 법률, 습관에 달려 있다… 자유는 도덕과 종교에 영향을 받고 내면화 된다. 이렇게 만들어진 개인의 자유에 대한 가치관은 여론에 영향을 미치고 그 집단의 통치자에게 영향력을 갖는 것이다."

피셔 에임스, 수정헌법 1조 초안자

"도덕이 없으면 나라는 오래 지속될 수 없다. 그러므로 기독교에서 말하는 진리는 너무 숭고하고 순수한 것이다. 악인에게 영원한 고통을 경고하고 선인에게 영원한 행복을 보장하는 그 종교를 비난하는 자들은 도덕이라는 견고한 기초를 무너뜨리는 것이다. 도덕은 자유 정부의 지속을 위한 최고의 보증이다."

찰스 캐럴, 독립선언서 서명자

"도덕과 종교에 의해 절제되지 않은 인간의 정욕과 맞설 수 있는 권력을 가진 정부는 없다. 우리 헌법은 도덕과 종교의 힘을 믿는 국민을 위해 만들어졌다. 그걸 무시하는 국민을 다스리기에는 전혀 적합하지 않다."
"종교와 도덕은 자유가 안전하게 자리 잡을 수 있는 원칙을 세우는 핵심이다. 헌법의 기초는 도덕적 순수함이다."

존 애덤스, 미국 제2대 대통령

"정치적 번영을 이끄는 성향과 습관 가운데서, 종교와 도덕은 없어서는 안 될 두 기둥이다. 이러한 인간 행복의 거대한 기둥, 국민의 의무를 지탱하는 가장 견고한 버팀목을 무너뜨리려는 자는 함부로 애국심을 말할 수 없다. 정치인도 신앙인과 마찬가지로 종교와 도덕을 존중하고 소중히 여겨야 한다. 이 둘이 개인의 행복과 공공의 행복에 어떻게 관련을 맺고 있는지를 모두 밝히자면 한 권의 책으로도 부족할 것이다. 한 가지 질문을 던져보겠다. 만약 종교적 의무감이 사라진다면, 재산과 명예와 생명에 대해 보장 받을 수 있을까? 법정에서 성경에 손을 올리고 진실을 맹세하는 '선서'조차 그 의미를 잃게 될 텐데 말이다. 그리고 도덕이 종교 없이 유지될 수 있다고 함부로 생각하지 말자. 교육이 사람들에게 분명히 영향을 끼친다 해도, 종교적 원칙을 배제하고 국가의 도덕성이 승리할 수 있다고 기대하는 것은 불가능하다. 도덕이 대중 정치의 필수적인 원천이라는 것은 자명한 사실이다. 이 원칙은 모든 자유 정부에 강하게 적용된다. 진심으로 자유 정부를 지지하는 자라면 그 기반을 흔들려는 시도에 무관심할 수 있겠는가?"

조지 워싱턴, 「미국 국민에게 보내는 고별연설」 중

마지막으로 토머스 제퍼슨의 다음 말을 깊이 생각해 보자.

"정부는 국민의 감독 아래에 있을 때만 선하게 유지될 수 있다. 그러나 국민이 도덕성을 잃고 타락하여 그 의무와 능력을 상실했다면, 그 개혁은 요람에서부터 시작되어야 한다. 그들은 교육을 통해 무엇이 옳고 그른지를 분별할 수 있도록 계몽되어야 하며, 도덕적 사고와 행위를 습관으로 삼도록 격려 받고, 불의한 습관이 있다면 처벌의 두려움으로 절제할 수 있어야 한다. 처벌은 정당하게 내려지되, 결코 면제되어서는 안 된다. 모든 상황에서 진리를 유일하며 안전한 안내자로 삼고, 우리를 끝없이 잘못된 결과의 악순환으로 이끄는 모든 것들을 삼가야 한다. 이러한 가르침이야말로 국민을, 바른 정부의 확고한 기초로 세우기 위해 반드시 필요한 것이다."

만일 당신이 제퍼슨이 말하고자하는 바를 잘 모르겠다면, 그는 본성상 사람은 타락하고, 도덕성이 결여되어 있으며, 자기 절제가 부족하다고 보았다는 점을 이해해야 한다. 따라서 제퍼슨은 미국식 정부 체제를 유지하기 위해서는 아주 어릴 때부터 옳고 그름을 가르치고, 훈육을 통한 결과를 경험하게 하며, 선한 습관과 미덕으로 이끌어야 한다고 믿었다. 그는 자치 정부가 유지되기 위해서는 시민들이 정직하지 못한 행동을 꺼려하고, 도덕적인 사고와 실천을 위해 반복적인 훈계와 가르침을 받아야 한다고 말했다. 그의 이런 관점은 미국 건국의 아버지들 대부분이 공유하던 생각이었다.

건국의 아버지들은 한 사회의 품격은 그 구성원 개개인의 인격에 의해 결정된다는 것을 분명히 알았다. 정직과 개인의 책임이라는 미덕을 기르지 않으면 결국 그 사회는 도덕적 타락으로 치닫게 된다는 것도 그들은 잘 알고 있었다.

영국의 사회인류학자였던 조지프 대니얼 언윈은 세계 문명에 대한 연구로 유명한 인물인데, 그는 감정과 욕망이 지배하는 사회는 시민성을 유지하는 데 필요한 도덕적 기반을 상실한다고 결론지었다. 그는 80개의 세계 제국의 쇠퇴와 몰락을 연구하면서, 절제력의 상실—특히 무제한적인 성적 자유로 이어진 방종—이 각각의 제국을 무너뜨린 직접적인 원인이었다고 주장했다. 그 사회를 이루는 사람들이 각자 욕망에 지배당해 무법 상태와 사회적 혼란을 초래하거나, 쾌락에 몰두한 나머지 자신들을 방어할 수 있는 군사적 기반조차 상실했기 때문이다. 현재 미국은 이 두 가지 측면 모두에서 심각한 우려를 낳고 있다. 그래서 당연히 던져야 할 질문은 이것이다. 우리는 어떻게 지금의 흐름을 전환하고, 도덕적 쇠락에서 벗어날 수 있을까?

오늘날 미국 사회의 다양한 문제는 교육 수준의 저하, 빈곤, 방과 후 프로그램의 부족, 혹은 총기 규제가 약해서 발생한 것이 아니다. 이 모든 문제는 부모들이 자녀를 어떻게 길러야 할지에 대한 방향 감각을 잃어버렸기 때문에 생긴 일이다. 우리는 증상을 일시적으로 누그러뜨리는 데 세금을 쏟아붓기보다, 근본적인 원인을 고쳐야 한다. 사회 문제에 대응해 새로운 정부 프로그램만 만들어내는 것은, 마치 암 환자의 종양을 진통제와 반창고로 치료하려는 것과 다를 바 없다. 오늘날 미국이 겪는 문제들은 이미 건국의 아버지들이 경고한 바와 정확히 일치한다. 그것들은 바로 개인의 낮은 인격과 도덕성의 붕괴에서 비롯된 것이다. 만일 우리가 이 나라가 변화하길 바란다면, 다음 세대의 부모들이 좋은 인격을 갖추고, 그것을 자녀들에게 전수할 수 있도록 도와야 한다.

2장의 핵심

✓ **사회는 개인들의 집합이며, 개인의 인격이 사회의 수준을 결정한다.**

✓ **자기 절제가 없는 사회는 점점 더 많은 통제와 법을 필요로 하게 된다.**

✓ **자유 사회는 도덕성과 개인 책임이라는 토대 위에서만 유지될 수 있다.**

✓ **건강한 사회는 강한 제도보다 먼저, 절제된 시민을 필요로 한다.**

잠시 멈춰 생각해 보기

1. 나는 사회 문제의 책임을 개인보다 제도나 정부에 더 쉽게 돌리고 있지는 않은가?

2. '자유'라는 말 뒤에 숨겨진 책임을 외면하고 있는 영역은 없는가?

3. 내가 속한 가정과 공동체는 절제와 책임을 어떻게 가르치고 있는가?

제3장
우리는 모두 진보주의자로 태어난다

"인간 행동의 원리를 이해하려면,

모든 인간이 쾌락주의자(즉, 자기중심주의자)로 태어난다는

기본 전제를 받아들여야 한다.

인간은 본성적으로 쾌락을 추구하고 고통을 피하며,

가능한 최소한의 노력으로 그 두 가지를 모두

성취하는 활동을 하려는 욕구를 지닌다."

— 테리 G. 쇼 박사(심리학자)

미덕을 갖추고 높은 도덕성을 지닌 사회를 이루기 위해서는, 부모가 자녀를 인격적으로 어떻게 길러야 하는지 알아야 하고, 이를 위한 올바른 기초가 마련되어야 한다. 부모는 인간의 마음이 타고난 성향을 이해해야 하고, 좋은 성품이 무엇인지 알고 있어야 하며, 자녀를 그 방향으로 훈련시킬 수 있는 현실적인 계획도 갖고 있어야 한다. 그런 기초가 없다면, 부모는 우리 사회가 겪고 있는 도덕적 타락의 추세를 멈추기는커녕 오히려 그 몰락에 일조하게 될 것이다. 나는 이 글을 통해 부모들과 정치에 관심 있는 이들이 반드시 이 비전을 붙잡게 되기를 소망하고 기도한다.

인간 본성 안에 있는 진보주의의 핵심

2장의 첫머리에서 나는 진보주의가 인간이 태어날 때부터 지닌 자연스러운 상태라고 선언했다. 이 생각이 처음 내게 떠오른 건 1998년이었다. 어느 날 라디오 토크쇼를 듣고 있었는데, 사회자가 진보주의자의 특성들을 나열하고 있었다. 나는 그때 자녀 양육에 관한 책을 쓴 저자였기 때문에, 그가 진보주의 정치인들에게서 나타난다고 말한 특성들이 내가 책 속에서 묘사한 응석받이 아이들과 방임적인 부모들의 특성과 정확히 일치한다는 사실에 깜짝 놀랐다. 계속해서 생각하면 할수록 한 가지 사실이 더욱 분명해졌다. 진보주의자는 학교나 언론, 대중문화의 영향을 통해 만들어지는 것이 아니다. 진보주의는 인간 본성 속에 본래부터 자리하고 있는 욕망 추구적 성향에 뿌리를 두고 있다. 다시 말해, 진보주의자란 충분한 훈련을 받지 못한 채 자라난 아이들이 어른이 되어, 자신이 경험한 양육 방식을 통해 배운 원칙들을 가지고 사회를 이끄는 사람들일 뿐이다.

'진보주의자로 태어난다'는 말은, 우리 모두가 감정적이며 욕망을 가진 존재로 이 세상에 온다는 뜻이다. 우리는 살아남기 위해 태어나자마자 강력하게 자신의 필요를 표현한다. "으앙!" 하면 엄마가 젖을 물려주고, "으앙!" 하면 기저귀를 갈아주며, "으앙!" 하면 재워준다. 아기일 때 우리의 강한 의지는 우리를 편안하고 생존하게 해준다. 더 크게 표현할수록 우리의 욕구는 더 빨리 충족된다. 그러나 자라기 시작하면서 우리는 단순한 생존의 필요 때문에만 우는 것이 아니다. 이제는 쾌락도 원하게 된다. 생후 9개월이 되었을 무렵, 만약 우리가 삼촌의 시계가 갖고 싶다면, 우리는 그 시계를 덥석 잡고 삼촌이 주지 않으면 소리소리 지르며 울기 시작할 것이다. 삼촌은 그 모습에 애기가 손힘이 좋다며 웃을지도 모른다. 그러나 시계는 곧 삼촌의 손에 돌아가고, 우리는 분노할 것이다. 우리는 너무나도 화가 나서, 만약 우리가 키 2미터에 몸을 자유자재로 움직일 수 있는 능력을 갖췄다면, 감정과 욕구를 절제할 줄 모르는 상태이기에 삼촌을 제압하고(어쩌면 가장 최악의 상황까지 갈 수도 있다), 우리는 그의 시계를 갖게 되지 않았을까? 신생아 때 우리를 살게 했던 '생존 의지'는 자라나면서 '욕망을 이루려는 의지'로 바뀐다.

진보주의와 보수주의 양쪽 시각을 제대로 이해하려면, 인간 본성이 가진 자기중심적인 충동을 먼저 이해해야 한다. 우리는 모두 본래부터 욕망에 이끌리는 존재다. 원하는 것을 원할 때 바로 얻고 싶어 하며, 원하지 않는 것은 거부한다. 그래서 어린아이들은 아이스크림을 달라고 떼를 쓰거나 소리를 지르며, 브로콜리 같은 건 싫다며 얼굴을 찡그린다. 우리는 본능적으로 기다리는 것을 싫어하고 즉각적인 만족을 원한다. 원하는 것이 주어지지 않으면 떼를 쓰며 화를 낸다. 삶의 첫 해부터 우리는 자신을 만족시키려 하고, 자신의 행동에 따른 결과를 감수하는 것은 질색한다. 바로 그렇기 때문에 부모의 역할이 중요하다. 부모의 역할은 바로 이런 우리를 훈련시켜 자제력을 갖게 하는 것이다. 살아가며 욕망하는 것들이 충족되지 않더라도 만족과 안정감을 누릴 수 있다는 것을 가르쳐야 한다. 아이가 욕망의 지배를 받지 않고 살아갈 수 있도록 끊임없이 가르치고 훈련시켜야 한다.

1926년, 미네소타 주지사 시어도어 크리스티안슨은 범죄를 연구하고 그 원인을 평가하기 위해 '미네소타 범죄위원회Minnesota Crime Commission'를 설립했다. 연구를 마친 위원회는, 범죄 성향이 가난이나 교육 수준, 또는 환경 때문이 아니라는 결론에 도달했다. 대신 다음과 같은 관찰 결과를 내놓았다.

"모든 아기는 작은 야만인으로 인생을 시작한다. 완전히 이기적이고 자기중심적이다. 자기가 원하는 것을, 원하는 때에 얻고 싶어 한다. 그것이 젖병이든, 엄마의 관심이든, 친구의 장난감이든, 삼촌의 시계든 말이다. 이 욕구들이 거부되면 분노로 끓어오르고, 폭력적인 성향을 드러낸다. 만약 연약하고 무력한 존재가 아니었다면, 그 분노는 살인으로 이어졌을지도 모른다. 그들은 더럽고, 도덕도 없으며, 지식도 없고, 발달된 능력도 없다. 이 말은, 특정한 일부 아이들뿐 아니라 모든 아이들이 본래부터 비행 성향을 갖고 태어난다는 뜻이다. 만약 이 아이들이 자기중심적인 유아기의 세계 속에서 그대로 자라며, 자신의 충동을 아무 제약 없이 만족시키도록 내버려진다면, 결국 모든 아이는 범죄자, 도둑, 살인자, 강간범이 될 수 있다."

이 위원회는, 지금처럼 도덕적 붕괴에 빠지지 않았던 당시의 미국 문화를 연구한 끝에, 범죄와 사회적 실패의 씨앗이 인간의 내면에, 태어날 때부터 존재한다는 점을 분명히 했다. 이로써 얻을 수 있는 명확한 메시지는 이것이다. 사회의 미래는 부모의 손에 달려 있다.

어떤 일이 일어날까? 만약 아이의 '욕구 충족의 의지'가 아무런 제지 없이 성인이 될 때까지 계속된다면 말이다. 다시 말해, 인간 본성이 본래 자기중심적이고 쾌락에 집착하는 것이라면, 어린 시절에 절제력을 배우지 못한 아이는 어떻게 자라게 될까? 울고, 투정 부리고, 떼를 써서 원하는 것을 얻는 아이가 있다면, 그 아이는 어떻게 될까? 원하는 것을 참을성 있게 기다리는 법을 배우지 못하고, 부모가 정해준 음식을 억지로라도 먹거나, 장난감을 스스로 정리하는 것 같은 유년기의 흔한 고생을 겪지 않고 자란다면? 그런 아이는 자신이 세상에서 얼마나 중요한 존재인지 과대평가하게 되지 않을까? 결국, 당연하다는 태도와 감사할 줄 모르는 마음, 그리고 욕구를 참지 못하는 성향을 가진 어른이 되지 않을까? 자신의 행동에 대한 책임을 지지 않아도 되고, 부모가 항상 뒷수습을 해주며 부순 유리창까지 대신 물어주는 상황이 반복된다면, 그 아이는 어떻게 될까?

그리고 만약 그의 친구들 대부분도 마찬가지라면, 그들 사이에 마땅히 져야할 의무나 책임 없이, '자신의 욕망을 추구하는 것이 최고의 권리'라는 공감대가 생기지 않겠는가?

아이들은 '욕구 충족의 의지'를 안고 세상에 태어난다. 그리고 이 욕구가 어릴 때 제대로 제어되지 않으면, 성인이 되어서도 유아기 때와 똑같이 자기중심적이고 욕망에 이끌린 세계관을 가진 채 살아가게 된다. 이런 관점은 가족, 직장, 공동체와의 관계에 영향을 줄 것이며, 정치와 정부를 대하는 태도에도 그대로 드러난다.

조금 급진적으로 들릴 수도 있겠지만, 이 책을 이해하는 데 꼭 필요한 생각을 하나 제안하고 싶다. 그것은 바로 진보주의 핵심에는 '욕망'이 자리 잡고 있다는 것이다. 진보주의 시각을 깊이 들여다보면 '이성'이 아니라 '감정'이 지배하고 있다. 그러한 사고방식은 연민, 동정심 같은 감정에서 나올 수도 있지만, 더 근본적으로는 '욕망을 충족하고 싶은 마음'과 '그 욕망의 대가를 치르기 싫어하는 마음'에서 비롯된다.

내 주장에 동의하지 않는 사람들도 있을 것이다. 어떤 이들은 인간이 본래 선한 존재라고 믿으며, 아이들도 자유롭게 자라고 사랑만 받으면 훌륭한 시민으로 성장할 거라고 여긴다. 이런 생각은 현대 미국 사회에서 흔히 퍼져 있는 믿음이다. 하지만 그 믿음은 이미 틀린 것으로 증명되었다. 1960년대 이후 등장한 이러한 양육 방식은, 지금 우리가 사는 사회의 도덕적 하락세를 보더라도 실패한 접근이라는 게 명백하다. 증거는 도처에 널려 있다.

물론 순수한 진보주의자들은 이 주장에 강하게 반발할 것이다. 그들은 오늘날의 미국 사회를 도덕적으로 쇠퇴한 곳이라고 보지 않는다. 오히려 '인간이 빠르게 발전하고 있는 공간'으로 본다. 내가 라디오 토크쇼에 출연해 이야기할 때, 많은 사람들이 미국 사회가 도덕적으로 추락하고 있다는 내 믿음을 반박해왔다. 그들에게 이혼율이 높은 건 가족이 해체되고 있다는 신호가 아니라, 낡은 가치관에서 해방되었다는 표시다. 혼외 임신과 성병의 확산은 도덕성의 붕괴가 아니라, 안전한 성관계를 실천하지 않은 탓에 생긴 '건강한 성적 자유'의 부작용일 뿐이다. 낙태가 많은 건 생명을 경시한 결과가 아니라, 여성들이 남성과 동등한 권리를 가지게 되었다는 증거다. 심지어 포르노 산업의 성장조차 어떤 이들에게는 비극이 아니라, 빅토리아 시대의 꽉 막힌 윤리를 벗어던지고 표현의 자유를 누리는 현상으로 여겨진다. 맞다, 이런 관점에서 보자면 진보주의자들에게 오늘날 미국은 꽤 괜찮은 상태다.

물론 그들도 교육, 약물 문제, 보건, 사회적 약자에 대한 돌봄 같은 영역에 대해서는 걱정한다. 하지만 내가 진짜로 우려하는 건 그런 문제들을 해결하려는 방식이다. 이에 대해서는 다음 장에서 다루겠다.

다시 한 번 말하지만, 스스로를 진보주의자라 여기는 이들 중에는 내 묘사가 자신들과 맞지 않는다고 주장할 사람들이 있을 것이다. 그들은 이혼이 미칠 개인적 사회적 영향들에 염려하고, 성적 문란이나 낙태, 포르노그래피가 줄어들기를 바란다. 그들은 내가 허수아비 논리를 만들어 놓고 그것을 무너뜨리고 있다고 비난할지도 모른다. 하지만 나는 그들에게 말하고 싶다. 내가 말하고 있는 '순수한 진보주의자'는 당신들이 아니라고. 순수한 진보주의자와 순수한 보수주의자는 스펙트럼의 양 극단에 위치해 있다. 미국의 대다수는 이 두 관점을 어느 정도 섞어 가진 사람들이다. 내가 바라는 것은, 이 중간 지대에 있는 다수에게 진보주의의 핵심을 드러내어, 그들과 그 자녀들이 그들 역시 우려하는 해로운 요소들에서 벗어나도록 돕는 것이다.

양육의 기본 목표

그렇다면, 왜 그렇게 많은 보수주의자들과 스스로 진보주의자라 말하는 중간 지대 사람들이 아이들에게 좋은 인격을 길러주고 싶어 함에도 그렇게 되지 않는 걸까? 근본적인 이유 중 하나는, 부모들이 자녀에게 좋은 인격을 길러주고 싶어 하면서도, 실제로는 그 반대되는 행동을 본보기로 보여주며 자녀의 자기중심성을 조장하고 있다는 사실을 잘 모르기 때문이다. 그들은 자녀를 진심으로 사랑하고, 올바른 인격을 가진 사람으로 키우기 위해 애쓴다. '우리 아이를 반항적으로 키워서, 커서 포르노를 보고, 고객을 속이고, 탈세를 하고, 이혼을 밥 먹듯 하는 어른으로 만들자'라고 생각하는 부모는 없다. 대부분의 진심 어린 부모들에게 부족한 것은 사랑이나 헌신이 아니다. 그들에게 결여된 것은, 건국의 아버지들이 말한 '바른 인격'이란 어떤 것인지에 대한 올바른 이해, 그리고 그것을 어떻게 길러야 하는지에 대한 분명한 방향이다. 목적지가 분명하지 않으면, 우리는 결코 그곳에 도달할 수 없다.

건국의 아버지들이 강조했던 미덕과 도덕성은 한 단어로 요약될 수 있다. 바로 '성숙maturity'이다. 아이들은 자라지만, 요즘은 성인이 된다고 해서 성숙해지는 경우가 드물다. 유아기부터 그들을 지배해온 '충족되어야 하는 욕구passion-to-be-gratified'는 어린 시절 내내 유지되다가 사춘기에 폭발한다. 결국 신체적으로는 성인이 되었을지 몰라도, 우리 사회가 절실히 필요로 하는 성숙한 인격은 갖추지 못한 채 어른이 된다.

하지만, 누군가는 반박할지도 모른다. "요즘 애들은 너무 빨리 커버리잖아요." 정말 그럴까? 오늘날의 십대들이 정말 성숙한 걸까, 아니면 단지 독립적으로 보이는 걸까? 전형적인 현대 십대는 무례하고 자기중심적이며 감사할 줄을 모른다. 그들은 오락과 재미, 쾌락에 몰두하며 살아간다. 이것은 성숙함이 아니라 미성숙함의 전형적인 특징이다. 물론 요즘 십대들은 이전 세대보다 성적으로 더 경험이 많고, 세상일에도 더 노련하며, 유머 감각도 세련되었을 수 있다. 하지만 그들은 자제력과 책임감 면에서는 훨씬 뒤처져 있다. 이 두 가지는 진정한 성숙의 핵심 요소다. 어떤 부모들은 고집 세고 당돌한 딸을 두고 "우리 딸은 열셋이지만 스무 살 같아요"라고 말하지만, 실제로는 그 딸의 건방진 태도로 봤을 때 "열셋이 아니라 다섯 살 같다"고 표현하는 편이 더 정확하다.

미국 사회가 자기중심적이고 무책임한(즉, 미성숙한) 어른을 점점 더 많이 만들어내는 경향은 수십 년 동안 사회를 관찰하고 연구해온 사회학자들의 우려를 낳아왔다. 1972년 하버드 로스쿨 연설에서 정치인이자 변호사인 랄프 네이더^{Ralph Nader}는 다음과 같이 말한 바 있다.

> "우리는 인류 역사상 가장 오랜 청소년기를 보내고 있다. 이토록 오랜 시간이 지나야 비로소 '어른'이 되는 집단은 없다… 청소년기는 교육 제도와 산업에 의해 양육

되고 연장되었다. 산업은 청소년 인구를 포용하고 그들의 '청소년적 가치관'을 강화함으로써 큰 이익을 얻었다. 이러한 청소년기의 연장은 우리 사회에서 가장 이상이 높고 도전 정신이 강한 세대의 기회를 빼앗고 있다."

비슷하게, 내가 대학 시절 들었던 한 사회학 교수도 현대 문화가 인류 역사상 그 어느 문화보다도 아이들을 더 오랫동안 어린 상태로 붙잡아 둔다고 지적했다. 20세기 이전까지 대부분의 세계 문화에서는 젊은이들이 십대 때부터 직업을 갖고 결혼하며 조기에 성숙해지는 방향으로 길러졌다. 그 교수는 과거 수세기 동안의 일반적인 15세 청소년의 성숙도가, 오늘날 평균적인 30세 성인의 성숙도보다 높았을 것이라고 주장했다.

말할 필요도 없이, 교수의 말은 나를 자극했고 나로 하여금 더 깊이 파고들게 만들었다. 이후 몇 년 동안 나는 직접 연구를 진행했고, 결국 교수의 말이 사실이라는 결론에 도달했다.

19세기 미국, 또는 그 이전 시대에는, 평균적인 15세 청소년이 오늘날 우리가 '성인으로서의 책임'이라고 여기는 일을 이미 수행하고 있었다. 예를 들어 미국 6대 대통령인 존 퀸시 애덤스는 열한 살에 유럽으로 외교 보조관으로 파견되며 정치 경력을 시작했고, 열네 살에는 러시아에서 외교 사절단의 보조 역할을 맡았다. 19세기의 유명한 해군 장교 데이비드 패러것은 아홉 살에 해군 경력을 시작했고, 열두 살에 나포한 영국 군함의 지휘권을 맡았다.『초원의 집』작가로 유명한 로라 잉걸스 와일더는 열다섯 살에 공립학교 교사로 일했다. 이 세 청소년이 성인 수준의 책임을 맡을 수 있었던 성숙함은 특별한 일이 아니었다. 당시 대부분의 청소년에게서 흔히 볼 수 있었던 모습이었다. 심지어 현대에도, 제3세계 국가에서 성장한 청소년들은 이와 유사한 조기 성숙을 보인다.

나는 오늘날 청소년들의 성숙이 늦어지는 데에는 여러 가지 요인이 있다고 확신하게 되었다. 예를 들어, 교육 기간의 연장, 청소년 대상 상업화, 낮은 사회적 기대치 등이 있다. 하지만 그중 가장 핵심적인 원인은 이에 대한 부모들의 교육이 미흡하다는 것이다. 대부분의 부모는 성숙이 무엇인지, 그리고 그것을 자녀에게 어떻게 길러줄 수 있는지를 잘 모른다.

성숙이란 무엇인가?

양육의 가장 기본적인 목표는 아이를 성숙한 사람으로 기르는 것이다. 현대 미국의 문제는, 대부분의 부모가 성숙은 나이가 들면서 자연스럽게 따라오는 부산물이라고 생각한다는 데 있다. 그래서 많은 부모들이 자녀의 성숙을 길러주기 위한 특별한 노력을 거의 하지 않는다. 사실, 성숙이 정확히 무엇인지조차 정의하지 못하기 때문에, 이를 제대로 길러주는 것도 어렵다.

자녀를 성숙한 사람으로 키우고 싶어하는 부모들조차도 종종 성숙함을 '독립성'과 혼동한다. 그 결과, 성숙하지 못한 자녀에게 너무 이른 시기에 자율성을 부여해버린다. 그러나 부모들은 깨닫지 못한다. 미성숙한 사람에게 독립을 허락하는 것은 성숙을 촉진하는 것이 아니라, 오히려 자기 탐닉의 미성숙함을 더욱 심화시킨다는 사실을 말이다. 그런 아이는 생존 기술은 키울 수 있고 세상 물정에는 밝아질 수 있지만, 성숙함은 성장하지 않는다.

부모는 따라서 성숙함이 무엇인지 이해하고, 그 성숙함의 특성을 자녀에게 훈련시키기 위해 의식적인 노력을 기울여야 한다. 성숙함은 가장 기본적인 요소로 나누어 보면 세 가지 주요한 성품으로 특징지을 수 있다. 바로 자제력, 지혜, 책임감이다.

자제력이 있는 사람도 모든 정상적인 인간적 욕구를 가지고 있지만, 그것에 지배되지 않는다. 자제력이 있는 아이는 엄마가 부를 때 처음에 바로 순종할 수 있는 아이다. 다른 사람의 물건을 손대지 않거나, 아빠가 안 보는 사이에 몰래 사탕을 먹지 않을 수 있는 아이가 자제력이 있는 아이다. 그런 아이는 놀림을 당했을 때 화가 날 수는 있지만, 폭력으로 반응하지 않을 만큼 스스로를 억제할 수 있다. 결국, 자제력이 있는 아이는 자기 자신에게 "아니"라고 말할 수 있고, 옳은 일에는 "맞아"라고 말할 수 있는 아이이다. 자제력을 배우지 못한 채 자란 아이는 성인이 되더라도 결국 '커다란 아이'에 머물게 된다. 그는 자기 자신, 쾌락, 재미, 오락에 몰두하게 되고, 때로는 주변 사람들을 희생시키면서까지 그것을 추구한다. 그는 자신의 생각과 감정이 무엇보다 중요하다고 여기기 때문에, 예의 여부를 따지지 않고 하고 싶은 말을 내뱉고, 자신의 욕망을 따라 행동하려 든다. 이러한 자기 중심성은 그를 거만하고, 조급하며, 요구가 많고, 감사할 줄 모르게 만든다. 그는 만족을 미루지 못하고, 성숙하고 이타적인 관심을 다른 사람들에게 기울이지 못한다. 이타적인 관심은 건강한 사회를 위해 반드시 필요한 요소다.

지혜로운 사람은 타고난 지능이 뛰어난 사람과는 다르다. 매우 높은 교육을 받은 똑똑한 사람들 중에도 매일 어리석은 선택을 하는 이들이 있다. 그들의 이성적 사고 능력은 욕망과 충동에 의해 흐려지기 때문이다. 진정한 지혜를 지닌 사람은 실수로부터 배우고, 건전한 결정을 내리며, 스트레스 상황에서도 침착하게 문제를 해결한다. 더 중요한 것은, 지혜로운 사람은 감정에 이끌리지 않고 이성적으로 사고할 수 있다는 점이다. 예를 들어, 금지된 성적 욕망을 따라 충동적으로 행동하고 결과를 고려하지 않은 채 쾌락을 추구한다면, 그것은 지혜롭게 행동한 것이 아니라 오히려 어리석은 짓을 한 것이다. 술에 대한 갈망이 너무 커서 숨어서 술을 마시고, 그 행동을 감추기 위해 거짓말을 한다면, 술이 깬 상태에서도 주변에 나쁜 영향을 미치는 잘못된 선택을 계속하게 된다.

복권을 사고 싶다는 충동이나 새 옷을 사고 싶다는 욕망 때문에 집세로 써야 할 돈을 써버린다면, 그로 인해 우리 자신뿐만 아니라 다른 사람들까지 고통받게 된다. 아이가 자신의 충동이나 변덕에 "안 돼"라고 말하는 법을 배우지 못하면, 그는 결코 성숙함에 필요한 지혜를 갖추지 못할 것이다. 사실, 우리를 지배하는 것이 삶을 바라보는 시각에 영향을 주기 때문에, 그런 식으로 자란 아이는 세상을 욕망이라는 흐릿한 안경을 통해 바라보게 된다. 그는 자신을 통찰력 있고 지혜로운 사람이라고 여길지 모르지만, 실제로는 그 반대이며, 그의 관점은 욕망에 의해 왜곡되어 있는 것이다.

책임감 있는 사람은 자신의 행동에 대해 스스로 책임을 지는 사람이다. 실패에 대해 변명하거나 남을 탓하지 않으며, 자신의 실수로 인한 결과를 다른 사람이 대신 치러주길 기대하지 않는다. 자신의 선택과 행동에 대한 책임을 지고, 생활비도 스스로 감당한다. 책임감 있는 사람은 성실하고 양심적으로 일한다. 그러나 이런 진실성과 신뢰성은 욕망이 주인이 아닐 때에만 가능하다. 아이가 재미를 쫓는 욕망이 의무감보다 크면, 해야 할 일을 할 시간에 충동적으로 놀게 되고, 자라서는 고용주를 위해 일을 제대로 하지 못할 것이다. 아이가 자신의 개인적 의무를 다할 책임을 지지 않고 계속 '한 번 더 기회'를 받으면, 그는 모두가 자신을 구해줄 책임이 있다고 생각하며 자란다. 자신의 행동 결과를 감내할 필요가 없다고 여기고, '피해의식'을 갖게 된다 — 모든 일이 자신의 탓이 아니며, 고통의 원인은 언제나 다른 누군가에게 있다고 여긴다. 그는 자신의 선택이나 삶에 대한 반응의 결과에 책임이 없다고 생각한다. 그는 자신이 얻지 않은 것을 누릴 권리가 있다고 주장하며, 다른 사람이 일한 것을 자신이 당연히 나누어 가져야 한다고 여긴다.

그래서 부모의 가장 중요한 목표는 자제력, 지혜, 책임감이라는 특성을 가진 아이로 키우는 것이다. 이런 특성을 가진 젊은이는 성숙한 어른이 될 준비가 되어 있을 것이고, 그런 인격을 가진 시민들이 모인 사회 또한 성숙한 사회가 될 것이다. 지난 50년간 많은 부모가 이 특성들을 키우는 것을 최우선 목표로 삼지 않았기에, 그 자녀들은 자라서 부모가 그랬던 것처럼 정치인, 판사, 공무원이 되어 우리를 이끌고 있다. 오늘날 미국은 부모세대가 놓쳤던 그 리더십의 나쁜 열매를 거두고 있는 것이다.

✓ 인간은 본성적으로 쾌락을 추구하고 고통을 피하려는 성향을 지닌다.

✓ 절제와 도덕성은 자연 발생적 성품이 아니라 훈련의 결과다.

✓ 양육이 개입되지 않으면 인간의 본성은 그대로 강화된다.

✓ 부모의 역할은 본성을 방치하는 것이 아니라, 다루는 데 있다.

잠시 멈춰 생각해 보기

1. 나는 아이의 행동을 '성격'이나 '기질'이라는 말로 너무 쉽게 설명하고 있지는 않은가?

2. 본성을 다루기보다 존중한다는 이유로 훈련을 미뤄온 영역은 없는가?

3. 나 자신은 어떤 훈련을 통해 절제라는 성품을 배워왔는가?

제4장
자녀를 좋은 시민으로 기르기

"오늘날 부모들의 감정적인 관용은
아이들에게 역경을 통해 배우는 기회를 빼앗고 있다.
부유한 가정의 대부분 청소년은
휴대폰, 신용카드, 컴퓨터, 자동차 같은
유용한 도구들은 다 가지고 있지만,
인격을 길러주는 책임감은 거의 없다.
과잉보호를 받은 아이들은
자기중심성, 우울, 불안, 자제력 부족에 쉽게 노출된다."

— 에드 쉽맨(자선가, 교육자)

어느 날 양육 세미나에서 한 싱글맘이 내게 달려와 흥분된 목소리로, 1년 전 내가 진행했던 세미나에 참석한 적이 있다고 했다. 그녀에게는 사춘기 전의 두 아들이 있었고, 그 세미나에 참석했을 때는 아이들과 집안의 주도권을 놓고 다투는 데 지쳐 있는 상태였다. 그녀는 환한 얼굴로 그날 세미나를 통해 '부모가 되어도 괜찮다'는 허락을 받은 기분이었다고 말했다. 그리고 이날 이후 단 하루 만에 그녀의 가정이 바뀌는 것을 보았다고 했다. 아들들이 엄마에게 말대꾸하던 것을 멈추고, 처음 말을 했을 때 바로 순종하기 시작한 것이다. 그녀는 더없이 행복했고, 아이들도 마찬가지였다. 이제 더 이상 아이들을 향해 같은 말을 반복하지 않아도 되었고, 아이들도 더는 엄마와 주도권 싸움을 하지 않아도 되니 평화가 찾아왔다. 자신들은 단지 따라야 할 사람이고, 엄마가 자신들의 리더라는 것을 아이들이 받아들인 것이다. 그전까지는 단지 아이들 틈에서 살아남기 위해 애쓰고 있었지만, 이제 그녀는 자신의 역할이 아이들의 인격을 형성하고 어른이 될 준비를 시키는 것임을 깨달았다고 했다. 아이들의 성장에 영향을 줄 수 있는 힘을 가지고 있다는 사실이 그녀에게 큰 기쁨이라는 것을 알 수 있었다.

그렇다면 부모는 어떻게 자녀의 인격을 형성하고, 자제력과 지혜, 책임감을 갖춘 사람으로 길러낼 수 있을까? 이 주제에 대해서는 내가 따로 한 권의 책을 썼기 때문에, 이 자리에서 그 내용을 반복하지는 않겠다. 하지만 정치와 문화를 올바르게 판단하기 위한 기초를 놓기 위해, 자녀를 성숙하고 훌륭한 시민으로 키우는 데 필요한 10가지 기본 원칙을 간단히 정리해보려 한다.

그에 앞서 먼저 짚고 넘어가고 싶은 것이 있다. 나는 지금 자녀를 훈련시키는 적절한 방법에 대해 말하고 있으며, 여기서 중요한 단어는 바로 '훈련'이다. 어떤 사람들은 아이를 훈련시킨다는 개념 자체에 불쾌감을 느낀다. "훈련은 개에게나 하는 거지, 아이는 개가 아니에요!"라고 말한다. 물론 아이들은 동물이 아니고, 동물처럼 다루어져서도 안 된다. 하지만 훈련은 단순한 교육만으로는 충분하지 않을 때, 누구에게든 필요한 것이다. 교육은 핵심적인 정보를 전달하는 것이지만, 훈련은 더 집중적이기에 보다 나은 결과를 보장한다. 그래서 고용주들은 직원들을 위해 직무 훈련을, 코치는 운동선수에게 체력 훈련을, 군대에서는 병사들에게 기초 훈련을 받게 하는 것이다.

아이들을 교육하는 일은 그들의 성장에 필수적이지만, 교육은 연습, 역할놀이, 규율 같은 훈련 요소들로 반드시 보완되어야 한다. 제대로 된 훈련 없이 아이는 나이를 먹을 수는 있지만, 결코 성숙에 이르지는 못할 것이다.

1. 아이들은 자신의 욕구를 절제할 수 있는 법을 배워야 한다

아이들은 처음부터 만족을 추구하는 본능을 가지고 태어난다. 만약 이 본능이 아무런 제어 없이 계속 방치된다면, 아이는 결국 욕망에 지배되는 사람으로 자라게 된다. 욕망에 지배되는 사람은 지혜나 책임감을 행동 기준으로 선택하지 않는다. 오직 자신에게 유익하고 만족을 주는 것이 무엇인지에 따라 결정한다. 그런 사람은 객관적인 논리나 개인의 도덕성에 기반해 움직이지 않고, 그때그때 편리한 것에 따라 행동한다. 그는 자신과 같은 사람들이 만족을 얻을 수 있는 권리를 지키기 위해 싸우고, 자신의 선택이 초래한 결과로부터 다른 사람이 자신을 구해주기를 기대한다. 이렇게 되지 않게 하려면 부모의 훈련에서 가장 중요한 목표는 자녀가 '자기 절제'를 배울 수 있도록 돕는 것이다.

몇 년 전, 나는 사우스웨스트 항공편을 타고 한 컨퍼런스에 가고 있었다. 이 항공사는 지정 좌석이 없기 때문에 먼저 타는 사람이 원하는 자리에 앉을 수 있다. 어쩌다보니 나는 가장 먼저 탑승해 앞쪽 몇 번째 줄에 앉았다. 다른 승객들이 탑승하길 기다리는 동안, 피곤해 보이는 한 엄마가 열 살과 열한 살쯤 되어 보이는 두 아들과 함께 비행기 안으로 들어오는 모습을 보았다. 통로를 따라 걷던 중, 두 소년은 마침 서로 마주 보고 앉는 앞줄 좌석을 발견하고 거기 앉고 싶다고 소리쳤다. 그 자리에 앉으면 엄마는 낯선 승객들과 마주보고 앉아야 했기 때문에 별로 내키지 않았던 모양이다. 그래서 엄마는 "안 돼"라고 말하고, 아이들에게 따라오라고 했다. 하지만 두 아이는 '엄마를 어떻게 다뤄야 하는지' 이미 잘 알고 있었고, 거기에 앉겠다고 고집을 부리며 계속해서 손가락으로 앞줄을 가리켰다. 나는 과연 그 엄마가 아이들의 말을 들어줄지 궁금해 하며 지켜봤다. 예상대로 아이들이 엄마를 제대로 훈련시킨 셈이었다. 얼마간의 말다툼 끝에 엄마는 결국 마지못해 아이들을 데리고 앞줄로 갔다. 자신이 원하지 않던 그 자리에 말이다.

이 엄마는 그저 미국의 일반적인 가정을 대표하는 사람이었다. 많은 가정들이 부모가 아니라, 그럴 자격이 없는 아이들이 좌지우지하는 모습을 보인다. 윈저 공(영국 에드워드 8세. 1936년 미국 여인과 결혼하기 위해 즉위 1년 만에 왕위를 내려놓음)이 미국을 방문했을 때, "미국에서 가장 인상 깊었던 것은 부모가 아이들의 말을 잘 듣는다는 것이다"라고 말한 것은 놀라운 일이 아니다.

가정에는 두 가지 기본 역할이 있다. 부모는 '리더'이고, 자녀는 '팔로워(추종자)'다. 연륜과 지혜를 가진 리더가 젊고 경험 없는 팔로워를 이끌고 훈련시키는 것이 이 구조의 핵심이다. 자녀의 역할은 리더십에 참여하는 것이 아니라, 부모의 지도를 따르는 것이다. 아이들이 "네, 엄마. 네, 아빠."라고 말하고, 지시받은 대로 행동하는 것을 배우는 과정 속에서, 자녀들은 언젠가 자신이 리더가 되기 위한 준비를 하게 된다. 군대는 오래전부터 가장 훌륭한 팔로워가 가장 훌륭한 지도자가 된다는 사실을 깨달았는데, 그러한 집단적 합의는 효율성을 넘어서는 것이다.

아이들은 본성적으로 즉각적인 만족을 추구하기 때문에, 리더십을 가질 수 없다. 그보다는 강한 리더십 아래에서 순종하며 따르는 것을 배워야 한다. 부모의 역할은 자녀가 욕망을 다스릴 수 있도록 돕는 것이다. 이 훈련은 복잡하지 않다. 어린아이는 스스로에게 "안 돼"라고 말하고 부모에게 "네"라고 말하는 것을 통해 자제력을 배운다. 외적인 통제에 순종하는 과정에서 내적인 통제가 길러진다.

따라서 우리는 자녀가 어릴 때, 강력한 리더십으로 이끌어야 하며, 자녀에게 결정권을 거의 주지 않아야 한다. 자녀는 남편과 아내가 함께 이루는 부모 팀의 일원이 되어서는 안 된다. 부모의 가르침을 따르며 자기 욕구를 누르는 법을 배워야 할 뿐 아니라, 심리적으로도 가정 운영에 대한 부담을 감당할 만한 능력이 없기 때문이다. 부모의 결정에 지속적으로 의견을 낼 수 있는 아이들은 대개 행복하지 않다. 그러나 그러한 책임에서 벗어나면 아이는 안정되고 평안해진다. 누군가 책임지고 있다는 사실이 분명해질 때, 아이는 비로소 안심할 수 있게 된다.

모든 결정에 자기 의견이 반영되어야 한다고 생각하며 자란 아이는 자기중심적이고, 요구가 많으며, 인내심이 없고, 감사할 줄 모르는 사람으로 성장할 우려가 있다. 자기에게 가장 좋은 것이 무엇인지에만 몰두한 나머지 타인을 배려하지 못하며, 그로 인해 종종 불만이 많고 비판적이며 불평을 입에 달고 산다. 아이가 언제든 자신의 생각을 말하도록 격려하는 부모는 아이의 의견을 따로 추측할 필요는 없겠지만, 그 과정에서 아이가 권위에 맞서는 태도를 무심코 부추기게 된다.

자녀가 부모 간의 리더십 논의에 끼어드는 것을 허용하면, 자녀는 자신이 부모와 동등한 위치에 있다고 여기게 되고, 가정을 이끄는 일에 자신도 관여할 권리가 있다고 생각하게 된다. 이러한 지나친 권한부여는 결국 대립으로 이어지고, 부모는 자녀의 존경을 잃게 된다. 안타깝게도 자녀는 자신을 가장 잘 훈련시켜 줄 수 있는 사람과 대립하여 갈등상태로 성장하게 된다.

물론 부모가 자녀의 생각과 의견을 귀담아듣는 것은 지혜로운 일이며, 특히 자녀가 청소년기에 접어들수록 더욱 필요한 일이다. 우리는 자녀를 사랑하기 때문이다. 자녀는 우리의 살과 피이며, 한 인격체로서 생각과 감정을 존중받을 자격이 충분하다. 그러나 가정은 민주주의 체제가 아니다. 부모가 리더이며, 자녀는 팔로워다. 국가에는 민주적 선거가 있지만, 대부분의 직장은 직원에게 투표권을 주지 않는다. 그러므로 우리는 자녀가 어릴 때부터 권위에 순종하는 법을 가르쳐야 한다. 어린 시절은 리더십에 감사하며 겸손하게 받아들이는 법을 배우는 시기이다. 이 시기에 자녀는 리더십에 순종함으로써 자기절제를 배우게 되고, 그 자기절제는 언젠가 자신이 훌륭한 리더가 되는 데 필요한 자질이 된다. 물론 부모의 강한 리더십은 부모 자신이 강한 도덕적 기반을 가지고 있을 때 가능하다.

2. 자녀의 행복이 가정의 중심 동력이 되어서는 안 된다

물론 우리는 자녀를 사랑하고 그들이 행복하길 원한다. 하지만 '행복한 아이'를 지나치게 추구하는 태도는 우리 문화를 붕괴시키는 데 일조하고 있다. 우리의 가정, 학교, 지역 사회는 점점 더 아이 중심이 되었고, 우리는 아이들의 재미와 만족을 위해 끊임없이 맞춰주며 어떤 대가를 치르더라도 그들을 즐겁게 해주려 한다. 그 결과 아이들은 자신의 욕구를 충족시키려는 성향을 성인이 되어서도 그대로 유지하게 되었고, 이는 자신이 가장 중요한 존재라고 여기는 청소년과 성인 중심의 문화를 만들어냈다. 모든 사람이 자신의 만족을 우선시하게 되면서, 세상이 자기 중심으로 돌아간다고 믿게 된 것이다.

내 말이 오해되길 원하지 않는다. 나도 아이들이 행복하길 바란다. 특히 내 자녀가 웃고 즐거워하는 모습을 보는 것만큼 나를 기쁘게 하는 일도 없다. 내가 말하고 싶은 것은, 우리가 자녀의 욕구를 충족시키는 데 몰두하거나 그들의 반응에 따라 양육 방식을 결정해서는 안 된다는 것이다. 나는 수년간 전국을 돌며 부모 교육 세미나를 진행해왔다. 그 과정에서 내가 본 가장 행복한 아이들은 언제나 부모의 사랑과 안정적인 권위 아래 있는 아이들이었다. 그들은 부모가 몇 번을 말했을 때가 아니라, 처음 이야기를 했을 때부터 기쁘게 순종해야 하며, 순종에는 칭찬이 불순종에는 징계가 따른다는 것을 잘 알고 있다. 그들이 행복한 이유는 부모가 정해주고 지켜주는 경계 안에서 안전함을 느끼기 때문이다. 또한, 가정을 이끌고 많은 것들을 결정을 해야 한다는 부담을 짊어지지 않아도 되기 때문에 마음이 평안하다.

말할 필요도 없이, 이런 안정되고 평안한 자녀들이 있는 가정은 갈등도 적고 형제자매 간의 경쟁도 덜하다. 그래서 더 화목하고 행복한 공간이 된다. 이 모든 것은 당연한 일이다. 자녀들도 우리와 마찬가지로, 누군가가 권위를 가지고 책임을 대신 져주고 있다고 느낄 때 스트레스가 줄어들기 때문이다.

3. 자녀를 마음대로 하게 내버려두어서는 안 된다

부모로서 우리는 자녀가 자기 욕구를 조절할 수 있는 힘을 갖기 원한다. 그러나 자녀가 떼를 쓰거나 울거나 입을 삐죽이는 대로 원하는 것을 모두 들어주는 일은 오히려 그 반대의 결과를 낳는다.

아이의 옷장을 최신 유행 옷으로 채워주거나, 새로 나온 비디오게임을 계속 사주거나, 무제한 요금제의 휴대전화를 사주는 것 등이 바로 그 예다. 자녀가 하고 싶은 일을 언제든 할 수 있도록 아무런 제약 없이 자유를 주는 것도 그들을 마음대로 하게 내버려두는 것이다.

또한 우리가 자녀에게 내린 지시에 대해 매번 말대답을 허용하거나, 모든 말마다 자기 의견을 표현하게 내버려두는 것도 그들에게 권한을 넘겨주는 일이다. 가정 내의 모든 필요한 것들은 부모가 가장 지혜롭고 옳은 방향을 판단해 결정을 내려야 한다. 그런데 그 것을 자녀의 기분이나 반응에 따라 결정하게 된다면, 결국 그들의 자기중심적인 사고가 강화된다. 이런 방식으로 키워진 자녀는 사실상 가정을 자기 뜻대로 움직이게 된다.

아이들의 즐거움을 위한 욕구를 반복적으로 만족시켜주는 습관은, 결국 그들 안에 '내가 누리는 것은 당연한 것이다'는 생각을 만들어낸다. 그러한 태도에는 감사함의 부족이 따라온다. 마음대로 자란 아이들은 쉽게 만족하지 못하고, 잠깐 기뻐하다가 금세 시들해진다. 그리고 기분이 상하면 주변 사람들까지 불편하게 만든다. 많은 부모는 이런 태도가 성장 과정에서 흔히 겪는 당연한 모습이라고 생각한다. 하지만 사실 이것은 느슨하거나 지나치게 관대한 양육이 만들어낸 결과다.

감사하는 태도는 겸손한 아이에게서 나타난다. 자신이 받은 것에 어떤 대가가 따랐는지를 이해하고, 그것이 결코 자신이 당연히 누려야 할 것이 아님을 아는 아이다. 자기중심적인 성향을 조절할 수 있도록 훈련받은 아이는, 커서도 당연함을 요구하지 않고 스스로 책임을 지는 태도를 갖게 된다.

현실은 원하는 것을 모두 가질 수 있는 삶이 아니다. 그렇다면 우리가 감당할 수 있다고 해서 자녀가 원하는 것을 덩징 다 사주는 것은 결국 그들을 현실에 무방비 상태로 내보내는 일이다. 그런 아이들은 자기가 익숙했던 삶의 수준을 유지하기 위해 과도한 빚을 지거나, 자신의 삶에 만족하지 못하게 된다. 또 자신이 무언가를 이루고 돌파하려는 노력이 아니라 다른 누군가가 짠하고 나타나길 바라며 허황된 꿈을 꾸게 된다. 결국, 오늘날 풍요 속에서 자란 많은 아이들은 예전 말로 하면 '버릇없다^{spoiled}'고 할 수 있다. 그들은 부모와 세상이 자기의 욕구를 존중하고 채워줘야 한다고 여긴다. '버릇없다(spoiled)'는 단어에는 '망가졌다, 버려 놓다, 못쓰게 만들다'라는 뜻이 있다.

4. 아이들에게 오는 모든 고난을 막아서는 안 된다

아이가 갓난아기일 때 우리는 울음소리를 통해 그들의 불편함을 알아채고, 곧바로 돌봐 준다. 앞서 3장에서 언급했듯이, 아기의 살아남고자 하는 '생존의지'는 자라면서 자신의 욕구를 충족시키려는 '욕망을 이루려는 의지'로 바뀐다. 문제는 많은 부모들이 이 둘의 차이를 구분하지 못한 채, 아이가 자라서도 울거나, 투정부리거나, 불평할 때마다 계속해서 즉각적으로 반응하여 그런 감정을 느끼지 않게 '구출'한다는 점이다.

이런 '구출'은 아이가 저녁식사 메뉴에 대해 불평할 때, 이를 허용하거나 심지어 엄마가 다시 부엌에 가서 다른 음식을 해주는 것으로 나타날 수 있다. 혹은 아이가 "심심해!"라고 외칠 때마다 부모가 즉각 무언가 재미난 것을 마련해주는 것도 여기에 해당한다. 아이가 기다리고 인내하는 법을 배우도록 하지 않고, 대신 칭얼거리고 불평할 때마다 즉시 반응하여 원하는 것을 들어주거나, 심지어 기다리게 한 것에 대해 사과하는 태도 또한 그러하다. 어떤 경우에는 샌드위치의 식빵 껍질을 잘라내 주는 것일 수도 있다. 하지만 결국 아이는 인생의 '식빵 껍질' 같은 거친 현실을 마주하게 될 것이다.

아이를 과잉보호하는 또 다른 방식은, 자존감에 상처가 날 만한 상황으로부터 아이들을 지나치게 방어하는 것이다. 예를 들어, 승부를 중시하는 스포츠 리그, 실패감을 느끼게 할 수 있는 학교의 평가제도, 혹은 '틀렸다', '잘못됐다' 같은 말조차 피하는 경우가 있다. 아이가 또래와 갈등이 생기면, 즉각적으로 내 아이를 감싸며 상대방이 100% 잘못을 했다고 몰아가고 공격하는 반응을 한다면 이는 아이에게 전혀 도움이 되지 않는다. 물론 부모는 아이를 해를 끼치는 환경과 사람으로부터 보호해야 한다. 그러나 실제 내 아이가 분명 상처를 받은 상황이라고 해도, 인생의 불가피한 '어려운 사람'을 대하는 법을 가르치지 않는다면, 결국 부모가 아이에게 해를 끼치는 셈이 된다. 이겨낼 수 있는 방법과 정신력을 배우지 못했기 때문이다.

다른 사람이 하는 말이나 그들의 평가에 따라 반응하지 않아도 된다는 것을 부모가 삶으로 보여주어야 한다. "막대기와 돌은 내 뼈를 부러뜨릴 수 있어도, 말은 나를 해칠 수 없어"라는 옛말은 이제 거의 잊힌 듯하다. 오늘날 많은 부모들은 주변에 지나치게 방어적인 태도를 취함으로써 아이들에게 '말은 깊은 상처를 줄 수 있다'는 인식을 심어주고 있다. 물론 우리는 아이가 다른 사람에게 친절한 말을 쓰도록 가르쳐야 한다. 그러나 동시에, 친절하지 않은 말을 쓰는 사람들을 향해 연민을 품도록 가르쳐야 한다. 그렇지 않으면 우리는 아이를 상처에 지나치게 예민한 '사회적 겁쟁이'로 키우게 되고, 그들은 스스로 감정을 다루는 능력 부족을 남 탓으로 돌리는 사람이 될 것이다.

아이를 과잉보호하는 또 다른 예는 집안일을 면제해주는 것이다. 어떤 부모는 '어릴 때는 인생의 도전과 마주하기 전까지 여유롭고 즐거워야 한다'는 생각으로, 어린 시절을 일종의 '긴 쉬는 시간'처럼 여긴다.

이런 부모는 자녀가 학교 과제로 이미 충분히 버겁다고 여기기에 집안일이나 다른 책임을 최소화하거나 아예 없애버린다. 그러나 실상, 이런 부모들은 부모의 사랑이 무엇인지에 대해 많이 혼란스러워하고 있다. 본능적으로 자녀를 돌보고 보호해야 한다는 책임을 느끼지만, 그들의 '보호'는 오히려 자녀를 제멋대로 자라게 하고 해를 끼친다. 인생의 고난을 마주하고 극복하는 법을 배우는 것은 성숙으로 나아가는 중요한 과정이다. 경험 있는 운동선수라면 누구나 이 원리를 인정할 것이다. 성장은 도전을 통해 이루어지며, 그것을 회피함으로써는 절대 얻을 수 없다.

자녀를 삶의 시련에서 구해주는 부모는 게으름과 자기중심적인 성향을 키운다. 그러나 그것보다 더 심각한 것은, 그런 부모들이 자녀를 어른으로 준비시키기에 가장 중요한 시기를 놓치고 있다는 점이다. 어린 시절은 어른이 되기 전까지의 긴 휴식 시간이 아니라, 성인이 되어 맡게 될 책임을 준비하는 시기이다. 자녀가 불평할 때마다 도와주고 구해주는 식으로는 자녀를 바르게 키울 수 없다. 가정 안에서 살아가는 모든 사람은 그 가정을 유지할 책임이 있다는 것을 자녀가 배우게 해야 한다. 최소한 매일 해야 할 집안일이 있어야 한다. 이런 요소들은 성숙을 이루기 위해 반드시 필요한 것이다.

5. 아이들은 자신이 한 행동에 따른 결과를 감당해야 한다

부모의 사랑은 우리로 하여금 자녀를 돌보고 보살피도록 만든다. 우리는 자녀가 어떤 고통도 겪지 않기를 바란다. 문제는, 잘못된 방식으로 표현된 사랑이 자녀의 성장에 해로울 수 있다는 점이다. 자녀가 자신이 한 행동에 따른 결과를 스스로 감당하지 않도록 계속해서 대신 처리해주는 것은, 올바른 책임감을 기르는 데 방해가 된다. 우리가 자녀 스스로 할 수 있고, 또 해야 할 일을 부모가 대신 해줌으로써 아이들은 무의식중에 무책임과 미성숙함을 키우게 된다.

책임감 있는 사람은 맡은 일을 성실히 해낼 뿐 아니라, 자신의 실수나 의무를 다른 사람에게 떠넘기지 않는다. 자녀가 어질러 놓았다면 스스로 치우게 해야 한다. 무엇인가를 망가뜨렸다면, 그것을 고치거나 새로 사도록 해야 한다. 회복과 보상은 책임감을 표현하는 중요한 방식이다.

아이에게 여러 차례 주의를 주었음에도 불구하고 자전거를 앞

마당에 두어 도난당한 경우, 부모가 새 자전거를 사주는 일은 없어야 한다. 아이는 자전거를 다시 구입하기 위해 스스로 돈을 모으는 과정을 통해 책임감을 배우게 된다. 친구의 장난감을 망가뜨린 경우에도, 상대가 요구하지 않더라도 반드시 새 것으로 보상해야 한다. 이때 부모가 아이를 감싸려는 태도는 당장은 자연스럽게 느껴질 수 있지만, 결국 아이에게 해가 된다. 어릴 때부터 자신의 실수는 스스로 수습해야 하며, 고장 낸 것은 스스로 고쳐야 하고, 인생에서 발생하는 각종 벌금이나 교통 위반 딱지 역시 본인이 부담해야 한다는 점을 일관되게 가르쳐야 한다.

자녀가 저지른 행동에 대해 책임을 지도록 하지 않고 부모가 그 결과에서 구해주기만 한다면, 아이는 자신의 욕구를 추구하면서도 아무런 결과도 감수하지 않아도 된다고 여기게 된다. 이러한 태도는 곧 '피해의식'으로 이어진다. 자신이 초래한 상황에 대해 책임을 지려 하지 않고, 오히려 타인에게 책임이 있다고 생각하며, 결국 다른 누군가가 자신의 문제를 해결해줘야 한다고 믿게 되는 것이다.

부모는 또 다른 방식으로도 아이에게 무책임함을 가르치게 된다. 지나치게 많은 경고를 주거나, 잘못된 행동을 묵인할 때가 그렇다. 식사 전에 디저트를 몰래 먹은 아이에게 "다음부터는 그러지 마라"는 말만 하고, 이미 집어든 디저트를 다 먹게 두는 것은 잘못된 행동을 강화시키는 일이다. 이는 마감일을 넘긴 과제를 아무런 제재 없이 계속해서 받아주는 교사의 태도와 다르지 않다. 아이가 무책임하게 행동했음에도 결과가 따르지 않으면, 이는 반복적 일탈을 부추기는 결과를 낳는다. 나아가, 이러한 관대함은 아이가 ‘자신은 관용을 받을 자격이 있다’는 인식을 갖게 만든다.

또한, 아이가 다른 사람에게 보이는 잘못된 반응을 변명해주는 것 역시 피해의식을 키운다. 예컨대 마크가 동생 빌리에게 나쁜 말을 들었다는 이유로 주먹을 휘둘렀다면, 마크의 폭력적인 반응을 정당화하며 빌리에게 원인을 돌려서는 안 된다. 빌리는 자신의 말에 대해 책임을 져야 하고, 마크는 자신의 반응에 대해 책임을 져야 한다. 두 사람은 모두 각자의 행동에 대해 100% 책임이 있다. 만약 우리가 아이의 반응을 타인의 말 탓으로 돌리는 습관을 들인다면, 아이는 감정적으로 쉽게 상처를 받고, 말에만 민감하게 반응하는 사람이 될 것이다. 자녀는 말로만이 아니라 부모의 본을 통해 ‘반응은 자신의 책임’이며, ‘모욕을 넘어서는 것이 성숙함의 증거’임을 배워야 한다. 그렇지 않으면, 그들은 ‘피해자’로 자라거나 부모가 한대로 ‘방조자’가 될 것이다.

6. 아이는 처음 들었을 때 바로 순종하도록 가르쳐야 한다

아이들이 욕구 충동을 다스릴 수 있으려면 부모의 말에 정확히 순종하는 훈련을 받아야 한다. 부모는 아이에게 지시할 때 차분하게 단 한 빈만 밀하고, 불순종할 경우 적절한 징계가 뒤따라야 한다. 걸음마 시기부터 이렇게 훈련받은 아이들은 비교적 빠르게 자기 통제력을 갖추게 되고, 다섯 살 무렵이 되면 징계를 거의 필요로 하지 않게 된다. 과거 몇 세기에 걸친 부모들의 양육 방식을 살펴봤을 때, 대부분 미국 건국의 아버지들이 이런 방식으로 자라났고, 이는 그들의 인격 형성의 기초가 되었다.

여기서 중요한 원칙은 부모가 지시를 단 한 번만 말해야 한다는 것이다. "몇 번이나 말했니?" 혹은 "백 번을 말해야 알아듣겠니?" 같은 말을 자주 하고 있다면, 아이가 부모의 말을 무시한다고 해서 놀랄 일이 아니다. 아이의 관점에서는 반복되는 지시들이 그저 경고 정도로 들릴 뿐이며, 부모가 '진심으로 화를 내는 순간'까지는 순종을 미루게 된다. 중요한 사실은, 아이가 다섯 번째 말에 순종할 수 있다면, 그 아이는 순종할 능력이 있다는 뜻이다. 부모는 이 점을 깨닫고, 반복되는 지시와 그로 인한 부정적 결과를 끊어야 한다.

권위 있는 사람이 지시를 반복하거나 여러 차례 경고하는 습관을 들이면 다음과 같은 부작용이 나타난다. 이런 경우 자녀들은,

1. 부모의 지시를 계속해서 무시해도 된다고 생각하며 아이들은, 자신의 욕구가 충족되길 바라는 마음을 그대로 가지고 성장한다.
2. 부모의 말을 무시하는 데 익숙해진 아이는 뜨거운 냄비, 사나운 개, 도로 위의 자동차 같은 위급한 상황에서 빠르게 반응할 수 있는 순종의 힘을 갖추지 못하게 된다.

이런 가정의 부모들은 다음 3가지를 반드시 생각해 보아야 한다.

1. 권위가 있지만 그것을 행사하기를 주저하는 사람은, 자신이 이끄는 이들로부터 무시당하게 된다. 결국 그 권위는 조롱거리가 된다. 자녀로부터 존중을 받지 못하는 부모는 종종 그 원인을 여기서 찾을 수 있다.
2. 자녀는 지시를 무시하는 법을 배우며, 이는 곧 불순종을 강화시키는 결과가 된다. 부모가 처음 말했을 때 자녀가 따르지 않는다고 화를 낼 것이 아니라, 계속해서 기회를 줌으로써 자녀가 '이제 진짜 화났구나' 하고 느낄 때까지는 지시를 따르지 않아도 된다고 스스로 가르쳤음을 돌아보아야 한다.
3. 부모는 반복해서 말할수록 분노가 쌓이고, 결국 격한 감정으로 벌을 주게 된다. 분노에 사로잡힌 부모는 학대적 훈육의 유혹에 쉽게 빠질 수 있다.

7. 이유를 몰라도 순종하는 자녀가 되도록 가르쳐야 한다

어릴 때부터 부모가 구구절절 이유를 설명하지 않아도 순종해야 하는 분명한 기준을 가지고, 아이의 선택을 제한한다면, 아이는 네 살이 될 무렵이면 절제를 배우고 자제력을 기르는 길에 접어들게 된다. 자기 통제 능력을 갖춘 네 살짜리 아이는 부모의 권위를 받아들이고, 이제 비로소 엄마 아빠가 내리는 지시의 이유를 배울 준비가 된 것이다. 만약 아이가 아직 이유 없이 순종하는 법을 배우지 않았는데도 부모가 매번 이유를 설명해 준다면, 아이는 자제력 배우지 못해 자기 절제를 형성하는 데 어려움을 겪게 된다.

오해하지 말라. 자녀가 지혜롭게 성장하기 위해서는 부모의 지시에 담긴 이유를 반드시 배워야 한다. 그러나 그 시점은, 아이가 이유 없이도 일관되게 순종할 수 있게 되었을 때이다. 그리고 그때가 오더라도, 부모는 아이가 납득할 만한 긴 설명을 하여 설득하려 해서는 안 된다. 명령과 함께 짧고 간결한 지혜의 한 마디만 전하면 충분하다. 아이가 명령을 받은 순간, 그것에 따라야 한다는 점은 변함없다. 온전한 설명은, 아이가 순종한 후에 들을 수 있는 것이다. 명령과 동시에 설명을 해주면 아이는 그것을 토론의 초대장으로 받아들이게 된다.

버릇없고 말대꾸를 잘하는 아이들은 부모가 자신들에게 납득할 만한 설명을 해줄 의무가 있다고 생각한다. 그 아이들은 대개, 부모가 순종을 가르치기에 앞서 매번 자신의 지시를 정당화해왔기 때문에 그렇게 자라게 된다. 그런 가정에서 자란 아이들은 교사나 법 집행관, 고용주 등 권위 있는 위치에 있는 사람들에게도 순종하지 않는 태도를 보이게 된다.

8. 아이들은 부모와 어른들을 존경하도록 반드시 가르쳐야 한다

우리가 살아가는 시대는 권위에 대한 존경심이 거의 사라진 시대다. 내가 어렸을 때만 해도, 내 친구들과 나는 부모로부터 어른들을 존경해야 한다고 배웠다. 우리는 어른들과 사회적으로 동등하다고 생각하지 않았고, 그래서 그들을 이름으로 부르겠다는 생각조차 하지 않았다. 권위 있는 사람이 말을 하면 우리는 주의 깊게 듣고, 공손한 태도로 반응했다. 초등학교부터 고등학교까지 다니는 동안 학생이 교사에게 말대꾸하는 장면을 한두 번 정도밖에 본 기억이 없다. 1960년대 후반 학생 시위가 벌어지던 시절, TV 뉴스에서 대학생들이 보여준 권위에 대한 불복종은 내게 충격적이었다. 나는 그들의 행동에 전혀 공감할 수 없었다. 지금 돌이켜보면, 그때 미국에서는 관대한 자녀 양육의 결과들이 드러나기 시작하고 있었던 것이다. 젊은이들이 권위에 대한 존경심을 잃어가던 그 시기에 범죄율도 함께 오르기 시작한 것은 전혀 놀라운 일이 아니다.

사람이든 규칙이든, 모든 권위에 대한 존중과 공경은 가정에서부터 배우는 것이다. 부모의 말에 순종하고, 공경하는 태도로 소통하는 훈련은 자제력을 기르게 하며, 느끼는 것과 생각하는 것을 다 표현하지는 말아야 함을 가르친다. 이는 성숙함을 위해 필수적인 자기 절제를 강화하고, 자녀가 훗날 좋은 시민으로 자라도록 돕는다.

9. 아이들이 마음에 무엇을 담을지에 대한 부모의 세심한 돌봄이 필요하다

부모는 본능적으로 자녀를 보호한다. 아기였을 때는 영양가 있는 음식을 먹이고, 기저귀 발진이 생기지 않게 주의하며, 젖병을 소독해주고 잠도 편안하게 충분히 자게 한다. 아이가 걷기 시작하면 날카로운 물건이나 벽난로, 사나운 개들로부터 떨어지게 한다. 하지만 아이는 자라면서 자신의 만족을 추구하는 욕구가 커지고, 부모의 보호를 거부하려는 마음이 싹튼다. 많은 부모는 아이가 강하게 반발할 때 확고히 대응하는 것을 두려워한다. 자기 권위에 대한 확신이 없기 때문이다. 결국 자신의 판단이 잘못된 것인 줄 알면서도, 아이가 원하면 안 좋은 영향을 받을 것이 뻔한 게임이나 활동에 참여하도록 허용하고 만다.

연령과 삶의 경험으로 인해, 부모는 자녀보다 인과관계에 대해 훨씬 더 깊이 이해하고 있다. "시금치를 먹어야 해," "잠을 일찍 자야 해," "길가로 가면 안 돼" 같은 말들 뒤에는 분명한 지혜가 담겨 있다. 반면 아이가 아는 것은 단지 과자를 먹고 싶고, 늦게까지 놀고 싶고, 길에서 노는 것이 재미있어 보인다는 정도다. 대부분의 아이들은 삶의 경험이 부족하고, 당장 자신의 욕구 때문에 사고가 흐려져 있기에 자기에게 무엇이 진짜 필요한지 알지 못한다. 부모는 자녀의 허락을 받아 '부모'가 되는 게 아니라는 사실을 명확히 인식해야 한다. 이미 그 자리에 있는 만큼, 확고한 권위를 가지고 행동해야 한다. 아이는 스스로의 욕망에서 자신을 보호하지 못하기 때문에, 부모가 신체적으로, 정신적으로, 도덕적으로 그들을 지켜야 한다.

아이들이 도덕적인 보호를 받아야 할 필요성에 대해 의문을 갖는 이들에게 꼭 말하고 싶은 것이 있다. 우리가 보고 듣는 것은 우리 가치관에 큰 영향을 미친다는 점이다. 광고업계는 이 사실을 오래전에 간파했고, 매년 수십억 달러를 벌어들이며 사람들의 가치를 조종해왔다. 정부나 대중문화 업계도 이 원리를 잘 알고 있다. 그래서 음악, 비디오게임, 영화에는 연령 등급이 존재하는 것이다. 어린이는 부도덕한 자극에 노출되면 그 순수함을 잃게 될 수 있다고 판단되는 것이다. 선정성, 저속함, 노골적인 폭력은 아이의 순수함을 앗아갈 뿐 아니라, 반복해 노출이 되면 아이는 자극에 둔감해지고 더 강한 쾌감을 좇게 된다.

나는 30년 넘게 대중매체가 미치는 영향에 관한 연구들을 수집해왔다. 거의 모든 연구 결과가 읽고, 보고, 듣는 것이 우리가 무엇을 가치 있게 여기며 어떻게 살아가는지를 결정한다고 말하고 있다. 우리의 삶은 결국 우리가 어떤 씨앗을 심느냐의 열매다. 무의미한 폭력으로 가득 찬 오락에 몰입한 아이는 폭력을 더 관대하게 여기거나, 폭력에 더 쉽게 노출된다. 선정적인 장면이 나오는 영화나 뮤직비디오를 자주 접한 아이는 성적으로 자신을 표현하는 경향이 강해진다. 부적절한 관계를 미화한 콘텐츠에 익숙한 사람은 결혼과 서약을 가볍게 여긴다. 미국 아이들이 점점 더 자극적인 미디어와 콘텐츠에 익숙해지면서, 나라 전체의 도덕적 기준이 추락해 온 것은 놀랄 일이 아니다. 결국 핵심은, 부모가 자녀의 삶에 어떤 씨앗을 심게 허용할 것인지를 선택해야 한다는 것이다.

한 가지 중요한 점은, 보호 자체가 인격을 만들어주지는 않는다는 사실이다. 보호는 단지 아이가 가장 민감하게 형성되는 시기에,

부정적인 영향을 차단해주는 역할만 할 뿐이다. 자녀의 인격은 그에게서 배제된 것이 아니라, 부모가 어떤 '좋은 것'을 채워주느냐에 의해 형성된다. 부모만큼 자녀의 삶에 의미 있는 것을 심어줄 수 있는 사람은 없다. 오늘날 아이들은 TV, 컴퓨터, 패드, 스마트폰과 같은 전자기기에 무제한으로 노출되어 있다. 이런 기기들은 값싼 '전자 보모'일 뿐, 치명적인 유해함이 있기에 부모와 함께 보내는 시간의 대체물이 되어서는 안 된다. 그러므로 부모는 자녀를 우선순위에 두고, 매일 정성 들여 시간을 함께 보내며 아이의 인격 형성에 힘써야 한다.

10. 자녀는 사랑받아야 한다

대부분의 부모는 본능적으로 자녀를 사랑한다. 그러나 모두가 그 사랑을 건설적인 방식으로 표현하는 것은 아니다. 내가 계속해서 강조해온 것처럼, 어떤 부모는 사랑을 곧 방임으로 여겨 자녀에게 해를 끼치기도 한다. 또 어떤 이들은 고통과 어려움을 모두 없애주고 자녀가 선택한 결과로부터 구해주는 것이 사랑이라고 잘못 생각한다. 훈육을 지속적으로 미루거나 약화시키는 것을 사랑이라고 여기는 사람도 있다. 어떤 부모는 자녀로부터 애정과 충성을 얻기 위해 끊임없이 무언가를 주는 것이 사랑이라고 착각한다. 부모가 자녀에게 따뜻한 애정을 느낀다고 해서 자녀도 똑같이 그렇다고 볼 수는 없다.

부모의 사랑은 자녀가 어떻게 반응하든 상관없이 자녀에게 가장 좋은 것을 행하는 것이다. 오늘날 부모들이 자녀에게 유난히 약한 태도를 보이는 이유 중 하나는, 자녀의 인정과 호감을 갈망하기 때문이다. 이전 세대의 부모들은 자녀가 자신들을 좋아할 필요를 느끼지 않았다. 1960년대 이전의 부모들은 인생이 고된 것임을 알고 있었다. 그래서 그들은 험난한 인생에 준비시켜야 한다는 생각 아래 자녀들이 징징대거나 불평하는 것을 용납하지 않았다. 그런데 지금의 미국은 자녀에게 거절당할까 불안해하는 부모 세대를 길러냈다. 이들은 자녀가 우는 것을 두려워하고, 자녀를 화나게 만드는 것을 무서워하며, 자녀가 자신을 미워할까 봐 벌벌 떤다. 그래서 자녀를 기쁘게 하려고 애쓰고, 자녀의 애정을 얻기 위해 노력한다. 그러나 그런 부모의 사랑은 진정한 사랑이 아니다. 자녀로부터 애정을 얻기 위해 무언가를 주는 것은 자녀를 사랑하는 것이 아니라, 자기만족을 위해 자녀를 이용하는 것일 뿐이다.

결론적으로 말하면, 자녀가 어리고 아직 연약할 때는 어른으로서 반드시 우리의 리더십을 보여주어야 한다. 그래야 자녀가 성숙한 어른으로 자라날 수 있다. 그런데 부모가 자녀에게서 자신의 가치나 의미를 찾으려 한다면, 그것은 자녀를 제대로 이끄는 것이 아니라, 끌려가는 것이 된다. 이는 마치 정치인이 유권자에게 잘 보이기 위해 눈치를 보며 재선을 노리는 모습과 비슷하다. 참된 부모의 사랑은 자기희생을 포함한다. 여기서 발하는 희생은 단순히 아이가 아플 때 밤새 간호하거나, 토요일마다 축구장에 데려다주는 희생을 말하는 것이 아니다. 자녀가 어떻게 반응하든 상관없이, 필요한 결정을 내리고 훈육할 줄 아는 용기를 말한다.

어떤 부모는 자녀의 인정과 호감을 얻기 위해 애쓰는 이들의 마음을 잘 이해하지 못할 수도 있다. 이 장을 읽고 스스로를 돌아보며 자기 양육 방식에 대해 충분히 만족감을 느낄 수도 있다. 그런 확신에 찬 단호한 부모에게, 자녀를 사랑하는 문제에 관해 한 가지 당부를 더하고자 한다. 나는 자녀를 두려움으로 억누르는 방식으로 복종하게 만드는 것이 가능하다는 것을 알고 있다. 그러나 그것으로는 자녀의 마음을 얻을 수 없다. 아이가 부모의 통제나 훈육에 순응하고, 부모가 말할 때 공손하게 듣는다고 해도, 마음은 멀리 떨어져 있을 수 있다. 자녀의 마음을 얻지 못한 부모는 결국 깨닫게 될 것이다. 겉으로 보이는 순종과 공경은 단지 자기보호의 방식일 뿐이라는 사실을. 이런 아이는 부모에게 적당히 맞춰주며 십대 초반까지는 겉으로 순종하는 것처럼 보이지만, 기회가 오면 그 통제를 벗어나려 할 것이다. 그렇게 떠난 아이가 한때 보여주었던 자기절제나 인격은, 부모가 기대했던 만큼 깊이 뿌리내려 있지 않을 수도 있다. 나는 이런 경우를 수백 명의 부모에게서 직접 들었다. 모범생처럼 보이던 자녀가 성장 후 방황하는 것은 드문 일이 아니다.

처음에 제시한 아홉 가지 원칙을 꾸준히 실천하는 열정적이고 일관된 부모는 자녀가 자기 절제력을 기르고 권위에 대한 존중을 배워가는 것을 보게 될 것이다. 그러나 행동에 영향을 주는 것과 마음에 영향을 주는 것은 다르다. 자녀의 마음에 지속적으로 영향을 줄 수 있는 부모는 자녀의 십대를 어느 때보다 신뢰와 사랑을 바탕으로 관계를 잘 키워온 사람들이다. 군대에서는 사랑 없이도 규율이 효과를 발휘할 수 있지만, 가정에서는 친밀한 관계 형성이 없는 규칙은 재앙의 씨앗이 된다. 높은 기준을 세우고 엄격함을 유지하는 부모일수록, 바른 행동 그 자체를 최종 목표로 삼지 않도록 특별히 조심해야 한다. 십대 자녀의 행동뿐 아니라 존재 자체에 영향을 주고자 하는 부모는, 자녀가 기준에 미치지 못하더라도 그 존재 자체를 사랑하고 받아들여야 한다. 결국 자녀들도 우리와 똑같다. 자신을 수용해주는 사람에게 끌리게 되어 있다. 자녀가 우리의 눈을 바라볼 때, 그 안에서 자신이 소중한 존재임을 느낄 수 있어야 한다. 또한 자녀가 실패했을 때에도, 우리의 사랑과 수용이 변하지 않았음을 볼 수 있어야 한다.

이 장에서 요약한 자녀 양육의 기본 원칙들은 결코 완전하지 않으며, 전적인 지침으로 삼아서는 안 된다. 자녀 양육에 대해 더 많은 도움을 받고 싶은 사람은 내가 진행한 세미나 「성경적 자녀 양육의 통찰Biblical Insights into Child Training」을 들어보고, 『성경적 자녀양육 지침서: 더 늦기 전에 꼭 알아야 할』을 읽어보길 권한다. 이 장에서 이러한 기본 원칙들을 다룬 목적은 정치적 철학이 결국 사람의 양육 방식에 뿌리를 두고 있다는 점을 보여주기 위함이다. 혹시 지금 잠시 멈추어 '어떤 양육 방식이 진보주의를 만들어내는가'에 대한 본인의 판단 능력을 점검해보고 싶다면, 부록 A에 수록된 「주니어 이야기」를 참고하면 된다.

　요약하자면, 인격은 어린 시절 형성되며, 이것이 참된 성숙의 핵심 요소이다. 자녀가 학교 교육이라는 학문적 영역에서 성장하길 원한다면, 반드시 어릴 때부터 가정에서 훈련을 받고 학교로 가야 한다. 범죄를 줄이고 도둑질을 멈추게 하길 원한다면, 어릴 때부터 타인의 소유를 존중하도록 훈련해야 한다. 가정과 학교, 지역 사회 안에서 폭력을 줄이길 원한다면, 자녀에게 절제력을 심어주고, 가족과 친구, 심지어 원수까지 사랑할 줄 아는 사람으로 길러야 한다. 깨어진 가정을 줄이고자 한다면, 부모 세대가 먼저 결혼의 신성함을 자녀에게 보여주어야 한다. 혼전 임신과 성병을 줄이기 원한다면, 부모는 자녀에게 절제와 순결의 가치를 삶으로 가르쳐야 한다. 자녀가 책임감 있는 시민으로 자라길 바란다면, 부모는 부모로서의 위치를 분명히 하고, 자녀에게 꼭 필요한 리더십을 제공해야 한다.

4장의 핵심

✓ **시민의식은 교육 제도보다 가정에서 먼저 형성된다.**

✓ **권위를 배우지 못한 아이는 사회적 책임을 감당하기 어렵다.**

✓ **가정은 아이가 처음으로 질서와 규칙을 경험하는 공간이다.**

✓ **부모의 리더십은 아이가 사회를 바라보는 기준이 된다.**

잠시 멈춰 생각해 보기

1. 나는 자녀에게 '시민으로서의 책임'을 어떤 방식으로 보여주고 있는 가?

2. 권위와 질서를 가르치는 일을 불편함 때문에 피한 적은 없는가?

3. 우리 가정의 규칙과 기준은 아이에게 어떤 사회관을 형성하고 있을 까?

제5장
문제는 머리가 아닌 가슴에 있다

"30세 이하에 진보주의자가 아니라면 가슴이 없는 것이고,

30세 이상에 보수주의자가 아니라면 머리가 없는 것이다."

— 윈스턴 처칠(영국 총리이자 노벨문학상 수상자)

내가 지금까지 보여주고자 했던 핵심은, 우리는 누구나 본성적으로 자기중심적이며 쾌락에 사로잡혀 태어난다는 점이다. 이러한 본성을 그대로 따르며 자란다면, 우리는 과도하게 부풀려진 자기애, 강한 권리 의식, 감사할 줄 모르는 태도, 그리고 만족을 미루는 능력이 거의 없는 채로 성장하게 된다. 이렇게 되면 결국 세상을 바라보는 시각은 감정과 느낌, 즉 욕망이라는 렌즈를 통해 형성된다. 그러나 욕망에 의해 걸러진 생각은 일관된 논리를 가질 수 없다.

내가 열 살쯤 되었을 때의 일이다. 친구들이 가지고 있던 물총을 보며 부러움이 생겼다. 나는 물총이 없었는데, 그것이 한 남자아이에게 줄 수 있는 '힘'을 똑똑히 보았다. 정말 갖고 싶었다. 너무나 갖고 싶어서 양심을 어겨서라도 손에 넣고 싶었다. 먼저, 나는 아버지 서랍 위에 놓인 동전을 훔쳤다. 그리고 자전거를 타고 상점으로 가서 내가 살 수 있는 물총이 어떤 것인지 살펴보았다. 내 마음을 완전히 빼앗은 건 커다란 회전식연발권총 모양이었다. 친구들이 가지고 있던 그 어떤 물총보다도 물을 세 배는 더 담을 수 있어 보였다. 그 물총을 가지게 된다면, 나는 분명히 아이들 사이에서 위협적인 존재가 될 것이고, 친구들의 부러움을 한몸에 받을 거라는 생각에 사로잡혔다.

하지만 그 물총은 내가 가진 돈보다 비쌌다. 나는 결국 가격표를 더 저렴한 모델과 바꾸기로 결심했다. 그전까지는 그런 짓을 한 번도 해본 적이 없었기에 두려운 마음이 들었다. 그래도 용기를 내어 계산대로 가서 79센트를 내고 그 물총을 샀다. 무사히 자전거를 타고 집으로 돌아왔고, 아무에게도 들키지 않았다. 나는 아버지를 속였고, 가게에서 물건을 훔쳤으며, 체포당할 위험까지 감수했다. 그저 내가 원하던 물건을 갖기 위해서였다. 욕망은, 그것이 어린아이든 어른이든, 도덕적으로 결코 하지 않을 것이라고 스스로 믿던 행동까지도 하게 만들 수 있다.

대부분의 사람들은 욕망이 사고를 흐릴 수 있는 힘을 잘 알고 있다. 몇 분간의 성적인 충동만으로도 원치 않는 임신이나 성병에 걸릴 수 있다. 잠깐의 분노로 인해 폭력을 저지르거나, 나중에 후회할 말을 내뱉기도 한다. 어떤 것에 대한 집착으로 인해 충동적이고 어리석은 선택을 하게 되기도 한다. 욕망, 분노, 질투, 탐욕, 교만, 두려움은 인간의 이성을 강하게 지배하는 감정들이다. 이러한 감정들을 어린 시절부터 제지받지 않고 자유롭게 표현하며 자라난 사람은, 결국 자기 감정을 통제하지 못하는 어른이 된다. 다시 말해, 그들의 세계관과 사고방식은 논리와 이성에 의해 형성되지 않고, 흐려진 감정의 렌즈를 통해 왜곡되어 나타난다. 이는 결국 그들의 정치관과 정부에 대한 시각에도 영향을 미친다.

앞서 계속 주장해온 바와 같이, 이런 감정 중심의 성향은 진보주의의 핵심 요소다. 진보적 세계관을 지닌 사람들은, 자신의 욕망을 충족시키는 일이 어떤 해를 끼칠 수 있는지를 보지 못한 채 자란 경우가 많다. 오해하지 않기를 바란다—모든 진보주의자가 절제 없는 생활을 하는 것도 아니고, 쾌락주의자라는 말도 아니다. 사실 어떤 사람이든 순수하게 하나의 성향만을 갖고 있는 경우는 드물다. 내가 말하고자 하는 바는, 진보주의적 사고방식은 본질적으로 감정 중심적이며, 이는 어린 시절의 영향에서 비롯된다는 점이다. 이런 세계관을 가진 사람들은, 자신과 같은 이들이 쾌락과 만족을 추구할 수 있도록 보장하는 정치 철학과 정부 형태를 지향하게 된다. 이 때문에 진보주의자들은 표현의 자유, 특히 제한 없는 자유로운 표현의 권리에 집착하는 경향이 있다. 이는 곧 자신이 원하는 것을 자유롭게 행할 수 있는 권리를 지키기 위한 수단이다—그것이 아무리 사소하거나, 천박하거나, 도덕적으로 타락한 것일지라도 말이다. 따라서 감정과 욕망에 지배받는 사람들—예를 들면, 성적으로 문란한 사람들, 범죄자들, 포르노 제작자들, 마약 사용자들—이 진보 정당에 끌리는 것은 결코 놀라운 일이 아니다.

철학과 욕망이 이성을 이긴다

진보주의자의 사고방식은 대개 자신의 욕망에 의해 흐려지기 때문에, 모든 것이 이성보다는 감정을 통해 처리된다. 이것이 대부분의 진보주의자들과 논리적인 사실에 기반한 토론을 하는 것이 어려운 이유다. 그들은 종종 자신의 주장을 강화하기 위해 통계나 사실을 동원하지만, 실제로는 그 사실들에 기반해 입장을 세우는 것이 아니다. 그들의 입장은 이미 정해진 철학적 절대명제와 욕망 중심의 세계관에 뿌리를 두고 있다. 예를 들어, 낙태 문제를 보자.

진보적 페미니스트(feminist는 페미니즘을 따르거나 주장하는 사람을 이르는 말. 페미니즘은 성 차별적이고 남성 중심적인 사회 구조로 인해 여성에게 주어지는 억압에 저항하여 성평등을 이룩하고자 하는 사상)들은 남성과의 평등을 유지하기 위해 낙태할 권리를 가져야 한다고 주장한다. 그들은 남성이 임신할 필요가 없다면 여성도 임신하지 않아야 한다고 주장한다. 이러한 절대적 명제는 낙태에 대한 어떤 논리적 논의도 불가능하게 만든다. 태아의 생명을 존중해야 하는 생물학적 사실을 아무리 제시해도, 또는 소크라테스식의 대화를 시도한다 해도, 낙태 옹호자들은 자신들의 철학적 입장에 지나치게 몰두해 있기 때문에 과학적이거나 이성적인 현실에 마음을 열 준비가 전혀 되어 있지 않다. 진보주의자들이 자주 사용하는 격언 중 하나는 "마음은 낙하산과 같다. 활짝 펼쳐져 있을 때만 제대로 기능한다."이지만, 그들의 확고한 명제는 오히려 마음을 닫아버리는 것이다. 진보주의자들은 진실을 알기 원하지 않는다—알 수가 없는 것이다. 자신들에게 너무 많은 걸림돌이 있기 때문이다.

낙태권을 주장하는 일반적인 사람들은 사실 페미니즘적인 입장에서 출발하지 않는다. 대부분의 사람들이 낙태에 집착하는 이유는 그것이 자신들의 삶의 방식에 유리하기 때문이다—그들은 자신의 성적인 행동에 대한 결과를 감당하고 싶어 하지 않으며, 다른 사람들도 그렇게 살기를 원한다. 아니면 과거에 자신이 했던 낙태, 혹은 자신이 지지했던 낙태를 정당화해야 하기 때문일 수도 있다. 그래서 낙태 문제를 이야기할 때, 평소에는 이성적이던 사람들도 갑자기 이성을 잃고 감정적으로 격앙된 구호나 문구를 쏟아내게 되는 것이다. 욕망은 '자유'를 갈망하고, '죄책감'을 증오한다.

낙태 시술과 관련된 사실들을 설명하는 도중, 매우 지적인 사람들이 갑자기 귀를 막고 손뼉을 치며, 낙태 시술에 대해 들으려 하지 않기 위해 소리를 지르는 모습을 본 적이 있다. 나는 생명 존중^{pro-life} 집회에 참석한 적이 있었는데, 그 자리에서 낙태 옹호자들이 자리에서 일어나, 자신의 낙태 경험에 따른 고통과 후회를 증언하는 연사의 발언을 방해하기 위해 아무 의미 없는 구호를 외치며 소란을 피우는 모습도 보았다. 한 번은 내가 주요 TV 뉴스 방송국과 인터뷰를 진행하고 있을 때, 그 기자가 눈에 띄게 불편해하는 모습을 보였다. 내가 중기 및 후기 낙태 시술의 과정을 설명하던 중 그는 갑자기 "그건 못 믿겠는데요!"라고 외치며, 내 말이 끝나기도 전에 자리를 떠나버렸다. 대부분의 기자들은 마음에 들지 않는 부분이 있으면 그냥 편집해버리는 정도에 그치지만, 그 기자는 자신이 좋아하지 않는 부분에서는 그게 아무리 의학적 사실이라 해도 듣고 있을 수가 없었던 것이다. 이성과 논리와 사실은 욕망과 쾌락과 책임 회피의 문제가 걸려 있을 때는 아무런 힘도 의미도 없다.

의도적인 눈멀기

토크쇼 라디오를 들어본 사람이라면, 진보 성향 진행자와 보수 성향 진행자의 차이는 물론, 진보 성향 청취자와 보수 성향 청취자의 차이도 잘 알 것이다. 나는 1980년대 후반에 토크쇼 진행을 했었고, 지금도 매주 몇 시간씩 토크쇼 라디오를 듣는다. 진보 성향과 보수 성향의 토크쇼에는 뚜렷한 차이가 있다. 욕망, 격렬함, 그리고 인신공격성 발언을 듣고 싶다면 진보 성향을 들어보면 된다. 논리와 잘 짜인 주장을 듣고 싶다면 보수 성향을 들으면 된다. 진보 성향 사람들도 보수 성향 사람들만큼 지적 수준이 높기 때문에, 그럴듯하게 들리는 주장을 만들 수 있다. 하지만 보통 그들의 주장은 사실이 아니라 감정에 기반한다. 반박을 받을 때, 욕망에 사로잡힌 사람은 단순한 논리나 사실조차 보지 못한다. 이 눈멀기는 지적 능력의 문제가 아니라 의지의 문제다. 그들은 보지 않으려 한다. 잃을 것이 너무 많기 때문이다. 자신이 틀릴 수 있다는 가능성을 인정하는 건, 자신이 의지하고 있는 어떤 것을 포기해야 한다는 뜻일 수 있다. 아니면, 자신이 존경해 마지 않는 진보 지도자들과 대립하게 될 수도 있는 문제다. 그 지도자들은 그들이 욕망을 추구할 권리를 지켜주기 위해 싸우는 사람들이기 때문이다.

진보 성향 사람들은 마치 만족하려는 의지가 한 번도 꺾인 적 없는 십대 같아서, 지금도 자신에게 전해지는 단순한 논리를 이해하지 못한다. 그들은 마음이 원하는 것을 얻는 데 감정적으로 몰입한 나머지, 이성의 소리를 들으려 하지 않는다. 그래서 그들은 인신공격, 욕설, 비난, 고함, 폄하, 혹은 화제를 돌리는 방법을 쓴다. 그리고 "편협하다", "혐오발언이다", "인종차별적이다" 같은 자극적이고 감정적인 단어를 쓰는 이유도 여기에 있다. 욕망이 지배하면 궁지에 몰린다. 욕망이 지배하면 눈이 멀게 된다.

우리 모두는 언제든 눈이 멀 수 있는 잠재력을 가지고 있다. 그래서 누군가에게 반했을 때 충동적으로 말하거나 행동하는 것이다. 그리고 나중에 "내가 무슨 생각을 했던 거지? 왜 친구나 가족이 이 관계에 대해 경고했을 때 듣지 않았을까?" 하고 자문하게 된다. 듣지 않은 이유는, 잠시 동안 호르몬에 휘둘리고 감정에 눈이 멀었기 때문이다. 진보 성향 사람들의 문제는, 욕구를 충족하려는 의지를 제어하는 방법을 모른 채, 감정적인 눈멀음 상태에서 살아간다는 것이다.

그래서 난잡한 성관계를 하는 사람이나 주사로 마약을 하는 사람들에게 교육은 해답이 아니다. 미국은 이미 '안전한 성관계'나 '깨끗한 주사 바늘에 대한 교육'으로 포화 상태다. 이런 넘쳐나는 교육에도 불구하고, 여전히 수많은 사람들이 더러운 바늘을 쓰고 피임방법 없이 성관계를 하면서 성병과 에이즈 감염률은 계속 오르고 있다. 욕망은 사람을 눈멀고 어리석게 만든다. 문제는 머리가 아니라 가슴에 있다.

로널드 레이건(미국 40대 대통령)은 캘리포니아 주지사 선거에 출마할 때 진보주의자에 대해 이런 표현을 했다.

"우리의 진보주의 친구들의 문제는 무지하다는 게 아니라, 사실이 아닌 것들을 너무 많이 알고 있다는 점이다."

절벽을 향해 눈먼 자를 따라 가다

진보의 눈멀음에서 가장 무서운 점은, 그들이 법원과 입법기관을 통해 우리나라를 도덕적 타락의 길로 더 멀리 이끌 수 있는 권력을 가지고 있다는 사실이다. 나라의 중대한 결정을 내리는 사람들이 욕망에 휘둘린다는 생각만으로도 불안하다. 내 경험상, 자기 욕망의 노예인 사람은 가정을 다스릴 수 없다. 그를 지배하는 것이 그의 가정을 지배하기 때문이다. 지도자의 책임을 맡은 사람이 지나치게 어떤 사람이나 무언가의 영향 아래 있다면, 그런 리더십은 두렵기 짝이 없다. 그들은 술에 취해 있는 버스 기사와 같아서, 결국 버스를 사고 내고 만다. 솔직히, 진보 성향 사람들이 운전대를 잡고 있다면 승객으로 타 있는 게 무서울 수밖에 없다.

<h2 align="center">5장의 핵심</h2>

✓ **감정은 양육의 중요한 요소이지만, 기준이 될 수는 없다.**

✓ **가슴으로만 다스리는 양육은 판단과 일관성을 약화시킨다.**

✓ **아이는 부모의 감정을 통해서가 아니라, 기준과 질서를 통해 안정감을 얻는다.**

✓ **부모의 역할은 감정을 따라가는 것이 아니라, 감정을 다루도록 가르치는 데 있다.**

<h2 align="center">잠시 멈춰 생각해 보기</h2>

1. 나는 아이의 감정을 존중한다는 이유로, 필요한 기준을 미뤄온 적은 없는가?

____

____

2. 갈등 상황에서 원칙보다 분위기나 감정에 따라 판단한 경험은 없었는가?

____

____

3. 나는 자녀에게 감정을 '표현하는 법'과 '다스리는 법' 중 어떤 말을 더 많이 하는가?

____

____

제6장
자유라는 이름의 노예 만들기

"오직 도덕적인 국민만이 자유를 누릴 수 있다.
국가가 부패하고 타락할수록, 지배자가 필요해진다."

—벤저민 프랭클린(독립선언서 및 헌법 서명자)

　　1989년 어느 날, 나는 인간 생명의 신성함에 관한 설교를 준비하고 있었다. 그래서 낙태된 아기들의 사진을 컬러 투명 필름으로 만들기 위해 동네 복사집에 갔다.

　카운터 위에 사진들을 펼쳐놓자, 주문을 받으려던 젊은 직원이 처참하게 훼손된 시신을 보고는 경악한 표정을 지었다. 내가 그 사진이 낙태로 죽은 아기들의 유해라고 설명하자 그는 큰 충격을 받았다. 그는 태아가 이미 그렇게 완전히 발달해 있다는 것도, 낙태가 그렇게 끔찍한 행위라는 것도 전혀 몰랐다고 했다. 단 몇 분 만에 그는 '낙태 찬성 pro-choice'에서 '낙태 반대 pro-life'로 돌아섰다. 심지어 옆에서 일하던 세 명의 동료를 불러 와 사진을 보게 하면서, 그들도 확실히 알게 해야 한다고 했다. 그는 단순히 낙태 반대 입장으로 바뀐 것만이 아니라, 태어나지 못한 아기들의 편에 서게 된 것이다.

　그날 투명 필름을 들고 복사집을 나올 때, 나는 새로운 친구를 하나 얻게 됐다. 그 뒤로 복사집에 갈 때마다 우리는 늘 이야기를 나눴지만, 낙태에 대해서 특별히 이야기를 하지는 않았다. 얼마 후 그는 다른 가게로 이직했고, 그의 소식을 듣지 못했다. 몇 년 후, 그의 새 직장에서 우연히 다시 그를 만났다. 그는 잠시 시간을 내서 그동안 어떻게 지냈는지 얘기해주었다. 그리고 거의 아빠가 될 뻔한 일이 있었는데, 여자 친구를 설득해 낙태를 하게 함으로써 그 '문제'를 해결했다고 털어놓았다. 내 표정이 굳어지는 걸 본 그는 자신이 무슨 말을 했는지 깨닫고는, 대충 변명 비슷한 말을 한 뒤 화제를 바꿨다.

그는 마음속으로는 낙태가 무력한 아이의 생명을 빼앗는 일이며 도덕적으로 잘못된 것이라고 믿고 있었다. 그러나 실제로 '임신'이라는 문제 상황에 부딪히자, 그 아기는 단지 해결해야 할 '문제'로 전락했다. 그 친구를 지배한 것은 그가 옳다고 아는 도덕이 아니라, 근심 없는 삶을 살고자 하는 그의 결심이었다. 결국 그는 자기 아이의 생명보다 자기 삶을 더 사랑했던 것이다. 편의가 도덕을 압도한 셈이었다.

자유인가, 노예화인가?

우리는 모두 쾌락을 추구하는 성향을 타고나 이 세상에 온다. 그렇기에 부모가 우리에게 모든 충동에 휘둘리지 않고 살 수 있다는 것을 가르쳐 주는 것은 매우 중요하다. 만약 부모가 무심코 우리를 지나치게 응석받이로 키워, '욕구 충족'이 최우선이라고 믿게 만들면, 우리는 성인이 되어서도 욕구와 욕망 중심의 삶의 관점을 가지게 된다. 그렇게 되면 우리의 사고는 분명하거나 논리적이지 않고, 욕망의 필터를 거쳐 흐려진다. 그 결과, 하고 싶은 대로 할 수 있는 자유를 최고의 가치로 여기게 된다.

진보주의자들은 개인의 자유를 최고의 정치적 가치로 여긴다. 물론 우리나라는 개인의 자유를 보장하기 위해 세워졌다. 진보주의자든 보수주의자든, 미국인이라면 그 아름다운 권리를 소중히 여긴다. 그러나 진보주의자에게 개인의 자유는 보수주의자가 이해하는 그것과 동일하지 않다. 만족을 추구하는 성향 속에서 자라난 이들에게 자유란, 법이 허락하는 한 하고 싶은 것은 무엇이든 할 수 있는 권리다. 그들은 이런 자유를 수정헌법 제1조가 보장하는 표현의 자유로 본다. 그러나 헌법을 만든 이들은 무제한적인 욕망을 자유나 권리로 보호해야 한다고 생각하지 않았다. 오히려 그들은 개인이 자신의 욕망을 절제하고 스스로를 다스릴 때만 자유사회가 유지될 수 있다고 믿었다. 진보주의자들이 이해하지 못하는 것은, 그들의 자유관이 사실은 노예 상태라는 점이다. 욕망이 우리를 지배할 때, 우리는 결코 자유롭지 않다.

진보주의자들이 그토록 지키기 위해 싸우는 '자유'는 개인에게도, 그리고 사회 전체에도 해롭다. 그들은 보통 자기 자신에게 "안 돼"라고 말하기를 좋아하지 않으며, 그들의 지지자들 역시 마찬가지이기 때문에, 모든 사람이 자신들과 같을 것이라고 가정한다. 청소년 시절 자제력이 없었던 기억이 있기 때문에, 청소년에게 절제를 가르치려는 학교 교육을 반대한다. 그건 너무 많은 것을 기대하는 것이라고 주장하는 것이다. 진보주의자들은 청소년들이 즐겁게 놀도록 권장하고, 그 결과에 책임지지 않도록 콘돔과 낙태를 제공하는 쪽을 훨씬 선호한다. 게다가 피임과 낙태 제공은 돈벌이가 되기도 한다.

　진보주의자들은 마치 자녀에게 기대치가 낮은 부모처럼 대중을 대한다. 연구들을 통해 우리는 아이들이 높은 기대치 속에서는 그에 맞는 성장을 하고, 반대로 기대치가 낮으면 또 거기에 맞춰 떨어진다는 사실을 수없이 찾아볼 수 있다. 많은 부모와 교사들은 '아이에 대한 기대치'가 긍정적으로도 부정적으로도 얼마나 강력한 영향을 가졌는지 전혀 알지 못한다.

　나는 고등학교 시절 한 친구가 지역 대학교를 다녀온 후 전해준 이야기를 기억한다. 그는 교내 곳곳에 피임을 장려하는 포스터가 붙어 있었다고 말했다. 1968년 당시, 우리 고등학교에서 실제로 성관계를 한 학생은 몇 명 되지 않았기에, 주립대학이 학생들 간의 성관계를 당연하게 여기는 것 같다는 사실에 놀랐다. 우리에게 그것은 곧 '허락'이었다. 학생들을 돕기 위해 만든 정책이 오히려 도덕적 기준을 낮추는 부작용을 초래한 것이다.

도덕적 상대주의

　욕망 중심적으로 살아가다 보면, 도덕에 대한 관점이 자기 이익 위주로 변한다. 그래서 순수한 의미의 진보주의자들은 도덕적 기준을 고정시키는 닻이 없다. 그들에게 가치와 윤리 기준은 상대적이다. 건국의 아버지들이 가졌던 도덕과 미덕에 대한 이해는 낡았고 무의미하다고 여긴다. 그들이 말하는 도덕이란 사회적 합의, 즉 사람들이 어떻게 살아가는지를 기준으로 결정된다. 그러므로 진보주의자들에게 도덕은 불변하는 삶의 기준이 아닌, 사전에 실린 단어와 같다. 시대에 따라 의미가 변하고, 사회에서 어떻게 쓰이는지에 따라 그 뜻이 업데이트된다. 결국 진보주의자들에게 도덕은 끊임없이 변하는 것이다. 어제는 부도덕했던 것이 내일은 도덕적일 수 있다. 그리고 바로 기존 도덕을 무시하는 그들의 태도가 사회의 무질서한 변화를 이끌어낸다. 예를 들어, 간음하는 사람이 많아지면, 결국 간음은 더 이상 금기가 아니게 되고, 결혼을 하지 않고도 아무 거리낌 없이 동거를 하게 될 것이다. 마리화나를 피우는 사람이 많아지면, 결국 의회는 그것을 중범죄에서 경범죄로 낮출 것이다. 불법으로 국경을 넘는 사람이 많아지면, 사회는 그들을 처벌하지 않을 뿐 아니라, 직업, 자녀 교육, 운전면허까지 제공하며 오히려 보상할 것이다.

오해하지 말길 바란다. 내가 말하는 건 진보주의자들이 도덕적 가치관이 없다는 뜻이 아니다. 오히려 그들은 가치관이 정확하며, 열정적으로 지킨다. 바로 이러한 개인적 도덕 기준 때문에 그들은 모든 여성이 낙태할 권리가 있다고 믿는다. 또 그들의 도덕적 신념 때문에 청소년에게 성병 예방용 피임기구를 제공해야 한다고 주장한다. 그리고 사회적 허용을 이루고자 하는 집념으로, 공공장소에서 벌거벗을 권리를 포함한 표현의 자유를 위해 싸운다. 50년 전만 해도, 내다수의 진보주의자들의 도덕적 기준은 낙태, 청소년 피임, 공공장소 누드를 반대하는 것이었다. 진보주의자들에게 도덕적 가치는 분명 존재하지만, 그들은 '진보적인' 사람들로서 도덕이 변할 수 있다고 여긴다. 대부분의 진보주의자들은 '도덕적 상대주의자'라는 꼬리표를 싫어하지만, 사실 '진보적인' 도덕이란 정확히 그것이다.

이런 도덕관은 무섭다. 변하지 않는 도덕 기준이 없다면, 결국 편의성이 규칙이 된다. 편의성을 우위에 두면, 그 상황에서 '최선'이라고 여겨지는 것이 곧 도덕이 된다. 성실함과 미덕은 경계선이 아니라, 어떤 더 큰 선을 추구하는 길 위의 과속방지턱이 되어 밟고 지나가게 된다. 도덕이 가변적인 척도 위에 놓이면, 결국 목적이 수단을 완전히 정당화하게 된다. 자신들이 도덕적 우위에 있다고 여기는 자들은, '본인들 판단에' 그것이 모두를 위한 최선이라고 판단한다면 필요한 모든 일을 할 것이다.

예를 들어, 진보주의 성향의 대통령이 백악관에서 혼외관계를 이어가면서도, 이를 숨기기 위해 선서 후 거짓말을 하는 데 아무런 거리낌이 없다. 그리고 그 일이 드러나더라도 부끄러움을 느끼거나 사임할 생각조차 하지 않는다. 왜냐하면 자신이 국가에 제공하는 '선善'이 자신의 '실수'를 덮고도 남는다고 믿기 때문이다. 그의 지지자들 역시 간통과 거짓말이 좋지 않다는 건 인정할지라도, 나라가 그의 진보주의적 지도력을 필요로 한다고 믿기 때문에 관대하게 눈감아줄 수 있다.

이렇게 성실함보다 편의성을 우위에 두기 때문에, 그들은 진보주의 지도자의 실패는 쉽게 용서하지만, 보수주의자의 실패에는 관용을 보이지 않는다. 게다가, 보수주의자는 신앙과 가치를 대표한다고 주장하지만, 진보주의자는 자유분방한 삶을 대표한다고 주장한다. 그래서 보수주의자가 무너지면 '위선자'가 되지만, 진보주의자가 무너지면 단지 '부주의했다'는 평가를 받을 뿐이다. 그들의 생각에, '자기 도덕 기준을 지키지 못한 사람'은 '애초에 도덕을 주장하지 않은 사람'보다 더 나쁘다. 하지만 사실은, 둘 다 우려스러운 일이다.

도덕이 자의적이 되면, 사회의 기준은 점점 낮아진다. 내가 방금 말한 사례는 1998년에 실제로 일어난 일인데, 이는 1988년 대선에서 게리 하트가 비교적 사소한 스캔들로 경선에서 물러난 지 불과 10년 후였다. 그 당시만 해도 미국인들은 대통령에게 인격을 기대했다. 결국 이렇게 생각한 것이다. '한 남자가 하나님과 증인들 앞에서 아내에게 지키겠다고 맹세한 결혼 서약조차 지키지 못한다면, 어떻게 그가 대통령 취임 선서를 지킬 것이라 믿을 수 있겠는가?', '개인적 쾌락을 위해 자기 아내를 배신하는 사람이라면, 어떻게 그가 미국 국민에게 성실할 것이라 기대할 수 있겠는가?' 하지만 진보주의적 영향력이 사회 전반에 워낙 강하다 보니, 불과 10년 만에 미국의 도덕 기준은 '인격이 신뢰를 얻는다'에서 '인격은 중요하지 않다'로 바뀌었다.

정말 미친 일 아닌가!

사회적 가치를 바꾸려는 과정에서, 욕망에 끌려 살아온 사람들은 본능적으로 자신들의 '자유'를 방해하는 사회적 도덕을 버리려고 한다. 그들은 전통적 가치를 지키는 사람들에게 크게 반발한다.

죄책감을 느끼고 싶지 않기 때문이다. 그리고 누군가 그들에게 죄책감을 불러일으키면, 분노로 그를 침묵시키려 한다. 예를 들어, 누군가 '하나님은 당신을 사랑하십니다'라고 적힌 팻말을 들고 있으면, 진보주의자는 비꼬듯 "그거 참 좋은데요?"라고 말할 수 있다. 하지만 '낙태는 살인이다'라는 팻말을 들고 있으면, 진보주의자는 분노로 반응한다. 그들은 자기 생각에 무해한 종교적 표현은 괜찮지만, 자신을 불편하게 만드는 말은 원하지 않는다.

나는 이런 장면을 수없이 봤다. 전통적 도덕을 말하는 사람들은 곧바로 '남을 심판한다', '혐오 발언을 한다', '자기 도덕을 강요한다'는 비난을 받는다. 흥미로운 점은, 관용과 표현의 자유를 그렇게 강하게 주장하고, 모든 사람이 자신의 끊임없이 변하는 도덕을 받아들이기를 바라면서도, 정작 다른 의견이나 가치를 표현하는 사람은 전혀 용납하지 않는다는 것이다. 심지어 수십 년 전 진보주의자들이 지녔던 가치관조차도 말이다. 위선적인가? 그렇다. 이중잣대인가? 틀림없다. 하지만 그들은 그걸 보지 못한다. 기억하라. 그들은 눈먼 자들이다.

참된 정직성

나는 지금까지 '미덕virtue', '인격character', '도덕morality'이라는 단어를 사용해 왔지만, 요즘 사람들, 특히 60세 이하 세대 중 다수는 이 단어들의 정확한 의미를 잘 모를 것이라 생각한다. 그러나 이 단어들은 미국 건국의 아버지들이 국가 생존에 필수적인 자질을 묘사할 때 사용했던 것이므로, 우리 역시 그 의미를 분명히 이해하는 것이 중요하다.

미국이 건국될 당시, 세상은 지금보다 훨씬 야만적인 곳이었다. 노예제는 사회적으로 당연한 관습이었고, 폭력·살인·공개 처형이 넘쳐났다. 신사들조차 사소한 모욕 때문에 결투를 벌여 죽음에 이르는 일이 있었다. 그들의 삶의 방식이 오늘날 기준으로는 '문명적'이라 보기 어려웠지만, 당시 미국 식민지와 유럽 전역에는 개인의 명예를 중시하는 공통된 가치관이 있었다. 미국 건국자들은 이를 '신성한 명예sacred honor'라 불렀다.

명예는 한 사람의 생명과 재산에 필적할 만큼 높은 가치를 가졌다. 그래서 건국자들이 미국의 독립을 위해 목숨, 재산, 그리고 신성한 명예를 바치겠다고 서약했을 때, 그것은 엄청난 희생의 증거였다. 한 남자의 명예란 그의 진실성과 성품에 대한 평판이었다. 그가 신뢰받지 못한다면, 사회에서 무슨 가치를 가질 수 있겠는가? 심지어 범죄자들 사이에도 '도둑의 명예'라는 것이 있었다. 그런데 현대 정치인이 "나의 신성한 명예를 걸겠다"라는 말을 하는 장면을 상상할 수 있겠는가?

개인적 명예는 미국 독립전쟁 당시 양측 모두에게 중요한 역할을 했다. 당시 식민지에는 군사 감옥이 없었기 때문에, 전쟁 포로를 잡으면 양측 모두 곤란한 상황에 처했다. 전투가 끝난 후 포로를 어떻게 수용할 것인가? 역사에 따르면, 종종 이런 일이 있었다고 한다. 포로가 "다시는 무기를 들고 전장에 나서지 않겠다"고 약속하면, 그를 풀어주어 자기 부대로 돌아가게 한 것이다. 그 약속을 한 사람은 그대로 석방되었다.

만약 오늘날 사회가 이렇게 정직함과 신뢰성 위에 서 있다면 어떨까? 혹은 정치인들이 오직 진실만을 말할 것이라 믿을 수 있는 의회가 존재한다면 어떨까?

우리 문화에서 가끔 들을 수 있는 표현 중 하나인 "약속을 어기느니 차라리 죽겠다"는 말은 이미 지나간 시대의 가치관에서 비롯된 것이다. 과거에는 이런 말을 하는 사람이 실제로 그 뜻을 진심으로 믿었으며, 그것은 개인의 명예를 증언하기 위함이었다. 극작가나 고전 문학 작가들은 인물의 성실성을 보여주기 위해 이런 말을 인물의 입에 자주 올렸다. 언론인들도 기사에서 묘사하는 인물의 명예를 드러내기 위해 이런 구절을 사용했다. 명예를 중시하는 사람에게 있어, 죽음이나 개인적인 손해는 부정직함보다 오히려 나은 것이었다.

이러한 성실성이 바로 건국의 아버지들이 '미덕^{virtue}'과 '인격^{character}'이라는 말을 사용할 때 의미했던 바이다. 노아 웹스터^{사전편찬자}의 1828년판 미국 사전에서 발췌한 다음 정의들은, 단어가 갖는 단순한 뜻을 넘어 안전한 경계를 보여준다. 또한 단어가 갖는 깊은 의미를 완전히 이루기 위해 성품이 얼마나 중요한지 알 수 있다.

미덕^{virtue}: 도덕적 선함. 도덕적 의무를 실천하고 악을 피하는 것, 혹은 생활과 언행이 도덕 법칙에 부합하는 것. 이런 의미에서 미덕은 종교와 구별될 수 있으며, 실제로 많은 경우 구별되어야 한다. 편의, 강제, 평판을 의식하여 도덕적 의무를 실천하는 것은 종교와 구별되는 미덕이다. 하나님과 그분의 법에 대한 진실한 사랑에서 우러나와 도덕적 의무를 실천하는 것은 미덕이자 종교이다. 이런 의미에서, "미덕만이 이 세상에서 우리의 행복을 만든다"는 말은 참되다. 미덕이란 진리에 기꺼이 순종하는 태도다.

악덕^{VICE} : 윤리학에서, 도덕적 정직의 규칙이나 명백한 예의범절의 규율에서 벗어나는 모든 자발적인 행위나 행동 양식. 의무의 결핍 또는 널리 인식되고 있는 정직의 원칙을 어기는 데서 오는 도덕적 부적합. 악덕은 범죄와는 다르며, 범죄보다는 덜 흉악하다. 우리는 살인이나 강도를 악덕이라 부르지 않는다. 그러나 절제 결여, 모든 거짓, 이중성, 기만, 음란함 등은 모두 악덕이다. 본래 무해한 열정과 욕구를 지나치게 방임하는 것도 악덕이다. 담배나 술은 적은 양은 큰 해가 없을 수 있지만 과도해지면 악덕이 된다. 또한 이 단어는 잘못을 습관적으로 범하는 것을 뜻하기도 한다(예: 악덕이 가득한 삶). 악덕은 거의 단독으로 다니지 않는다. 무시무시한 무리를 거느리고 함께 나타난다.

진실됨·정직^{Integrity} : integrity는 자신의 신념과 가치관에 말과 행동을 일치시키는 것, 또 그런 태도까지도 의미한다. 따라서 Integrity한 사람은 남이 볼 때나 그렇지 않을 때나 똑같이 행동한다. 도덕적 건전함과 순수성, 부패하지 않음, 정직, 성실을 포괄하며 개인과 조직 모두에게 중요한 윤리적 덕목이다. (integrity는 '도덕 원칙을 철저히 지키는 정직한 자질, 금이 가거나 흠이 없는 완벽하고 온전한 상태'라는 두 가지 의미가 있기에 한국어로 진실됨·정직이라고 해석하기에는 아쉬움이 있다. 거래, 직장, 정치 등 다양한 분야에서 쓰일 때는 신뢰와 책임감을 바탕으로 한 행동을 강조하는 말이다.)

미덕 virtue을 이해하는 핵심 문구는 '악행에서 벗어남'이다. 이는 우리를 끌어당겨 붙잡아 두는 힘을 가진, 건강하지 못한 행위에서 멀어지는 것을 뜻한다. 본질적으로, 미덕을 가진다는 것은 습관, 욕망, 혹은 현명한 결정을 내리거나 옳은 일을 행하는 능력을 제한할 수 있는 그 어떤 것에서도 자유롭다는 의미다. 건국의 아버지들이 미덕을 표현하기 위해 사용한 문구는, 내가 계속해서 말했던 바로 그것 '자기 통치 self-government'였다. 다시 한 번 토머스 제퍼슨의 말을 생각해 보라.

> "부도덕한 행위를 하기 보단 돈을 포기하고, 명성을 포기하고, 학문을 포기하고, 지구와 그 안에 있는 모든 것을 포기하라. 어떤 상황에서든, 아무리 사소해 보여도 부끄러운 행동을 하는 건 절대로 최선이 될 수 없다. 당신이 어떤 행동을 할 때, 그것이 오직 혼자만 아는 일일지

라도 세상 모든 사람이 지켜보고 있다고 생각하고 행동
하라. 도덕성을 높이기에 힘쓰고, 기회가 있을 때마다 그
것들을 실천하라. 이는 육체가 운동으로 강해지듯, 연습
으로 습관이 될 것이다. 도덕을 실천하며 살 때, 당신은
삶의 모든 순간, 그리고 죽음의 순간까지 가장 숭고한 행
복을 누릴 수 있을 것이다.”

제퍼슨은 이렇게 말했다.

“당신이 어떤 행동을 할 때, 그것이 오직 혼자만 아는 일
일지라도 세상 모든 사람이 지켜보고 있다고 생각하고
행동하라.”

인격이란 우리가 겉으로 꾸며내는 것이 아니라, 아무도 보지 않
을 때 드러나는 진정한 ‘나’이다.(물론, 이는 남의 이목을 갈구하는
자들을 가리키는 것이 아니다. 그들은 관심을 끌기 위해 부끄러움
도 모른 채 공개적으로 저속한 행동을 서슴지 않는다.)

보다 명확히 하자면, 노아 웹스터가 미덕virtue의 정의에서 사용
한 문구를 보라.

“미덕이란, 진리에 기꺼이 순종하는 태도다.”

미덕과 올바른 성품은, 결과가 어떠하든 기꺼이 옳은 일을 선택하는 것을 뜻한다. 그렇기에 신념^{integrity}은 변하지 않는 기준이자 경계가 된다. 아무리 목표가 버겁더라도, 성품이 좋은 사람은 그것을 이루기 위해 거짓말이나 도둑질을 하지 않는다.

영화 《불의 전차^{Chariots of Fire}》로 유명한, 육상선수 에릭 리들^{Eric Liddell}의 이야기를 잠깐 살펴보자. 1924년 파리올림픽에 출전한 리들은 100m 경기 예선전이 주일에 열린다고 발표되자 출전을 거부한다. "안식일을 기억하여 거룩하게 지키라"^{출 20:8}는 말씀에 순종하기 위해 주일에는 시합에 나갈 수 없다는 것이 이유였다. 영국 스포츠계와 언론은 발칵 뒤집혔다. 그러나 누구도 리들이 붙잡고 있는 신념을 거스르도록 설득할 수는 없었다. 리들은 쏟아지는 비난을 묵묵히 받아들이며 자신의 주 종목이 아닌 200m와 400m를 열심히 준비한다. 이후 모두의 예상을 뒤엎고 이들 종목에서 수상의 영광을 차지한다. 리들은 올림픽 출전이라는 일생일대의 기회를 양심과 신념을 위해 기꺼이 포기했다. 그는 자신의 행동과 선택에 변함없는 경계를 세우고 지킨 사람이었다. 그리고 리들은 올림픽의 영광은 뒤로한 채 "하나님은 중국을 위해 나를 지으셨습니다."라는 말을 남기고, 부모님의 뒤를 이어 중국 선교사가 되어 떠났다. 그의 이 같은 기개와 성품이야말로 그를 위대한 선수를 넘어, 지금까지도 우리가 기억하는 믿음의 사람의 본이 되게 한 자질이다. 그리고 자신의 신앙적 양심이자 신념을 지키기 위해 평생 한 번뿐인 기회를 내려놓은 그의 모습은, 바로 미국 건국의 아버지들이 말한 '미덕'의 전형이다.

또 한 편의 걸작 영화 《어메이징 그레이스^{Amazing Grace}》는 정치가 윌리엄 윌버포스^{William Wilberforce, 1759~1833}의 이야기를 그렸다. 그는 영국 노예 무역 폐지를 주도한 인물로, 자비와 성실, 그리고 끈기로 유명했다. 40년 넘게 신체적 질환과 싸우면서도 그는 하원의원으로서 인권 운동을 이어갔다. 그의 주장은 논리적이었고, 그가 제시한 사실은 반박 불가능했지만, 반대파는 진실이나 정의에는 관심이 없었다. 그들의 마음은 탐욕에 가려져 있었기 때문이다. 아프리카인들 역시 스스로 결정하고 선택할 수 있는 인간이라는 사실, 그러나 그들이 동물보다도 못한 대우를 받고 있다는 현실은 이 정치인들에게 아무런 의미도 없었다. 그들은 노예 무역 폐지를 생각조차 하지 못했는데, 오직 재정적 손실을 두려워했기 때문이다. 이 영화는 두 부류의 사람들을 극명하게 대비시켜 보여준다. 결과가 어떠하든 옳은 일을 지키는 사람과, 욕망에 지배되어 눈앞의 진실조차 보지 못하는 사람.

나는 현대 정치에서 이런 태도를 단 한 번 직접 목격한 적이 있다. 1993년, 바버라 알비^{Barbara Alby}가 캘리포니아 주 하원의원 선거에 출마했을 때였다. 나는 그녀의 선거 운동을 함께했는데, 어느 날 내가 이렇게 물었다.

"만약 당신이 하원의원에 당선된다면, 지금까지 우리가
도와서 당선 시킨 다른 보수 정치인들처럼 신념을 저버

리고 타협하지 않기 위해 어떤 노력을 할 건가요?”

그녀는 이렇게 대답했다.

"당선된다면, 나는 내 신념을 더욱 확고히 하고 의회에
들어갈 겁니다. 그리고 만약 그 신념을 타협하라는 압박
을 받게 되더라도 나는 신념만은 반드시 지킬 것입니다.
의회에서 쫓겨나는 것을 두려워하지 않겠습니다. 내가
믿는 바를 지키는 것이 권력을 유지하는 것보다 더 중요
합니다. 그런 상황이 온다면, 기꺼이 불길 속으로 사라
지겠습니다.”

그녀의 말은 신념integrity의 본질을 그대로 보여주었다. 그녀는 선
거에서 승리했고, 의원으로 재임하는 동안 정치적 편의보다 신
념을 꾸준히 중시했기에 정치인politician이라기보다 진정한 정치가
statesman로 불리는 편이 더 어울렸다.

신념이 거의 없거나, 있는 신념마저 기꺼이 타협하려는 보수주
의자들은 이미 마음속으로는 진보주의자와 다름없다. 진정한 보
수주의자가 되려면, 건국의 아버지들이 남긴 말이 그들에게도 사
실이어야 한다. 그러기 위해서는 욕망의 지배로부터 자유로운 사
람이 되어야 한다. 권력의 유혹과 편법의 달콤함을 뿌리쳐야 한다.
진정한 보수주의자가 되려면, 목표만큼이나 그 목표에 이르는 ‘수

단'이 중요하다. 사실, 신념을 타협해서 이룬 목표라면, 그것은 차라리 가질 가치조차 없다.

미덕의 재정의

도덕적 상대주의자인 순수 진보주의자들이 겪는 가장 큰 문제는, 유토피아 사회를 전통적 도덕 가치가 사라진 사회로 본다는 점이다. 그들에게는, 도덕적 절대 가치를 주장하는 사람은 자기 이익만 챙기는 거만한 인물로 보인다. 그들은 건국의 아버지들이 미덕을 옹호한 사실에 불쾌감을 느낀다. 그리고 자신을 합리화하기 위해, 건국의 아버지들을 깎아내리거나 미덕의 개념 자체를 재정의했다. 그리고 실제로 이 두 가지를 모두 해왔다.

진보주의자들 중에 학교와 대학의 교수진을 장악한 이들은, 미국 역사 속 가장 위대한 인물들을 억압자이자 제국주의자, 그리고 종교 광신도로 묘사한다. 그들의 왜곡된 역사관 속에서 크리스토퍼 콜럼버스, 존 스미스 선장, 그리고 필그림들은 Pilgrims(1620년에 메이플라워호를 타고 미국으로 간 청교도인들) '악한 자'다. 진보주의 사상에 의한 왜곡된 시각 때문에, 현재 역사 교과서는 역사적으로 덜 중요한 인물들은 광범위하게 다루고 있지만, 이 나라를 세운 위대한 인물들에 대해서는 매우 적은 비중만을 할애한다. 당신이 사는 지역의 공립학교로 가서 미국사 교과서를 직접 확인해 보라. 또는 가까운 대학에서 미국사 강의를 청강해 보라. 그러면 건국의 아버지들이 부정적으로 묘사되는 모습을 쉽게 볼 수 있을 것이다. 조지 워싱턴, 존 퀸시 애덤스, 토머스 제퍼슨, 패트릭 헨리, 그리고 벤저민 프랭클린 같은 인물들은 종종 폭력적이고, 권위적이며, 노예를 소유한 위선자로 그려진다. 또는 공금을 부당하게 사용한 자들로 묘사되기도 한다. 또 어떤 경우에는 심한 주당이자 색정가로 묘사되는데, 즉, 절제나 진실 같은 덕목과는 전혀 거리가 먼, 그저 '평범한' 남자들로 표현된다.

건국의 아버지들을 노골적으로 깎아내리는 이들도 있지만, 대부분의 진보주의자들은 미덕의 의미 자체를 재정의한다. 그들에게 미덕이란 도덕적 자기 절제가 아니라, '다양성'과 '선택적 관용'이다. 그것은 개인의 성실함이 아니라, 차별에 맞서고, 소외된 자들에게 나누어 주는 것이다. 진보주의자들의 시각에서 건국의 아버지들이 말한 미덕이란, 사실상 그들의 '자비 표현'을 뜻한다. 이어지는 몇 장에서 우리는 진보주의자들이 이해하는 '자비'가 무엇인지 살펴보고, 그것이 방임적 부모 양육 태도의 발현이며, 이전에 이야기했듯 아이들과 사회에 해로운 것임을 보여줄 것이다.

6장의 핵심

✓ 제한 없는 자유는 책임 없는 결과를 낳는다.

✓ 방임은 자유가 아니라, 통제 능력을 잃게 만드는 또 다른 속박이다.

✓ 자유는 절제와 책임을 배운 사람에게만 의미를 갖는다.

✓ 부모가 기준을 세우지 않으면, 아이는 욕망의 기준에 지배된다.

잠시 멈춰 생각해 보기

1. 나는 자유와 방임을 구분하지 못한 채 아이에게 모든 선택을 맡긴 적은 없는가?

---

2. 아이의 반발이 두려워 기준을 세우는 일을 피하고 있지는 않은가?

---

3. 내가 아이에게 가르치고 싶은 자유는 어떤 자유인가?

제7장
역효과를 내는 사랑이란?

"대다수의 미국 아이들에게 지금 필요한 것은

더 이상 응석받이로 키우지 않는 것,

더 이상 모든 것을 들어주지 않는 것,

더 이상 차로 데려다주지 않는 것,

더 이상 온갖 편의를 제공하지 않는 것입니다.

결국 자녀에게 직접 해주는 일이 아니라,

그들이 스스로 할 수 있도록 가르치는 것이

그들을 성공하는 인간으로 만드는 것입니다."

— 앤 랜더스(칼럼니스트)

내가 14살이었을 때, 나는 두 가지 주요 정치적 관점의 차이를 알고 싶어서 할아버지, 부모님, 그리고 역사 선생님께 여쭤보았다. 각자 비슷한 대답을 해주셨다. 진보주의자는 노동자와 가난한 사람을 돕는 데 관심이 있고, 보수주의자는 돈을 벌고 대기업을 보호하는 데 관심이 있다고 했다. 진보주의자는 진보적이고 미래를 바라보며, 보수주의자는 과거를 바라보고 자기 방식에 고착되어 있다고 했다.

그 설명을 들었을 때, 나는 조금도 주저하지 않았다. 18세가 되면 진보주의자로 등록하고 투표하리라 마음먹었다. 나는 세련되고 진보적인 사람이고 싶었고, 부자면서 자신의 이익만 지키려 한다는 집단과는 전혀 엮이고 싶지 않았다. 나는 사람을 진심으로 아끼는 사람들과 어울리고 싶었다.

그러나 당시 나는 그 반대가 진실에 더 가깝다는 사실을 알지 못했다. 시간이 지나면서 나는 보수주의적 리더십 방식이 진보주의적 방식보다 더 많은 연민을 보여준다는 것을 알게 되었고, 개인적으로도 보수주의자들이 진보주의자들보다 어려운 이웃을 훨씬 더 많이 돕는다는 사실을 발견했다.

누가 진정으로 돌보는가

아서 브룩스 교수는 『누가 진정으로 돌보는가^{Who Really Cares}』라는 책에서 보수주의자와 진보주의자의 자선 기부 패턴에 대한 광범위한 연구 결과를 제시했다. 브룩스 교수는 전국 단위의 설문조사, 세금 신고서, 비영리 단체 보고서, 그리고 인터뷰를 통해 자료를 수집했다. 그 결과가 너무 충격적이어서, 그는 결과의 정확성을 확신하기 위해 여러 차례 재검증을 해야 했다.

그의 연구에 따르면, 보수주의자는 해마다 자선 단체에 기부하는 금액이 진보주의자보다 약 30% 더 많았다. 이는 보수주의자들이 평균적으로 더 많은 가족을 부양하고, 평균 소득이 6% 낮음에도 불구하고 나타난 결과였다. 단순히 30% 차이가 아니라 거의 3분의 1에 달하는 엄청난 차이였다. 이로써 '이기적이고 부유한 보수주의자'라는 고정관념은 명백히 사실이 아님이 드러났다.

만약 그 관대함이 단지 금전적인 기부에만 나타났다면, 진보주의자들이 '우리는 세금을 내고 정부가 그 돈으로 어려운 사람을 돕는다'라는 믿음을 가지고 있어서라고 변명할 수도 있었을 것이다. 그러나 브룩스 교수의 연구는, 보수주의자가 돈뿐 아니라 더 자주 헌혈을 하고, 더 많은 시간을 자원봉사로 내어준다는 사실도 보여주었다. 보수주의자는 진보주의자보다 헌혈 빈도가 18% 더 많았으며, 브룩스 교수의 말을 빌리자면, "만약 진보주의자와 중도주의자가 보수주의자와 동일한 비율로 헌혈한다면, 미국의 혈액 공급량은 약 45% 증가할 것이다." (현 추세를 보면, 안타깝게도 보수적 가치관은 혈액 수혈로는 전해지지 않는다.)

　브룩스 교수의 연구 결과는 내가 주장하는 바를 뒷받침한다. 보수주의적 이상은 진정성 있고 마음에서 우러난 연민에 뿌리를 두고 있다. 진보주의자는 관심과 배려의 감정을 가질 수 있지만, 보수주의자는 말뿐 아니라 실제 행동과 자원으로 그 관심을 입증한다.

　그럼에도 불구하고 '진보주의자가 더 사람을 위한다'는 잘못된 인식이 여전히 널리 퍼져 있다. 그것에는 나름의 이유가 있다. 진보주의자가 지지하는 사회복지 프로그램은 그 혜택을 받는 사람들에게 만족감을 주기 때문이다.

　그러나 문제는, 만족감이 반드시 사람들의 실제 필요가 충족되었다는 것을 의미하지 않는다는 점이다. 게으른 아이는 자신이 해야 할 일을 대신해주는 사람이 있으면 만족한다. 욕심 많은 아이는 자신이 원하는 것을 다 받으면 행복하다. 자기중심적인 아이는 원하는 대로 하도록 허락받고, 그 행동의 결과를 감당하지 않아도 되면 기뻐한다. 그런 아이는 '사랑받고 있다'고 느끼며, 자신을 그렇게 응석받이로 대해주는 사람을 잠시 동안은 좋아할 것이다. 4장에서 설명했듯이, 자녀의 행복을 위해 사는 부모는 가끔 그들을 행복하게 만들 수 있지만, 의도치 않게 그들을 자기중심적이고 책임감 없는 사람으로 길러낼 수 있다. 우리는 자녀에게 큰 애정을 품고 있으면서도, 동시에 그들을 해롭게 만들 수 있다. 몇 년 전 내가 비행기에서 경험했던 그 일이, 이러한 사실을 잘 보여주는 예이다.

나는 캘리포니아로 가는 대륙횡단 비행기에 올랐다. 나는 젊은 부부와 네 살 난 그들의 아들 바로 뒷자리에 앉아 있었다. 그들의 삶 중 단 5시간을 지켜본 것이었지만, 나에게 잊혀지지 않는 기억으로 남는 사건이 되었다. 그 부부는 내가 본 어떤 엄마, 아빠보다 헌신적인 사람들이었다. 이들이 출발부터 착륙까지 아들에게 보인 사랑과 보살핌에 나는 감탄했다. 이륙할 때 안전벨트 표시등이 켜지고 승무원이 다가와 이제 그만 자리에 앉아 안전벨트를 해야 함을 알려주었다. 엄마와 아빠는 왜 항공사 규정상 앉아서 안전벨트를 매야 하는지를 아이가 이해할 수 있도록 최대한 차분하고 명확하게 설명했다. 그러나 네 살배기 아이가 FAA^{미국연방항공청} 규정을 지키는 것의 중요성을 이해할 리 없다는 것이 분명해지자, 아빠는 이 순간을 위해 준비해둔 새 장난감으로 재치 있게 관심을 돌렸다. 아이는 새로운 장난감에 몰두해 자리에 앉았고, 그 사이 부모는 슬그머니 안전벨트를 채웠다. 아이는 자신이 교묘하게 설득(혹은 조종)당했다는 사실조차 몰랐다.

이 부모는 비행 내내 아들의 모든 요구에 인내심을 가지고 친절하게 대응했다. 사실, 그들은 아이를 행복하게 해주기 위해 너무나도 애를 쓰고 있어서(내가 기억하는 한 그들보다 더 세심한 부모는 없다.) 마치 오직 아이를 위해 사는 것 같았다. 아이가 원하는 것은 무엇이든 들어주었고, 아이는 비행기를 타고 가는 내내 부모로부터 영화, 게임, 간식, 장난감 등 최고의 서비스를 제공받았다. 심지어 아이가 통로 건너편에 앉아 있는 할머니에게 가고 싶다고 하자, 부모는 곧바로 다른 승객들과 승무원들을 설득해 자리를 바꾸도록 했다. 아들에게 보이는 그들의 친절하고 세심한 태도는 마치 하인이 왕을 모시는 것 같았다. 그들의 세계에서 이 아이는 분명 왕이었고 세상의 중심이었다.

그들은 분명 아들을 사랑했고, 그에게 좋은 것만 주고 싶어 했다. 그러나 그들의 사랑은 역효과를 내고 있었다. 인내심과 친절함은 칭찬할 만했지만, 그들은 자신도 모르게 아들을 해치고 있었다. 아들의 행복을 인생에서 가장 중요한 목표로 삼으면서, 동시에 아이의 자기 행복에 대한 집착도 함께 키우고 있었던 것이다. 이미 지나치게 응석받이로 자란 이 아이가 얼마나 요구가 많은 성격으로 변했는지는 보는 것만으로도 안타까웠고, 앞으로 얼마나 자기중심적인 사람이 될지 짐작할 수 있었다. 인간 본성은 응석에 그렇게 반응한다. 나는 상담사로 일하면서 이런 모습을 수도 없이 보아왔다.

이 부모는 흔히 볼 수 있는 전형적인 진보주의자와 같다. 그들의 마음은 사랑으로 가득 차 있고, 행동은 관심과 배려를 보여주지만, 궁극적인 결과는 그들이 돕고자 하는 이들에게 파괴적이다.

두 종류의 진보주의자

나는 진보주의자를 크게 두 부류로 나눌 수 있다고 본다. 하나는 '아이 역할'을 하는 진보주의자이고, 다른 하나는 '부모 역할'을 하는 진보주의자다. 아이 역할을 하는 진보주의자는 자신이 보살핌을 받길 원하거나, 자신의 욕구를 마음껏 추구할 자유를 요구하는 일반 대중이다. 이들은 부모 역할을 하는 진보주의자가 자신을 돌보고, 자신이 선택한 삶의 방식을 지켜주기를 바란다. 대체로 요구가 많고, 참을성이 없으며, 감사할 줄 모르고, 자신의 과도함을 제한하거나 자기 절제를 요구하는 사람을 공격한다. 이들은 어른이 되었어도 어릴 적과 크게 다르지 않다. '욕구를 충족하려는 의지'가 여전히 그대로다.

부모 역할을 하는 진보주의자 역시 여전히 욕구를 충족하려는 의지에 영향을 받고 있지만, 이제는 정치인, 판사, 변호사, 교육자, 언론인, 그리고 사회활동가로 일하고 있다. 이들은 부모에게서 배운 방식의 리더십을 따라, '아이 역할'을 하는 사람을 '보살피는 것'이 좋은 것이라 잘못 믿는다. 그래서 그들이 행복해지는 일을 해주려고 애쓴다. 과잉보호하는 부모처럼, '아이들'이 불평하는 소리를 들으면, 무책임한 행동의 결과로부터 구해주는 것이 자비라고 생각하며 문제를 해결해준다. '아이들'이 소외당했다고 느끼거나 모욕을 받았다고 생각하거나 상처를 받는다고 느끼면, 그들은 날카롭게 항의의 목소리를 높인다. 그러면 부모 역할을 하는 진보주의자들은 그들을 변호하기 위해 달려가 '불쌍한 사람들'이라며 감싸고 위로하고, 그 불만을 일으킨 보수주의자를 공격한다.

이 모든 과도한 보살핌은 '부모' 역할을 하는 사람 안에 강한 자기의自己義를 길러낸다. 그들은 '자녀들'을 위해 보여주는 헌신과 보살핌 때문에 스스로를 고귀하게, 심지어 우월하게 느낀다. 진보주의자의 시각에서 보수주의자는 무심하고 인정머리 없는 사람들인 반면, 자신들은 '부모'로서 자비롭다고 여긴다. 그들은 자신들을 '선한 사람들'이라고 생각하는데, 보수주의자들이 자녀에게 엄격한 데 반해, 그들은 모두 '아이들'을 응석받이로 만들기 때문이다.

두 부류의 진보주의자 사이의 관계는 공생적이다. 서로가 서로에게 의존하고, 서로의 존재를 정당화해준다. '자녀' 역할에 있는 사람들은 '부모'가 자신들을 보호하고 공급해주기를 의지한다. 반대로 '부모' 역할에 있는 사람들은 '자녀들'을 돌보며 느끼는 높은 자존감을 갈망한다. 이들은 서로의 역할을 가능하게 해주며, 이는 전형적인 상호의존co-dependency의 사례다.

진보주의자들만이 정치에서 이런 부모-자녀 접근 방식을 취하는 것은 아니다. 통찰력 있는 보수주의자들도 이 양육 방식을 정치에 반영한다. 하지만 보수주의적인 자녀 양육관은 자기 절제, 자립, 책임감을 길러주기 때문에 보수적인 '자녀들'은 대체로 성장하면서 스스로 삶에 대한 책임을 진다. 그들은 정부가 자신들을 돌보거나 하고 싶은 일을 제약 없이 하도록 허락하기를 바라지 않는다. 정치인, 판사, 변호사, 교육자, 언론인, 사회활동가가 되었을 때도, 그들은 정부를 과잉보호의 관점에서 접근하지 않는다. 왜냐하면 사람은 자신이 가진 것을 위해 노력할 때 가장 행복하고 건강하다고 믿기 때문이다. 물론 '자녀' 역할의 진보주의자들은 자신들이 응석을 부릴 수 있기를 바라기 때문에, 보수주의자들이 그들로 하여금 스스로 책임을 지도록 돕는 노력을 못마땅하게 여긴다.

과도한 사랑의 해악

미국 사회는 다른 나라들과 비교해 독특하다. 우리는 매년 국제적으로나 국내적으로나 도움이 필요한 사람들에게 전 세계 나머지 국가들이 합한 것과 거의 맞먹는 금액을 기부하는 가장 자비로운 나라다. 미국은 어떻게 이렇게 후한 나라가 되었는가? 우리는 성경적 도덕성과 연민의 원칙 위에 세워졌기 때문이다.

많은 사람들이 건국의 아버지들이 지녔던 도덕성을 저버렸지만, 대부분은 여전히 자선이 중요하다고 생각하고 있다. 그러나 도덕의 상실은 가난한 이들에 대한 돌봄에 대한 우리의 이해를 왜곡하는 원인이 되었다. 진정한 도움은 일시적 지원을 제공하면서도 개인의 책임을 촉진해야 하지만, 우리의 도움은 지나친 관심으로 변질되어 버렸다.

4장에서 올바른 양육에 대해 이야기했던 것을 기억한다면, 아이가 지나치게 관대하게 길러질 경우 자신이 매우 중요한 존재라는 과도한 인식을 갖게 된다는 것을 알 것이다. 자기중심성이 자라고, 자신이 원하는 것은 당연히 받아야 한다는 권리의식을 키우게 된다. 이러한 높은 자기 가치감은 감사하는 마음을 약화시키고, 자신이 권리라고 생각하게 된 것들을 더 많이 요구하게 만든다. 그들은 자기중심적인 시각을 성인이 되어도 그대로 가져가는데, 부모 역할과 자녀 역할 모두에서 그러하다.

혹시 노숙인 봉사 등을 통해 대화를 나눠 본적이 있다면, 많은 노숙인들이 무료 음식, 주거, 의료 혜택을 받을 권리가 있다고 생각하는 모습을 보았을지도 모른다. 불법 약물에 중독된 사람을 알고 있다면, 정부가 깨끗한 주사기나 무료 메타돈 치료를 제공해야 한다는 말을 들어봤을 것이다. 성적으로 문란한 사람들의 이야기를 들어봤다면, AIDS와 같은 치명적인 성병 치료제 개발에 더 많은 정부 자금이 투입되어야 한다는 요구를 들어봤을 수 있다. 응석받이로 자란 아이들이 성인이 되어서도 자신이 망쳐 놓은 삶을 다른 누군가가 대신 수습해 줄 의무가 있다고 믿는 것은 전혀 놀랍지 않다. 마찬가지로, 권리의식 속에서 자란 아이들이 성인이 되어서도 건강하지 못한 관점을 그대로 유지하는 것도 놀라운 일이 아니다.

노숙자 문제

나는 수년 동안 목회자로서 노숙자들과 많은 접촉을 해왔다. 거리에서 음식을 나누고 담요를 전해 준 적도 있었다. 비 오는 계절에는 내 집이나 교회 사무실에서 노숙자들이 잠을 잔 경우도 있었다. 우리는 그들을 우리 농장으로 데려와 일하는 방법을 가르치고 중독을 끊도록 도왔다. 나는 그들에게 일자리를 주고, 매달 정부로부터 받는 무료 보조금을 관리하도록 도와주기도 했다. 이렇게 말하는 이유는 내가 하는 말이 단순히 철학적이거나 추측에서 나온 것이 아니라, 나의 실제 경험에서 나온 것임을 보여주기 위함이다.

젊은 시절, 내가 처음 노숙자들을 돕기 시작했을 때 큰 열정을 가지고 있었다. 새크라멘토 거리에서 처음으로 무료 담요를 나누어 주었을 때 느꼈던 기쁨을 아직도 기억한다. 그러나 1년이 지나면서 그 열정은 조금씩 사라지기 시작했다. 우리가 도운 사람들이 대가 없이 무언가를 받았다는 사실에 거의 감사하지 않는다는 것을 깨달았기 때문이다. 특히 잊을 수 없는 한 번의 추수감사절이 있었다. 우리는 공원에 모인 수백 명의 노숙자들에게 칠면조 저녁 식사를 나누어 주고 있었다. 그런데 한 사람, 또 한 사람이 받은 음식에 불만을 표했다. 칠면조가 뜨겁지 않다고 불평하는 사람, 냅킨을 받지 못했다고 화를 내는 사람, 다른 사람은 시나몬 롤을 받았는데 자신은 비스킷만 받았다며 “손해를 본 것 같다”고 말하는 사람. “감사합니다”라고 말한 사람도 많았지만, 반면 또 많은 이들이 불만을 나타냈다. 그날 나는 공손함이 없는 곤궁한 처지의 사람들을 어떻게 도와야 할지 진지하게 고민하게 되었다.

그 무렵, 나의 어머니는 그녀가 살던 도시에서 유명한 노숙자 보호소의 이사회 회장이었다. 그래서 나는 전화로 지금 내가 보고 있는 요구적 태도와 감사하지 않는 모습을 이야기했다. 어머니의 대답은 내 눈을 뜨이게 했다. 어머니는 우리가 돕고 있는 이들이 사실은 진정한 의미의 노숙자가 아닐 가능성이 크다고 했다. 그들은 ‘거리 생활자’라고 불리는 사람들이었는데, 즉 떠돌이, 걸인, 부랑자들이었다. 그들에게는 집이 있었다. 바로 거리였다. 그들은 무책임한 생활 방식을 유지하기 위해 그렇게 살기로 선택한 것이었다.

어머니는 진정한 의미의 노숙자는 일반적으로 책임감 있는 사람이지만, 일시적으로 살 곳이 없는 상태라고 설명했다. 그녀의 경험상, 진짜 노숙자는 우리가 공원에서 벌인 것과 같은 공개 행사에 나오는 것을 부끄러워한다고 했다. 그녀가 운영하는 노숙자 보호소에 머물기 위해서는 두 가지 조건이 있었다. 첫째, 약물 남용의 흔적이 없어야 하고, 둘째, 구직 활동을 하고 있다는 증거를 보여야 했다. 우리가 무료 나눔 행사에서 끌어 모은 사람들은 진정한 의미의 '노숙자'가 아니었고, 그녀의 보호소에 입소 자격조차 없었다.

어머니의 말은 내게 큰 의미가 있었다. 그 덕분에 나는 노숙자와 관련된 뉴스 보도를 더 잘 이해하게 되었다. 당시 나는 라디오 토크쇼 진행자였는데, 새크라멘토 도심을 돌아다니며 거리에서 만난 수백 명의 노숙자들에게 일자리를 제안했던 한 사업가의 이야기를 다룬 적이 있다. 그는 이틀 만에 포기했는데, 일할 사람은 찾지 못하고 변명만 들었기 때문이다. 그들 모두 돈에는 관심이 있었지만, 책임과 의무가 없는 단순한 생활 방식을 포기하려는 사람은 아무도 없었다.

그 시기에는 또 다른 사건이 있었다. 노숙자들이 캘리포니아주 의사당 건물로 들어가 당시 주지사였던 조지 듀크미지언의 사무실 문을 두드리며 자신들의 요구를 쏟아냈던 것이다. 그 사건이 보도될 무렵, 나는 이미 공손한 진짜 노숙자와 건방진 거리 생활자의 차이를 이해하고 있었지만, 여전히 충격을 받았다. 어쩌다 게으르고 무책임한 사람들이 자신이 노력하지 않은 것을 받을 자격이 있다고 생각하게 된 걸까? 이런 뻔뻔함은 인간 본성에 어느 정도 내재되어 있을 수도 있지만, 그들의 생활을 제공해 온 방임적인 부모나 '부모 역할'을 자처하는 진보 성향의 지도자들이 그 경향을 더욱 악화시켰을 가능성이 크다.

수년 전, 나는『리더스 다이제스트 Reader's Digest』에서 내 생각을 잘 보여주는 일화를 읽었다. 어느 날 길에서 한 여성에게 구걸하는 사람이 돈을 달라고 했다. 그녀는 지갑 속에 동전을 찾기 위해 한참을 뒤졌다. 그런데 시간이 너무 오래 걸리자 돈을 기다리고 있던 사람은 짜증스럽게 말했다.

"아줌마, 빨리 좀 해요. 나도 바쁘다고요."

우리가 노숙자와 부랑자를 구분하지 않고, 스스로 책임질 준비가 된 사람을 돕는 데 집중하지 않는 한, 정부의 과도하게 관대한 정책은 결국 게으름을 보상하고 시민들의 무책임을 키우는 결과만 낳을 것이다. 현재의 방임적 접근 방식 아래에서는, 우리가 노숙자라고 부르는 사람들은 스스로 책임지고 삶을 개선할 동기를 전혀 가지지 않는다. 왜냐하면, 우리는 그들에게 아무 대가 없이도 모든 것을 얻을 수 있다는 것을 이미 가르쳤기 때문이다. 그들이 할 일이라고는 불쌍해 보이거나, 혹은 큰 소리로 불평하는 것뿐이다. 만약 정부나 지나치게 관대한 종교 단체가 그들을 지원하지 않으면, 그들은 단지 "음식 대가로 일하겠습니다 WILL WORK FOR FOOD"라는 팻말을 들고 서 있기만 하면 된다. 그러면 마음 약한 지역 사회 구성원들이 잔돈을 건네며 그들의 생활을 계속 가능하게 해줄 테니까 말이다.

불우한 사람들

노숙자만이 정부 지원금을 받을 자격이 있는 것은 아니다. 10대 미혼모들, 장애인(성인 ADHD나 약물 중독자 포함), 그리고 일부 소수민족들도 교육, 보육, 일자리 기회, 주거 혜택 등의 지원을 받을 수 있다. 나는 이들 모두가 무책임하거나 도움이 필요하지 않다고 말하려는 것이 아니다. 내가 전하고 싶은 핵심은 무분별한 지원이 위험하다는 것이다. 이런 지원은 게으름과 권리의식entitlement mentality을 조장하기 때문이다.

수년 전 우리가 상담했던 한 미혼모는 전형적인 권리의식 사례였다. 이 젊은 여성은 좋은 동네의 정부 보조 주택에 살았고, 생활이 가능할 정도의 복지금을 받았으며, 본인과 아이를 위한 무료 의료 서비스까지 제공받고 있었다. 어느 날 우리가 그녀를 방문했을 때, 그녀는 우편함을 확인하다가 복지 수표가 예정대로 도착하지 않았다는 사실을 알게 되었다. 공휴일 연휴였기 때문에 수표가 하루 정도 늦어질 것이었다. 그러자 그녀는 화를 내며 당장 복지 사무소에 가서 따질 거라고 했다. "청구서들은 쌓여있고 당장 돈이 필요한데 보조금이 늦으면 어쩌자는 거야!"

그녀를 진정시키기 위해 아내는 "이 돈은 네가 번 게 아니니, 정부가 어떤 날에 주든 감사해야 한다"고 설명했다. 그러나 소용이 없었다. 그녀는 이미 세금으로 충당되는 정부 지원금에 너무 익숙해져, 그것이 당연히 자신의 것이라고 믿게 된 상태였다. 그녀의 생각 속에서 그 돈은 세금 납부자들의 것도, 정부의 것도 아니었다. 그녀의 것이었다. 그녀는 인생이 힘들다는 이유만으로 그것을 받을 자격이 있다고 확신했다.

이해가 되는가? 그녀는 단지 삶이 힘들다는 이유만으로 보상을 받을 자격이 있다고 생각했던 것이다!

내 친구 한 명도 멕시코 바하^{Baja}의 작은 마을에서 지역 봉사 활동을 시작하면서 같은 문제를 발견했다. 그는 무료 음식, 의복, 기타 생필품을 제공하는 자원 센터를 세웠다. 하지만 몇 달이 지나자, 그가 돕던 사람들은 더 이상 그가 주는 선물에 감사하지 않았고, 모든 필요가 무료로 충족되는 것을 당연하게 여기기 시작했다. 그 변화의 심각성을 그는 어느 날 뼈저리게 느꼈다. 트럭에 음식을 가득 싣고 이주 농장 노동자들의 캠프에 돌아왔을 때였다. 트럭을 주차하자 사람들이 모여들었는데, 줄을 서서 기다리기는커녕 트럭으로 몰려들어 손에 닿는 대로 음식을 낚아채기 시작했던 것이다.

그는 어려운 이들을 돕고 싶다는 순수한 마음으로 멕시코에 갔지만, 이런 반응은 전혀 예상하지 못했다. 그가 더 많이 줄수록 사람들은 더 게으르고, 더 의존적이며, 더 요구가 심해졌다. 그는 자신이 그들에게 '미국인 슈가대디^{Sugar Daddy}(돈 많은 중년 남자)'가 되어 있음을 알게 됐다. 그리고 그는 곧 깨달았다. 자신의 지나친 관대함이 권리 의식을 부추기고, 오히려 사람들에게 해가 되고 있었다는 사실을. 그래서 그는 자원센터를 무료로 나눠주는 대신 몇 페니라도 내고 물건을 살 수 있는 중고 가게로 바꾸었다. 이렇게 하자 사람들은 필요를 충족할 수 있었고, 개인적 책임감도 갖게 되었다.

가진 자와 가지지 못한 자

나는 권리 의식이 심한 사람들이 공통적으로 가진 사고방식이 있다는 것을 발견했다. 그들은 직업, 돈, 집이 있는 사람들을 '가진 자haves'라고 보고, 그렇지 않은 사람들을 '가지지 못한 자have-nots'라고 여긴다. 그리고 가진 자들은 운 좋게 많은 것을 가졌으니, 그 재산을 운이 없는 가지지 못한 자들과 나누어야 한다고 믿는다. 내 경험상, 이들은 도움을 마치 자신이 마땅히 받아야할 월급처럼 당연하게 여긴다. 그들의 머릿속에는 개인적 책임이라는 개념이 없고, 오직 운만이 있다. 운이 좋은 사람은 운이 나쁜 사람을 도와야 한다는 식이다.

나는 수년간 전임 목사로 섬기면서 교회 사무실로 걸려오는 낯선 이들의 전화를 자주 받았다. 돈, 음식, 옷을 달라는 요청들이었다. 일부는 진짜 필요가 있었지만, 대부분은 사기꾼이었다. 우리는 진정한 필요가 있는 사람들은 기꺼이 도왔다. 하지만 우리가 그들에게 무언가를 '빚지고 있다'는 식으로 행동하는 사람들은 돕지 않았다. 또 죄책감으로 우리를 조종하려는 사람들도 있었다. 그들은 누군가의 소유가 운이 좋아서가 아니라 열심히 일한 결과라는 사실을 모르고 있었다. 우리는 그들을 도와주지 않았다.

많은 사람들이 잊는 사실이 있다. 대다수의 가진 자는 그것을 얻기 위해 노력했다는 사실이다. 반면 자신을 가지지 못한 자라고 여기는 사람들 중 상당수는 무책임했기 때문에 지금과 같은 처지에 놓였고, 스스로 뿌린 씨를 거두고 있는 것이다. 그들이 학교에서 더 열심히 공부했더라면, 더 나은 친구를 사귀었더라면, 무분별한 성관계를 피했더라면, 갱단에 발을 들이지 않았더라면, 직장에서 더 성실했더라면, 그리고 마약과 술을 피했더라면, 지금의 수많은 어려움은 스스로 만들지 않았을 것이다. 그들은 스스로를 '운이 나쁘다'거나 '가난하게 태어났다'며 동정하기보다, 삶에서 자신이 어떤 선택을 했고, 어려움 앞에 어떻게 반응했는지에 대한 책임을 져야 한다. 바로 이 개인적 책임 회피가 권리 의식entitlement thinking의 근간을 형성한다.

어떤 사람들은 저소득층 가정에서 태어난 사람들이 스스로 뿌린 것을 거두는 것이 아니라고 생각할 수도 있다. 그들은 단지 인생을 시작할 때부터 적게 가졌기 때문에 가진 것이 적다는 것이다. 그러나 이러한 사고방식은 심각하게 잘못된 것이다. 그것은 저소득이 좋은 인격과 근면한 근로 윤리의 성장을 방해하며, 따라서 인생의 성공 수준을 결정한다고 전제하기 때문이다. 그러나 사실상, 돈의 부족이나 풍요로움은 한 사람이 어떤 사람이 되는지와는 아무 상관이 없다. 특히 미국에서는 그렇다. 우리가 어떤 사람이 되고 무엇을 성취하는지는 인생의 문제들에 어떻게 반응하느냐에 의해 결정된다.

곰곰이 생각해보라. 기업과 정부의 영향력 있는 위치에 있는 사람들 중에는 빈곤 속에서 태어나고 자란 사람들이 많다. 에이브러햄 링컨은 가난한 집에서 태어나 정규 교육을 거의 받지 못했고, 사업에서 두 번 실패했으며, 여섯 번의 주요 선거에서 낙선했지만, 끝내 나라의 최고 자리에 올랐다. 앤드루 존슨은 가난한 어린 시절을 보냈지만 미국의 제17대 대통령이 되었다. 대법관 클라렌스 토머스는 하수도나 포장도로조차 없는 주택단지에서 가난하게 자랐지만 예일 로스쿨을 졸업하고 연방대법관에 올랐다. 빌 코스비는 어린 시절 가난하게 자랐지만 매사추세츠 대학교에서 박사 학위를 받았다. 조지 워싱턴 카버는 가난, 노예 신분, 고아라는 삼중의 어려움을 겪었지만 미국의 대표적인 발명가가 되었다. 드와이트 아이젠하워는 비록 가난한 가정에서 자랐지만, 수많은 역경을 극복하고 웨스트포인트를 졸업했으며, 5성 장군이자 미국의 제34대 대통령이 되었다.

우리는 저소득이 단지 저주이며, 성공에 있어 결코 극복할 수 없는 장애물이라는 잘못된 생각을 버려야 한다. 진실은 그 도전 속에 인격을 형성하는 길이 놓여 있으며, 그것이 성공으로 가는 길을 닦아준다는 것이다. 준비된 부모는 스스로 본보기가 되어 자녀들이 그 길을 걸어갈 수 있도록 훈련시킬 수 있다.

사회주의

아마 이쯤 되면, 지나친 관대함 속에는 사회주의적 사고방식의 요소가 스며 있다는 것을 눈치챈 사람이 있을 것이다. 관대한 부모들은 보통 자녀들 사이에 모든 것을 똑같이 맞추고 싶어 한다. 누구도 박탈감이나 서운함을 느끼지 않기를 바라기 때문이다. 그들은 "불공평해!"라는 말을 듣는 것을 두려워한다. 만약 빌리가 친구들과 영화를 보러 가게 되면, 엄마는 여동생 메리가 소외감을 느끼지 않도록 그녀도 영화에 데려간다. 이웃집 조이가 돈을 모아 새 야구 글러브를 사면, 빌리는 아빠에게 새 글러브를 사달라고 조른다. 그리고 학교에서 "졸업 무도회에 리무진을 타고 가는 사람이 정말 많다"는 얘기를 들으면, 부모는 자기 자녀도 당연히 리무진을 타야 한다고 생각한다.

사회에서 '부모 역할'을 하는 진보주의자들도 똑같이 행동한다. '아이 역할'을 하는 사람들이 "불공평하다!"라고 외치면 다른 사람과 비교해 부족한 것이 있다고 느끼게 하지 않기 위해, '부모 역할'을 하는 사람들은 자신들이 할 수 있는 유일한 사랑의 표현을 한다. 바로 평등한 기회, 복지, 사회 프로그램을 추진해 모든 것을 똑같게 만드는 것이다. 진보주의자의 생각 속에서 가난하고 불리한 처지에 있는 사람들이 행복하려면, 성공한 사람들이 힘들게 얻은 것들을 똑같이 받아야 한다. 그것을 갖지 못하는 것은 곧 박탈당한 것이라고 여긴다.

인생은 힘들다

미국인인 우리, 즉 진보주의자나 스스로를 보수주의자라고 부르는 사람들 모두가 자녀를 과잉으로 보살피는 이유 중 하나는 우리가 너무 많은 풍요를 누리며, 편안한 삶을 살아왔기 때문이다. 우리는 편안한 삶에 몰두하며, 불편이나 고통을 최대한 피하려고 한다. 상품 개발자들은 이를 잘 알고, 편리함과 단순함에 대한 욕구를 충족시키는 제품과 서비스를 만든다. 그래서 요즘은 수많은 전자기기들이 리모컨을 장착하게 되었고, 자동차, 휴대전화, 컴퓨터까지 해마다 더 빠르고, 세련되고, 편리하게 개선되는 것이다. 현대인들은 모든 것이 더 편하게 빠르게 쉽게 되길 원한다. 혹시 빨래가 저절로 개지는 건조기가 나왔나? 아직 안 나왔다면, 곧 나올 것이다.

우리는 안락한 삶에 너무 익숙해져서, 고통을 느끼는 순간이 인터넷 속도가 느려지거나 차량관리국에서 줄을 서서 기다려야 할 때라고 생각한다. 또, 좋아하는 브랜드의 화장지가 떨어졌을 때, 자동차 에어컨이 고장 났을 때, 혹은 지나치게 조심하며 운전하는 차 뒤에 섰다가 1차선 도로에 갇혔을 때 고생한다고 여긴다. 어떤 사람들에게는 TV 리모컨을 찾는 것이 하루 중 가장 큰 고통의 원인이다. 우리 대부분은 너무 편하고 깨끗하게 살다보니, 그저 땅에 구멍을 파서 판자를 덧대고 앉아 볼일을 보던 시대를 상상조차 할 수 없다. 풍요와 편리함 속에서, 우리는 고통을 거의 견디지 못하는 상태가 되어버렸다.

몇 년 전 나는 우간다 오지에 있는 한 선교 기지에서 지역 지도자들에게 효과적인 양육법과 건강한 가정생활에 대해 가르치고 있었다. 강의를 하지 않는 시간에는 지역 주민들을 방문할 수 있었다. 내가 만난 사람들은 진흙집에서 살고 있었다. 전기가 없었고, 대부분은 최소 1마일 이상 떨어진 곳에서 물을 길어 와야 했다. 물은 5갤런짜리 용기에 담아 옮겨야 했고, 그대로는 마실 수 없어 모닥불에 끓여야 했다.

비록 사람들은 진흙집에서 살았지만, 놀라울 만큼 깨끗하게 살고 있었다. 그들은 집 안의 마른 진흙 바닥을 쓸고, 주변 마당을 쓰레기와 잡동사니 없이 깔끔하게 유지했다. 세계에서 가장 가난한 사람들은 아니었지만, 내가 본 사람들 중 가장 가난했다. 생계를 위해 온 가족이 함께 진흙을 파서 벽돌을 만들고 팔았다. 또 다른 사람들은 하루 종일 망치로 돌을 깨서 자갈을 만들고, 그것을 건설 노동자들에게 팔았다.

어느 날 오후, 나는 깊은 구덩이에서 혼자 진흙을 캐고 있는 다섯 살도 안 돼 보이는 한 소년을 보았다. 그는 즐겁고 만족스러워 보였는데, 어린 나이부터 힘든 노동이 삶의 일부라는 것을 분명히 배운 듯했다. 나는 그를 바라보며, 똑같은 상황에서 평균적인 미국 아이가 이 뜨겁고 습한 날씨 속에서 보호자 없이 진흙을 캐거나 가족과 함께 자갈을 깨는 모습을 상상해 보았다. 머릿속에 떠오른 그림은 결코 보기 좋은 것이 아니었다. 미국의 대부분 가정은 자녀들을 지나치게 편하게 길러서, 편안함이 최우선이라는 생각을 심어 주었다. 그런 가정이 우간다의 생활방식 속으로 던져진다면, 부모와 자녀 모두 충격을 받을 것이다. 과연 그런 생활이 그 가족을 변화시키는 데 얼마나 걸릴지 궁금하지 않을 수 없다.

우간다 사람들에 대해 내게 가장 인상 깊었던 점은, 미국의 기준으로 보면 그들은 결핍 속에 살고 있었지만, 정작 그 사실을 아는 사람이 아무도 없었다는 것이다. 나는 그들의 생활을 '고통'이라고 생각하는 사람을 한 명도 만나지 못했다. 그들에게 삶은 힘든 것이었지만, 그것은 감정적인 상태와는 전혀 관련이 없었다. 그들은 슬프거나 비참하지 않았다. 오히려, 내가 세상에서 만난 사람들 중 가장 행복한 사람들이었다. 생각해 보면, 내가 만난 가장 불행한 사람들은 부유한 나라에서 온 사람들이었다. 왜 그런지 짐작할 수 있을 것이다.

우간다의 삶은 우리가 미국에서 불평하는 어려움과 극명한 대조를 이룬다. 물론 이혼, 질병, 죽음은 어느 문화에서든 힘든 일이지만, 내가 말하는 것은 일상에서 우리가 기대하는 삶의 수준에 관한 것이다. 우리는 어려움을 견디는 법을 너무나 모르기 때문에, 정서적 회복력을 기르지 못한다. 우리는 단지 편안함이나 사치를 빼앗겼을 뿐인데도 고통받고 있다고 생각한다.

고통을 피하려는 것은 인간의 본성이지만, 미국에서는 그 어떤 불편함에 대해서도 믿을 수 없을 만큼 인내심이 정말 낮은 상태가 되었다. 이것은 삶의 일상적인 작은 불편조차 참아내지 못하게 만들었다. 중요한 것은 그러한 불편함과 괴로움, 삶의 고통을 이겨냄으로써 바른 인격과 정서적 강인함이 길러진다는 사실이다. 그러나 우리는 자녀들이 성숙과 책임감을 기를 수 있는 어려움에서조차 그냥 놔두지 못하고 그들을 즉각 즉각 구해내 버리고 있다. 우리는 아이들의 칭얼거림에도 귀를 기울이며 그들이 성인이 되어 맞닥뜨리게 될 삶의 수많은 문제와 역경에 대비하도록 도와줄 작은 불편마저 없애버린다.

너무 많은 부모들에게 자녀를 향한 사랑은 역효과를 낸다. 그들은 자녀를 너무 아끼는 나머지, 삶의 모든 고통으로부터 지켜주려 한다. 그러나 그렇게 함으로써, 그들은 자녀의 성장에 꼭 필요한 기회를 빼앗는다. 아이들이 장차 어른이 되어 맞이할 어려움을 만족스럽게 견뎌내려면, 어릴 때부터 장난감을 치우거나 시금치를 먹는 것과 같은 작은 불편함을 감당할 수 있어야 한다는 사실을 배워야 한다.

배우 실버스타 스텔론은 2006년 영화《록키 발보아^{Rocky Balboa}》의 삭제 장면 중에 이 원리를 잘 보여주는 명대사가 나온다. 그 장면에서 록키는 이렇게 말한다.

"내가 어렸을 때는 손이 터질 것 같을 때까지 공을 쥐곤 했어. 불편함에 익숙해지도록 스스로 훈련을 한 거야. 언젠가 불편함이 도움이 될지도 모른다고 생각했거든."

지혜를 배우기 위해 찾아볼 만한 영화는 아니라고 생각할 수 있지만, 록키는 어린 시절 불편함을 견디는 법을 배우는 것이 실제 삶의 고통에 대비하는 것이라는 깊은 진리를 다시 한 번 우리에게 상기시켜준다.

지난 수십 년간에 걸쳐 불편함을 견디며 자라도록 훈련받은 아이들이 줄어들면서 미국은 점점 더 나약해졌다. 군 관계자들의 말에 따르면, 신병들은 이전 세대보다 개인적 훈련 수준이 떨어진다. 1996년부터 1998년까지 신병들을 대상으로 한 대규모 연구에서 연구자들은 다음과 같은 관찰을 기록했다.

"신병들은 게으르고, 자기중심적이며, 체력이 약하고, 훈련이 부족하고, 도덕성이 결여되어 있으며, 명령이나 규칙에 복종하지 못하고, 권위를 존중하지 않고, 개인 중심 사고에서 팀 중심 사고로 전환하려 하지 않는 경우가 많았다."

이것이 놀랄 일일까? 1990년 군대가 이랬다면 지금 우리 아이들이 고통을 감내하는 수준은 과연 어떨까? 삶의 역경에 대한 준비는커녕 지나치게 응석받이로 자라가고 있는 우리 아이들, 이 아이들에게 군 복무에 필요한 훈련과 절제는 기대조차 할 수 없는 상태다.

또래에게 거절당하는 실망, 반복되는 집안일의 지루함, 축구 경기에서 패배하는 좌절감… 이 모든 역경에서 우리는 아이들을 계속 구해주어서는 안 된다. 부모가 자신의 과잉보호 본능을 억누르고, 아이들의 칭얼거림이나 토라짐, 눈물에 무너지지 않으려면 부모 역시 아이의 눈물과 한숨 앞에 더욱 강한 사랑이 필요하다. 부모는 아이들에게 인생의 어려움이 견딜 만한 것이며, 극복할 수 있는 것임을 가르쳐야 한다. 또 만족은 언제나 자기 뜻대로 되는 삶에서만 오는 것이 아님을 보여주어야 한다. 아이들이 이것을 배우기 전에는 진정으로 행복할 수 없다.

방임과 행복

아이들의 행복을 최우선에 두는 부모는 대개 행복한 아이를 길러내지 못한다. 진보 성향의 여성학자 베티 프리단조차 이렇게 인정한다.

"항상 곁에 있으면서 아이들을 태워다 주고, 숙제를 도와주었던 어머니들의 아이 세대에서 이상한 문제가 나타나고 있다. 고통이나 훈육을 견디지 못하고, 스스로 어떤 목표도 지속적으로 추구하지 못하며, 삶 자체에 깊은 권태를 느끼는 모습이다."

방임은 자기 자신을 과도하게 높이 평가하게 하여 불만족을 일상으로 만들고, 그것은 끊임없는 불평과 불만으로 드러난다. 부모들은 그런 아이들이 만족에 대한 기대치는 높지만 정작 행복은 좀처럼 누리지 못한다는 것을 알게 된다. 앞서 언급했듯이, 가장 행복하고 안정된 아이들은 부모가 그들의 변덕을 다 맞추는 대신 따뜻한 사랑과 함께 분명한 리더십, 일관성, 그리고 확고한 규칙을 보여주는 경우이다. 행복은 성품이 잘 훈련될 때 저절로 따라온다. 토머스 제퍼슨의 말처럼 "미덕 없이는 행복도 없다."

방임 속에서 자란 아이들이 성인이 되어 정치적으로 활동하게 되면, 그들이 좀처럼 만족하지 못하는 것은 놀라운 일이 아니다. 권력을 잡지 못했을 때는 권력을 잡은 보수주의자들에게 화를 내고, 권력을 잡았을 때는 자신들과 정책에 동의하지 않는 보수주의자들에게 항상 화를 낸다. 그들은 자신들의 끊임없는 분노가 보수주의자들의 무자비한 정책 때문이라고 탓하지만, 사실 그 불만족은 대부분 어린 시절 길러진 삶의 태도에서 비롯된 것이다.

연구는 나의 주장을 뒷받침한다. 보수주의자들은 진보주의자들이나 무소속보다 삶에서 더 행복한 경향이 있다. 수년에 걸친 갤럽 여론조사에 따르면, 공화당원들은 민주당원들보다 일관되게 행복도를 더 높게 평가했는데, 그 차이는 진보주의자들이 집권했을 때도 최대 12%에 달했다. 공화당원들은 정신 건강에 대해서도 민주당원보다 훨씬 더 긍정적인 평가를 내렸는데, 58%가 '매우 좋다'고 답한 반면 민주당원은 38%에 불과했다. 성과 연애의 영역에서도 보수주의자들이 더 행복하다. 2004년 수십 년 만에 가장 포괄적인 성생활 조사가 실시되었는데, ABC뉴스 조사팀은 공화당원들이 민주당원보다 성적 만족도가 9~10% 더 높다는 사실을 발견했다.

나는 확신한다. 보수주의자들이 자녀 양육에서 진보주의적 성향을 걷어낸다면, 다음 세대에서 그 격차는 더 커질 것이다. 만일 우리가 자녀들을 과보호하듯 사회에서 궁핍한 이들을 그들의 선택이 불러온 모든 결과로부터 무분별하게 구해내는 일을 계속한다면, 미국은 지금의 퍼주는 복지국가에서 벗어나지 못할 것이고, 가정은 계속 붕괴하며 범죄율은 점점 높아질 것이다. 진보주의자들은 자신들의 방임적인 사랑이 얼마나 해로운지를 배워야 한다. 안타깝게도, 그들은 그것이 삶을 바라보는 기본 프레임이다 보니 자신들이 초래하는 피해를 전혀 깨닫지 못한다.

7장의 핵심

✓ **사랑은 감정이 아니라, 아이의 성장을 위한 책임 있는 선택이다.**

✓ **보호만 있고 훈련이 없는 사랑은 아이를 연약하게 만든다.**

✓ **불편함을 피하는 양육은 단기적 평화를 주지만, 장기적 문제를 남긴다.**

✓ **사랑은 아이가 감당할 수 있도록 준비시키는 과정이다.**

잠시 멈춰 생각해 보기

1. 나는 아이가 힘들어할까 봐 반드시 겪어야 할 훈련을 대신해 준 적은 없는가?

2. '사랑'이라는 말로 기준을 흐리게 만든 경험은 없었는가?

3. 아이의 현재 감정보다 미래의 성장을 더 고려하며 판단하고 있는가?

제8장
피해의식은 개인과 사회를 파괴한다

<피너츠> 만화에서 페퍼민트 패티는 찰리 브라운에게 이렇게 말했다.

"있잖아, 척.

개학 첫날인데, 내가 교장실에 불려갔어. 이건 네 잘못이야, 척."

"내 잘못이라고?"

찰리가 더듬으며 말했다.

"어떻게 내 잘못이 될 수 있어? 왜 모든 걸 내 탓으로 하는 거야?"

그러자 패티가 말했다.

"넌 내 친구잖아, 척? … 넌 나에게 더 좋은 영향을 줬어야지."

세계 다른 나라들과 비교할 때, 미국은 대단히 자비로운 나라다. 우리는 어려움에 처한 사람들을 돕고, 재난이나 불의의 피해자를 구출한다. 그것이 우리 시민일 수도 있고, 다른 나라 사람일 수도 있다. 2004년 동남아시아 해안에 쓰나미가 들이닥쳤을 때, 미국 개인들과 민간 단체들은 정부가 3억 5천만 달러의 원조를 내놓기 전 이미 2억 달러 이상을 기부했다. 그해 개인과 민간 단체의 자선 기부 총액은 2,830억 달러가 넘었다. 2006년에는 자선 기부가 더 늘어나 거의 3,000억 달러에 달했다. 미국 시민들은 세계에서 가장 앞장서서 관대함과 피해자 돌봄을 보여주고 있다.

우리의 기부 대부분은, 그리고 상당한 세금은 국내의 '자선 프로그램'을 지원하는 데 쓰인다. 가정 폭력을 피해 도망친 여성들에게는 안전한 피난처를 제공하고, 학교에서는 영양 결핍 아동들에게 무료 급식을 제공한다. 노숙자들을 위한 쉼터도 많이 있다. 우리는 의료지원, 생필품 지원, 저소득층을 위한 임대주택 지원도 제공한다. 미국에는 피해자를 구출하는 수만 개의 프로그램이 있다. 그러나 여기에는 문제가 있다. 진보주의자들은 진짜 피해자와 자기의 무책임 때문에 고통받는 사람을 구별할 능력이 없다. 진짜 피해자들은 우리의 무상 지원을 받을 자격이 있지만, 무책임한 사람들을 습관적으로 구출하거나 물질적인 지원을 하는 것은 자비가 아니다. 부모가 이런 방식으로 아이를 응석받이로 키우면, 그들은 성인이 되어서도 여전히 의존적이고, 자기중심적이며, 감사할 줄 모르는 사람이 된다. 정부가 이런 일을 한다면, 시민들에게서 똑같은 결과가 나타난다. 그런 '자비'는 어떤 사회에도 파괴적인 결과를 만들어내기에 결코 진정한 사랑이 될 수 없다.

7장에서 설명했듯이, 때로 부모의 잘못된 사랑이 보호자의 역할을 지나치게 확장한다. 그로 인해 자녀를 성숙으로 이끄는 삶의 역경에 잠시도 두지 못하고 자녀들을 구해내 버린다. 이 개념을 다시 논의하기 위해, 4장 자녀를 좋은 시민으로 기르기에서 '5. 아이들은 자신이 한 행동에 따른 결과를 감당해야 한다'를 다시 한 번 살펴보기 바란다.

부모의 사랑은 우리로 하여금 자녀를 돌보고 보살피도록 만든다. 우리는 자녀가 어떤 고통도 겪지 않기를 바란다. 문제는, 잘못된 방식으로 표현된 사랑이 자녀의 성장에 해로울 수 있다는 점이다. 자녀가 자신이 한 행동에 따른 결과를 스스로 감당하지 않도록 계속해서 대신 처리해주는 것은, 올바른 책임감을 기르는 데 방해가 된다. 우리가 자녀 스스로 할 수 있고, 또 해야 할 일을 부모가 대신 해줌으로써 아이들은 무의식중에 무책임과 미성숙함을 키우게 된다.책임감 있는 사람은 맡은 일을 성실히 해낼 뿐 아니라, 자신의 실수나 의무를 다른 사람에게 떠넘기지 않는다. 자녀가 어질러 놓았다면 스스로 치우게 해야 한다. 무엇인가를 망가뜨렸다면, 그것을 고치거나 새로 사도록 해야 한다. 회복과 보상은 책임감을 표현하는 중요한 방식이다.

아이에게 여러 차례 주의를 주었음에도 불구하고 자전거를 앞마당에 두어 도난당한 경우, 부모가 새 자전거를 사주는 일은 없어야 한다. 아이는 자전거를 다시 구입하기 위해 스스로 돈을 모으는 과정을 통해 책임감을 배우게 된다. 친구의 장난감을 망가뜨린 경우에도, 상대가 요구하지 않더라도 반드시 새 것으로 보상해야 한다. 이때 부모가 아이를 감싸려는 태도는 당장은 자연스럽게 느껴질 수 있지만, 결국 아이에게 해가 된다. 어릴 때부터 자신의 실수는 스스로 수습해야 하며, 고장 낸 것은 스스로 고쳐야 하고, 인생에서 발생하는 각종 벌금이나 교통 위반 딱지 역시 본인이 부담해야 한다는 점을 일관되게 가르쳐야 한다.

자녀가 저지른 행동에 대해 책임을 지도록 하지 않고 부모가 그 결과에서 구해주기만 한다면, 아이는 자신의 욕구를 추구하면서도 아무런 결과도 감수하지 않아도 된다고 여기게 된다. 이러한 태도는 곧 '피해의식'으로 이어진다. 자신이 초래한 상황에 대해 책임을 지려 하지 않고, 오히려 타인에게 책임이 있다고 생각하며, 결국 다른 누군가가 자신의 문제를 해결해줘야 한다고 믿게 되는 것이다. 부모는 또 다른 방식으로도 아이에게 무책임함을 가르치게 된다. 지나치게 많은 경고를 주거나, 잘못된 행동을 묵인할 때가 그렇다. 식사 전에 디저트를 몰래먹은 아이에게 "다음부터는 그러지 마라"는 말만 하고, 이미 집어든 디저트를 다 먹게 두는 것은 잘못된 행동을 강화시키는 일이다. 이는 마감일을 넘긴 과제를 아무런 제재 없이 계속해서 받아주는 교사의 태도와 다르지 않다. 아이가 무책임하게 행동했음에도 결과가 따르지 않으면, 이는 반복적 일탈을 부추기는 결과를 낳는다. 나아가, 이러한 관대함은 아이가 '자신은 관용을 받을 자격이 있다'는 인식을 갖게 만든다.

물론 부모는 자녀의 보호자다. 그러나 자녀가 성숙하게 자라기 위해서는 아이 자신의 선택과 행동으로 인한 결과에 대해 대신 해결을 해줘서는 안 된다. 그렇게 하면 아이들은 피해의식을 키우고 인생의 부정적인 결과를 언제나 다른 사람의 책임으로 돌리게 된다. 그 결과 성숙의 세 번째 핵심 요소인 개인적 '책임감'을 키우지 못한다.

이제 좋은 시민이 되기 위해, 왜 개인적 책임감이 필수적인 자질인지 다시 살펴보자.

책임감이 있는 사람은 자기 행동에 대해 스스로 책임을 지는 사람이다. 그는 변명하거나 다른 사람을 탓하지 않으며, 다른 이가 자신의 잘못을 해결해 주기를 바라지도 않는다. 그는 자기 삶의 책임을 스스로 지고, 자신의 빚을 갚는다. 아이가 자기 의무를 다하지 않아도 반복적으로 봐주기만 한다면, 결국 그는 자신의 행동의 결과를 감당하지 않아도 된다고 여기며 성장하게 된다. 그리고 피해의식을 가지게 된다. 그의 삶에서 잘못된 것은 결코 자신의 탓이 아니며, 언제나 다른 누군가가 자신의 불행에 책임이 있다고 생각하게 되는 것이다.

아마 지금쯤이면 내가 말하는 '피해의식 victim mentality'이 무엇을 뜻하는지 정의할 수 있을 것이다. 하지만 이를 정확히 이해하려면 우리는 참된 피해자와 거짓 피해자, 더 나아가 '완전한 피해자'와 '부분적 피해자'를 구분해야 한다.

완전한 피해자는 피해를 수동적으로 입은 사람이다. 그는 자신의 고통에 아무 기여도 하지 않았으며, 그 영향을 통제할 능력도 전혀 없었다. 완전한 피해자는 무고하다. 이 범주에는 아동 학대, 가정 폭력, 강간, 혹은 그 밖의 범죄적 공격을 당한 사람들이 포함된다. 또한 질병에 유전적으로 취약한 사람들, 음주 운전자의 희생자들, 그리고 자궁 내에서 HIV에 감염된 아이들도 포함된다. 이런 사람들과 이들과 유사한 사례들이 진정한 피해자임을 부정할 사람은 거의 없을 것이다. 이들은 우리의 극진한 돌봄과 도움을 받을 자격이 있다.

부분적 피해자는 불행을 당하거나 어떤 상태를 겪을 수는 있지만, 무고하지는 않은 사람들이다. 그들은 어떤 방식으로로든 자신들의 고통에 기여했다. 이 범주에는 폐암에 걸린 흡연자들, 스포츠 중 부상을 입은 선수들, 성병에 걸린 성매매 여성들이 포함된다. 또한 수감된 범죄자, 성적으로 문란해진 십대 미혼모, 길거리 생활자들, 더 나아가 성적이 낮은 게으른 학생들, 충치가 생긴 단것 중독자들, 싸움에서 상해를 입은 불량배들도 여기에 속한다. 이들도 여전히 우리의 연민과 돌봄을 받을 자격이 있지만, 어떤 의미에서는 자신의 선택으로 인한 결과를 거두고 있는 것이다.

오늘날 우리가 피해자라고 여기는 많은 사람들은 사실 완전한 피해자가 아니라 부분적 피해자다. 우리는 부랑자와 노숙자를 '홈리스'라고 잘못 부르며, 마치 이들이 가난의 피해자인 것처럼 대한다. 그러나 실제로는 게으름의 가해자이자 무책임의 열매를 거두고 있는 경우가 많다. 십대 미혼모들을 불운한 피해자로 보는 경향도 있지만, 대부분은 성적으로 문란한 삶을 선택한 결과 아이를 갖게 된 것이다. 복지 수급자들도 흔히 불우한 환경 때문에 벗어날 수 없는 가난의 희생자로 취급되지만, 사실 많은 이들이 자기 삶의 책임을 온전히 지지 않는 사람들이다. 미국 사회가 회복되려면 보수주의자들은 양육과 정치 모두에서 진보주의적 '피해자' 사고방식을 명확히 알고 분별해 버려야 한다.

피해의식victim mentality

피해의식은 대체로 '부분적 피해자'에게서 가장 흔히 나타난다. 이 의식은 다음 세 가지 관점으로 드러난다.

* "내가 초래한 문제에 대한 책임은 너에게 있다."
* "내가 겪는 어려움에서 구해내야 하는 건 네 책임이다."
* "내가 너에게 어떻게 반응하는지는 네 책임이다."

"내가 초래한 문제에 대한 책임은 너에게 있다."

피해의식을 가진 사람들은 자신이 그 상황에 일조했다는 사실을 간과한다. 그들은 다른 누군가 혹은 다른 무언가가 자신이 저지른 일에 대한 책임을 져야 한다고 생각한다. 핑계가 많고, 그럴듯한 설명으로 죄책감을 덜어낸다. 이렇게 책임을 전가하다 보면, 결국은 자신이 자초한 문제를 무고한 사람 탓으로 돌리게 된다. 만약 법적인 처벌을 받게 된다면, 그들은 자신을 고발하거나 법을 집행한 사람을 탓하게 된다.

개인적 책임을 거부하는 태도는 이 나라에 만연하다. 1992년 시카고의 한 교사가 상습적인 지각 때문에 해고를 당했는데, 그는 자신의 직장을 되찾기 위해 교육청을 상대로 소송을 제기했다. 그의 주장은 자신이 '만성 지각 증후군chronic lateness syndrome'이라는 질병을 앓고 있다는 것이었다. 잘못을 깨닫고 고치려는 대신, 교육청이 자신의 '장애'를 받아들이지 않았다고 탓한 것이다. 워싱턴 D.C.의 시장이었던 매리언 배리 Marion Barry는 경찰에 의해 코카인 흡연 장면이 촬영되었는데, 책임을 인정하지 않고 오히려 법 집행 기관을 탓하며, 흑인이었던 그는 오히려 자신이 '인종차별의 피해자'라고 주장했다. 또 어떤 FBI 요원은 정부 돈 2,000달러를 횡령해 카지노에서 도박으로 잃었다. 그는 이로 인해 해고되었으나, 소송을 제기해 결국 직장을 되찾았다. 그는 자신이 도박 중독을 유지하기 위해 돈을 훔쳐야 하는 강박이 있는 '장애'를 가졌다고 법원에서 진술했다. 따라서 장애인 차별을 금지하는 연방법에 따라 자신은 특별 대우를 받을 권리가 있다고 주장했다. 어처구니없게도 그의 주장은 받아들여졌고 정부는 그에게 직장을 돌려주고 '장애' 치료비까지 부담해야 했다.

우리는 지금, 자신이 잘못한 일을 두고 다른 사람이나 다른 무언가를 탓해도 전혀 해롭지 않다고 여기는 시대에 살고 있는 듯하다.

나는 마약 거래로 최근에 체포된 한 남자와 대화를 나눈 적이 있었다. 그는 경찰이 트럭을 세워 검문하는 과정에서 글러브박스 안에서 대량의 마약을 발견했다고 말했다. 마약이 자신의 것임을 인정했지만, 체포에 대한 책임은 전혀 지지 않았다. 그는 경찰이 정당한 이유 없이 자신을 세운 것을 탓했다. 그의 생각에, 자신이 감옥에 가야 한다면, 그것은 경찰이 올바른 절차를 위반했기 때문이었다. 그는 자신이 운전을 제대로 했고, 경찰에게 자신을 세울 아무 이유도 주지 않았다고 확신했다. 따라서 경찰은 자신을 세워서는 안 되었고, 글러브 박스를 열어봐서도 안 되었으며, 자신이 감옥에 가서도 안 된다고 주장했다. 그는 자신이 부당한 대우를 받은 피해자라고 굳게 믿었다.

비극적으로, 이 남자의 사실혼 관계에 있던 여자는 이미 마약 관련 혐의로 복역 중이었고, 이제 그는 자녀들을 부모 없이 남겨두게 될 가능성이 컸다. 그럼에도 그는 전혀 책임을 지지 않았다. 그는 자유와 자녀를 잃게 될 상황에 처해 있었지만, 그 원인이 자신의 어리석은 선택에 있지 않고 자신이 피해자이기 때문이라고 진심으로 믿었다. 그의 왜곡된 사고 속에서 가정을 파괴하는 것은 바로 법체계였다.

몇 년 전, 이 남자의 40세 된 이웃은 마약 관련 혐의로 세 번째로 감옥에 가게 되었다. 그는 헛간에서 필로폰을 제조한 혐의로 유죄 판결을 받았지만, 자신은 단지 가정용 화학약품을 소지했을 뿐이라고 주장했다. 그런데 이 상습 마약 범죄자의 65세 아버지는 압도적인 증거를 무시하고, 아들의 체포를 경찰 탓으로 돌렸다. 그는 아들의 변명(단순히 집에서 쓰는 화학약품을 섞고 있었을 뿐이라는)을 믿어버렸다. 이것은 부모가 자녀에게 피해의식을 길러주고, 성인이 되어서도 계속해서 그것을 강화해 준 대표적인 사례였다.

책임을 거부하고 남을 탓하는 것은 인간에게 본능적인 듯하다. 영국에서는 난독증dyslexia과 계산장애dyscalculia를 가진 한 남자가 은행을 상대로 소송을 제기했다. 그는 수학과 숫자를 이해하지 못해 은행 명세서를 해석할 수 없다고 주장했고, 그 때문에 신용 등급이 나빠지고 수천 달러의 초과 인출 수수료를 지게 되었다는 것이었다. 자신이 상황이 정말 그렇다면 나의 삶에 책임감을 가지고 적극적으로 지인을 찾아 도움을 받거나, 필요한 서비스를 제공하는 금융기관으로 옮길 생각을 하지 않았다. 대신 그는 은행이 매달 자신을 위해 장애를 이해한 직원을 붙여 줄 의무가 있다고 믿었다.

결과 회피

이 책을 위해 연구를 하는 동안 나는 고등학교 대체 교사로 일한 적이 있는데, 그때 놀라운 경험을 했다. 학생들이 잘못을 했을 때, 내가 바로 자신들을 교장실로 보내자 그들은 충격을 받았다. 학생들은 여러 차례 경고를 받는 것에 익숙했던 듯했고, 실제로 너무 자주 경고만 받다 보니 수업을 위한 기본적인 것이 아무도 되어 있지 않았다. 그럼에도 수업 시작 시 한 번의 경고를 받은 후에도 충분히 여러 번 더 기회를 주어야 한다는 것에 길들여져 있었다. 그렇기에 단 한 번의 경고만으로 책임을 지는 것은 부당하다고 여겼다. 또 내가 서로 잡담하지 말고, 손을 들어 발언 허락을 받은 후 말하라고 요구한 것을 비합리적인 기준으로 보았다. 그들은 단순히 규칙을 어기거나 법을 위반한 것에 대해 책임을 묻는 것만으로도 부당한 대우를 받는다고 여겼다. 그러나 이것은 그저 현대사회 속 많은 사람들과 비슷한 모습일 뿐이다.

아이들이 기본적인 정의감도 없이 자라고 개인적 책임감도 이해하지 못한 채 성장한다면, 자신의 행동과 태도, 반응, 문제에 대해 모두 다른 사람의 탓으로 돌리는 '피해자'들에 의해 지배되는 현실이 과연 놀랄 일일까? 그리고 사회의 지도자들이 '부모 역할'로서 '응석받이 자녀'들을 대하듯 정책을 펼치고 운영한다면, 특별 대우를 필요로 하는 '피해자'들을 위한 수많은 입법이 이뤄지는 것도 당연한 일이 된다.

"내가 겪는 어려움에서 구해내야 하는 건 네 책임이다"

피해자들은 자신의 행동의 결과를 감당할 필요가 없다고 생각한다. 그리고 자신이 스스로 초래한 고통에 대해 다른 사람이 책임져야 한다고 여기기 때문에, 그것을 해결해 주는 것이 다른 사람의 의무라고 믿는다. 그들은 그것이 합당한 권리라고 생각한다. 최소한, 자신의 처지나 앞 세대가 겪은 고통이 자신에게 특별 대우를 받을 자격을 준다고 믿는다. 나는 심지어 '완전한 피해자'들조차 자기 연민에 사로잡혀 '모두가 나에게 빚을 졌다'라는 관점을 갖게 되는 것을 종종 보았다.

"내 실수는 당신이 책임져라"

여러 해 전 나는 한 남자를 고용해 우리 집 마당에 있는 나무의 가지치기를 맡겼다. 비용은 300달러였다. 그는 자신이 경험이 많고, 떨어지는 가지로 인해 집이나 관목이 손상되지 않게 할 줄 안다고 장담했다. 그는 일을 꽤 잘했다. 하지만 잘라낸 가지 하나가 떨어지면서 집 모서리 빗물받이 한쪽을 부서지는 사고가 생겼다. 일이 끝나기도 전에 나는 곧바로 빗물받이 수리공에게 전화를 걸어 수리 견적을 받았는데, 손상된 구역을 교체하는 비용이 125달러였다.

그가 일을 마치고 300달러 청구서를 내밀기에, 나는 그에게 125달러 수리 견적서를 함께 보여줬다. 그는 깜짝 놀라 화를 냈다. 자신이 저지른 손해에 대한 책임이 자기에게 있다고 전혀 생각하지 않았던 것이다. 그는 내가 가지치기 비용뿐 아니라, 그가 한 실수로 발생한 빗물받이 수리비까지 내야 한다고 여겼다. 나는 그에게 지금은 175달러만 주고, 빗물받이를 고치면 나머지 125달러를 주겠다고 했다. 그는 빗물받이 수리를 할 줄 모른다고 하면서, 내가 그런 요구를 하는 것이 말도 안 된다고 했다. 그가 작업을 하다가 부순 것인데도, 직접 고치거나 비용을 지불해야 한다는 나의 요구를 전혀 받아드리지 못했다.

그는 스스로 책임지는 법을 배우지 못한 채 자라온 것이 분명했다. 나는 그가 안쓰러웠다. 그는 정말로 자신이 저지른 일에 대한 책임을 지는 것이 자신의 의무라는 사실조차 이해하지 못했다. 그는 175달러를 받고 떠났다. 나는 몇 주 동안 그가 돌아와 수리를 해주기를 기다렸다. 그러나 끝내 돌아오지 않았고, 결국 내가 125달러를 들여 빗물받이를 고쳐야 했다.

대부분의 사람들은 나처럼 했을 것이라 생각한다. 그러나 어떤 사람들은 그에게 동정심을 느껴 그의 무책임을 덮어주었을지도 모른다. 하지만 그것은 그에게도, 사회에도 해로운 일이다. 그는 다시 한 번 책임감을 배울 기회를 놓쳤을 것이기 때문이다. 만약 그가 바로 자기 책임을 인정하고 수리를 약속했다면, 나는 그가 가지치기 작업을 열심히 해준 것을 알기에 수리비를 물지 않아도 된다고 해주었을 것이다. 하지만 그의 '피해자'적 관점은 자신의 잘못을 남이 대신 책임져야 한다는 생각으로 이어졌고, 결국 그로 인해 비용을 감당해야 하는 결과를 맞게 했다.

"내가 옮긴 치명적 성병, 네가 책임져라"

1989년, 나는 캘리포니아 주 의사당 계단에서 열린 생명 존중 집회에 참여했다. 예상대로, 우리 집회에 맞서 낙태를 옹호하는 사람들이 시위를 하고 있었다. 그런데 그들 중 일부는 낙태 문제 자체보다는 에이즈 연구에 더 관심이 있어 보였다. 한 젊은 남자가 한 시간 넘게 집회 인파 주위를 돌면서 같은 구호를 외쳤다. 그는 이렇게 외쳤다. "에이즈로 1만7천 명이 죽었다. 너희는 어디 있었느냐? 에이즈로 1만7천 명이 죽었다. 너희는 어디 있었느냐?"

그는 우리가 '병을 퍼뜨린 책임'이 있다고 말한 것은 아니다. 다만, 에이즈 환자들이 고통을 겪게 된 것은 정부가 치료법을 찾는데 더 많은 돈을 쓰지 않았기 때문이라는 암시였다. 그의 눈에는 그 병에 대해 책임이 마약중독자나 방탕한 사람들에게 있는 것이 아니라, 오히려 그들을 구해내지 못한 일반 사람들에게 있는 것이다. 그의 생각 속에서는 문란한 사람들이 욕망을 좇으면서도 어쩌면 자연스러운 결과인 그런 병을 겪어서는 안 되는 것이었다. 이는 절제와 책임을 배우지 못한 채 자라난 과잉 방임 아동에게서 흔히 볼 수 있는 전형적인 사고방식이었다.

물론 나는 한 사람의 죽음이라도 결코 가볍게 여기지 않는다. 그것이 1만7천 명이든 단지 17명이든, 그들의 죽음은 모두 비극이다. 목회자로서 나는 임종을 맞는 이들과 함께했고, 수많은 장례식을 집례했다. 어떤 이는 질병이나 사고의 무고한 피해자로 죽었고, 어떤 이는 무고하지 않았으며 스스로의 선택으로 죽음을 앞당기기도 했다. 끊임없는 흡연, 과음, 혹은 위험한 활동에 빠지는 어리석은 선택 말이다. 사람들이 무고하게 죽든 스스로 위험을 자초하든, 남겨진 가족들에게는 언제나 아픔이 있고, 사회에도 그들이 남긴 공백이 있다. 나는 언제나 그 사실 앞에서 슬픔을 느낀다.

그러나 에이즈의 경우를 보자. 미국인들 중 에이즈에 감염된 절대 다수는 욕망에 반복적으로 자신을 내맡기지 않았다면 그 병을 피할 수 있었음이 분명하다. 불법 마약 사용과 문란한 성생활은, 그것이 이성 관계든 동성 관계든, 위험한 행동이다. 그러한 선택은 곧 '에이즈 러시안 룰렛'을 하는 것이다. 그런 선택을 하는 이들은 욕망에 이끌려 더 이상 맑은 사고를 하지 못하는 상태다. 순간적인 쾌락을 위해 자기 생명을 반복해서 걸어두는 것은 객관적으로 전혀 합리적이지 않다. 스카이다이버가 아드레날린을 얻으려 비행기에서 뛰어내리는 위험을 감수하는 것과 비슷하지만, 그들의 낙하산이 열리지 않을 때 정부를 탓하는 사람은 아무도 없다.

심각한 위험에 노출된 생활 방식을 선택하고도, 나라가 자신들의 절제 없는 삶을 보조해 주어야 한다고 기대하는 것은 비합리적인 생각이다. 같은 논리라면, 암벽 등반가들이 모여 모든 산 아래에 안전망을 설치하라고 정부에 요구할 수도 있을 것이다. 논리는 정확히 같다.

결론은, 위험한 삶을 선택한 사람들은 그 결과를 기꺼이 감수해야 한다는 것이다. 스스로에게 끼친 해로움은 자기 잘못이지, 더 안전한 길을 택한 사람들의 잘못이 아니다. 만약 안전한 길을 택한 사람들이 위험을 감수한 사람들을 도와준다면, 그것은 호의이지 의무가 아니다. 위험천만한 삶을 사는 사람이 다른 누군가가 자신을 구해주는 것이 당연하다고 생각해서는 절대로 안 된다. 또, 도와주지 않은 사람들이 그들을 돕지 않았다고 해서 죄책감을 느껴서도 안 된다. 호의는 당연하지 않은 과분한 선물 같은 것이다.

어린아이의 역할에 머무는 사람들은 자기 행동이 만든 문제를 다른 사람이 책임져야 한다고 생각하고, 부모 역할을 하는 진보주의자들은 그들을 구해주는 것이 사랑이라고 생각한다. 사회 구성원들이 도덕적 절제를 발전시키는 것은, 미국 건국의 아버지들이 우리의 도덕적 기반을 파괴하고 궁극적으로 국가를 위기에 빠뜨릴 것이라고 경고한 행동을 부추기는 것보다 더 옳은 일이다.

"내가 너에게 어떻게 반응하는지는 네 책임이다."

'피해자화victimization'라는 개념은 내가 나 자신을 통제하지 못한다는 생각에 기반하고 있다. 곧, 내가 누구이며 어떻게 반응하는지가 다른 사람이나 어떤 상황에 의해 결정된다는 것이다. 나는 나에게 영향을 미치는 사람과 사물의 지배 아래 있다. 그러므로 나는 그들에게 내 안에서 불러일으킨 반응에 대한 책임을 물을 것이다.

이런 '피해자' 사고방식은 우리 모두 안에 깊이 뿌리내려 있고, 일상적인 하루 일과 속에서도 쉽게 찾아볼 수 있다. 다음과 같은 말 속에 들어 있는 '피해자' 사고방식을 생각해 보자. "다 당신 때문에 내가 이렇게 됐잖아!" "당신이 지금 나한테 무슨 짓을 하고 있는지 안 보여!" "당신이 먼저 그렇게 나오지 않았다면, 나는 절대 이렇게 하지 않았을 거야." 물론, 이런 말들은 어쩔 수 없이 반응할 수밖에 없는 무고한 피해자들이 내뱉을 수도 있다는 것을 안다. 그러나 대체로 우리는 자기 반응을 남 탓으로 돌리고 싶을 때 이런 말을 한다.

생각해 보라. 아내의 냉담함에 앙심을 품은 남자가 간음을 저질 렀다면 정당화될 수 있는가? 잔소리를 참을 수 없다는 이유로 어머니를 때린 아들이 용서받을 수 있는가? 아니면 자기 집 잔디밭에서 논다고 해서 이웃이 당신 자녀를 공격하는 것이 정당화될 수 있는 가? 당신은 분명 "아니오!"라고 대답할 것이다. 우리는 다른 사람의 행동에 제대로 반응하지 못했다는 이유로 그들을 탓할 수 없다. 우리 각자는 자기 반응에 대해 책임이 있다.

정당한 도둑질?

2005년 유명인들의 가정부가 수만 달러 상당의 보석, 의류, 신용카드를 훔친 혐의로 적발되어 뉴스에 나오며 사람들의 관심이 집중된 사건이 있었다. 그녀는 절도를 인정했지만 "저를 존중하지 않는 사람들한테서만 훔쳤을 뿐"이라며 자신의 행동을 정당화했다. 영화배우 로버트 드 니로의 아내에게서 9만6천 달러짜리 다이아몬드 귀걸이를 훔친 뒤, 경찰에게 이렇게 변명했다. "그녀가 나를 좀 더 존중해 줬다면, 아마 이런 짓은 하지 않았을 거예요." 그녀는 자신을 친절하게 잘 대해준 사람에게서는 절대 훔치지 않았다고 주장했다.

다행히 법원은 그녀의 변명을 받아들이지 않았다. 하지만 그녀의 사고방식은 많은 범죄자들의 생각을 잘 보여준다. 그녀는 자신을 피해자로 보았고, 그것이 '가해자'에게서 훔칠 권리를 준다고 믿었다. 대부분의 범죄자들도 피해자를 탓하며 자신의 행동을 정당화한다. 그들은 이렇게 말하곤 한다. "그가 자초한 거야… 저 사람은 당해도 싸… 난 힘들게 사는데 저 사람은 쉽게 살잖아… 난 내 몫을 못 받았으니까 가져간 거야… 그들은 자기 물건도 제대로 지킬 줄 몰라서 잃은 거야."

'피해자' 사고방식을 가진 사람들은 죄책감을 싫어한다. 그래서 자기 잘못을 합리화해야만 자기 행동을 용서할 수 있다. 아무리 자신이 나쁜 선택을 했더라도, 그것은 그들 머릿 속에서는 항상 다른 누군가의 잘못이다.

"내가 욕을 한 건 네 책임이야"

플로리다에서 『팜비치 포스트』 기자들은 주지사 젭 부시와의 연말 인터뷰에서 배제되었다. 이유는 한 기자가 주지사의 공보국장과의 통화에서 욕설을 했기 때문이었다. 무례한 행동 때문에『팜비치 포스트』는 주지사와의 접촉 기회를 잃게 된 것이다.『팜비치 포스트』의 부편집장은 이렇게 한탄했다. "주지사실이 그런 조치를 취해서 결과적으로 팜비치 카운티와 마틴 카운티의 독자들과 대중을 처벌하는 건 너무 안타깝습니다."

인터뷰 기회를 잃은 것이 기자가 잘못된 행동을 했기 때문이라는 사실을 인정하지 않고, 주지사 쪽에서 독자들을 처벌했다고 비난했다. 그 부편집장은『팜비치 포스트』기자를 무책임한 행동으로 인해 독자들에게 피해를 준 가해자로 본 것이 아니라, 주지사의 희생양으로 보았다. 그러나 실제로 잘못한 것은 주지사실이 아니라 그 기자였다. 해당 기자는 독자들에게 사과했어야 했다. 자신들의 독자를 '처벌한' 장본인이었기 때문이다.

부모, 언론인, 진보 성향의 판사, 정치인들이 계속해서 가해자를 피해자로 취급하고, 모욕을 받았을 때 자기 절제를 하지 않아도 된다고 면죄해 준다면, 우리의 사회 구조는 앞으로도 계속 약화될 것이다.

희생자의 나라

피해의식은 현대 가정과 사회 곳곳에 스며들어 있다. 많은 부모들이 지나친 과잉보호와 변명에 대한 보상, 그리고 좋은 성품으로 다듬어갈 기회를 빼앗음으로써 자녀 안에 이런 사고방식을 길러낸다. 정치인들과 사회 운동가들도 같은 태도를 정부에 그대로 적용하고, 그것이 학교와 법원, 사회복지 제도에 영향을 끼친다. 우리는 피해의식의 문화 속에서 살아가는 사회가 되어 버렸다.

칼럼니스트 찰스 J. 사이크스는 그의 책『피해자들의 나라A Nation of Victims』에서 지난 50년 동안 미국인들이 개인적 책임감을 잃어가고 있다고 지적한다. 그는 정신건강 전문가들이 우리 행동의 심리적 원인을 강조함에 따라, 우리는 자신의 행동과 반응에 대한 책임을 더 이상 받아들이지 않게 되었다고 언급했다. 우리는 스스로를 '피해자'로 여기게 되었고, 우리의 생각과 행동에 대해 외부 영향이나 유전적 소인을 탓하게 되었다. 사이크스가 지적하듯, 바로 이 때문에 우리는 소송이 난무하는 사회가 되었다. 1960년에는 연방 소송 건수가 10만 건이 채 되지 않았지만, 2000년에는 26만 5천 건을 넘어섰다. 이처럼 소송이 난무하는 사회가 존재하는 이유는 오로지 사람들이 탐욕스럽고, 자신에 대한 책임이 타인에게 있다고 믿고 싶어 하기 때문이다.

최근 몇 년간 뉴스에 보도된 소송들을 생각해 보라. 어떤 사람들은 패스트푸드점이 자신들의 과식 문제에 책임을 져야 한다고 믿는다. 어떤 사람들은 총기 제조업자가 누군가의 무책임함이나 자제력 부족 때문에 발생한 일에 대해 책임을 져야 한다고 주장한다. 또 어떤 사람들은 담배 회사들이 스스로 흡연에 중독된 이들의 가족에게 보상해야 한다고 주장한다. 오늘날 뉴스에는 이런 식으로 자신의 악습이나 행동, 혹은 반응에 대해 책임을 지려 하지 않는 사람들의 이야기가 넘쳐난다. 나는 지난 몇 년간 '피해자 사고방식'을 보여주는 수십 편의 기사를 모았다. 여기 그중 몇 가지를 요약해 보겠다. 각 사례에서 얼마나 빨리 피해자 논리를 찾아낼 수 있는지 한번 보라.

2006년, 뉴욕의 한 행정법 판사는 교육부 직원이 상사의 지시를 무시하고 근무 시간에 계속 인터넷을 사용했다는 이유로 해고되었음에도, 단순히 견책만 받으면 된다고 판결했다. 즉, 게으름과 불복종은 더 이상 해고 사유가 되지 않는다는 것이다. 심지어 그는 고용주에게서 월급을 받으면서도 자신이 고용된 시간 동안 일하지 않았으니, 일종의 절도 행위를 한 셈이었다. 그럼에도 판사는 그 해고된 직원을 부당한 고용주의 피해자로 보았고, 결과적으로 책임감 있게 행동한 쪽을 벌하고 무책임한 쪽을 보상해 주는 판결을 내린 셈이었다.

또한 한 중재인은 미시간주의 한 보호관찰관이 해고된 후 다시 복직할 수 있고, 미지급 급여와 임금 인상까지 받을 수 있다고 판정했다. 그는 근무 시간 중 하루 네 시간씩 컴퓨터로 인터넷을 하며 음란 사이트를 방문한 사실이 로그 기록으로 드러나 해고되었는데, 중재인은 이것이 첫 번째 위반이므로 해고는 지나치다고 본 것이다. 해고된 직원이 보호관찰관이었다는 점에서, 그는 옳고 그름을 분별할 최소한의 감각을 가지고 있기를 바랐다. 그렇다면 그는 당연히 근무 시간에 포르노를 보며 규칙을 어긴다는 사실을 알고 있었을 것이다. 논리적으로 보자면, 고용된 시간이 아님에도 급여를 받거나, 일해야 할 시간에 일을 하지 않은 것은 도둑질에 해당한다. 정의가 실현되려면 그는 해고되고, 자신이 훔친 급여를 고용주에게 상환하도록 요구받았어야 했다.

흑인 토크쇼 진행자이자 진보주의 정치 활동가인 태비스 스마일리는 2007년 민주당 대통령 후보 토론회를 사회했는데, 주로 흑인들로 구성된 청중에게 '박수 금지' 규칙을 지켜 달라고 요청하기를 거부했다. 그는 이렇게 설명했다. "흑인들은 감정적인 사람들이라 나는 그게 통하지 않을 거라는 걸 알았다." 그는 아프리카계 미국인들이 자신의 '감정적' 성향 때문에 스스로를 제어하지 못할 것이라고 확신했고, 그래서 기본적인 질서 규칙을 지켜 달라는 요청조차 하지 않았다. 스마일리는 사실상 흑인들에게 변명을 만들어 주었고, 그들을 감정적 본성의 피해자로 간주해 자기 절제를 면제시켰다. 그가 자신의 동포 아프리카계 미국인들을 내면의 통제가 부족한 집단으로 비하하려는 의도는 없었겠지만, 그의 발언은 분명했다. 흑인 공동체에서 누군가 그의 고정관념적 발언에 공개적으로 반발했는지는 알 수 없지만, 분명 모욕적이라고 느꼈어야 한다. 스마일리의 이런 태도는 우리 문화 전반에서 일어나고 있는 일의 한 예였다. 사람들이 규칙을 지킬 능력(혹은 의지)이 없다고 가정하면, 우리는 그들을 책임지게 하지 않고 차라리 규칙 자체를 없애 버린다.

2005년 허리케인 카트리나 이후 뉴올리언스에서는 광범위한 약탈이 벌어졌다. 심지어 뉴스 카메라는 일부 경찰관들조차 절도에 가담하는 장면을 포착했다. 그런데 세계적인 가수 셀린 디옹은 사람들이 대가를 치르지 않고 물건을 가져가는 것에 대해 전혀 문제삼지 않았다. 그녀는 이렇게 말했다. "오, 그들이 청바지 스무 벌을 훔치든, 텔레비전을 훔치든, 그게 무슨 상관이에요? 멀리 가져갈 것도 아니잖아요. 어쩌면 그들은 너무 가난해서, 평생 한 번도 그런 물건을 만져 보지 못했을지도 몰라요. 이번만큼은 그런 걸 만져 보게 해 주세요." 디옹은 누군가 훔치면 누군가는 잃는다는 사실을 잊은 듯하다. 나는 궁금하다. 만약 그들이 자기 집에서 모든 것을 훔쳐 간다면 그녀가 그렇게 관대했을까? 좋은 부모는 결핍이 도둑질을 정당화하지 못한다는 것을 자녀에게 가르친다. 그렇듯 우리 사회도 가난이 결코 절도를 정당화하지 못한다는 점을 분명히 해야 한다. 가난은 나쁜 인격을 만들지도 않고, 변명거리가 되지도 않으며, 위기 때에도 이 사실은 변하지 않는다.

2007년 플로리다에서, 61세 여성이 식료품점에서 절도를 하다 체포되었다. 그녀는 과민성 대장 증후군이 있어 줄을 설 수 없었다고 변명하며 자신의 행동을 정당화하려 했다. 그러나 케이프코럴 시의 경찰과 상점 관계자들은 그녀의 질병이 법을 지키지 않아도 되는 이유가 될 수 없다고 판단했다. 분명 이 여성은 자신이 절도하는 이유를 스스로 합리화할 필요가 있었고, 자신의 신체적 질환을 좋은 핑곗거리로 삼은 것이다. 과민성 대장 증후군이 매우 불편한 상태이며 긴 계산대 줄이 힘들다는 점은 충분히 짐작할 수 있다. 그러나 이 병을 가진 대부분의 사람들은 합법적인 방법으로 음식을 구했을 것이다.

다음은 전 세계에서 일어난 '피해자 사고방식'의 다른 사례들이다. 영국에서 한 십대 청소년이 흑인 여성을 살해하기 위해 며칠 동안 계획을 세우고, 결국 길에서 피해자를 발견해 흉기로 찔러 죽였다. 그의 변호사는 그 범죄를 의뢰인의 피해망상과 조현병 탓으로 돌렸고, 폭력적인 비디오 게임 '그랜드 테프트 오토'에 집착하게 된 탓이라고 주장했다. 이 젊은이는 살인자가 아니라 폭력 게임의 영향을 받은 피해자로 묘사되었다. 그러나 살해당한 피해자의 자녀들과 손주들에게는 '가해자는 없고, 두 명의 피해자만 있다'는 이야기가 어떤 위로가 되었을까?

영국 콘월주 펜린에서는, 19세 토미 킴프턴이 17세 벤 윌리엄스를 살해했다. 오랜 세월 괴롭힘과 놀림을 당한 것에 대한 보복이었다. 그날 밤 두 사람은 술을 마시고 대마초를 피운 뒤 함께 시간을 보냈고, 이후 킴프턴은 당구 큐대로 윌리엄스를 때려 죽였다. 그는 시신을 숨기고 자살을 시도했다. 법원은 킴프턴이 평생 심한 괴롭힘의 피해자였다는 이유로 그의 행동에 전적인 책임이 없다고 판단했고, 살인 혐의가 아닌 과실치사로 유죄를 선고했다. 그는 종신형을 받았지만 2년 반 뒤 가석방 가능성이 주어졌다. 이것은 새로운 피해자 계급, 즉 '괴롭힘 피해자 bully victims'를 만들어 개인적 책임에서 면제하려는 흐름을 보여 준 대표적 사례다.

스웨덴에서는 한 42세 남성이 '헤비메탈 음악 중독'이라는 장애 판정을 받았다. 이로 인해 그는 고용 서비스 직업 센터로부터 임금

보조금을 받을 자격이 생겼다. 또한 고용주는 그가 직장에서 큰 소리로 록 음악을 재생하고 록 콘서트 참석을 허용해야 했다. 그는 2006년에만 거의 300회의 공연을 관람했다.

스코틀랜드에서는 한 전직 시의원이 이메일에서 단어를 강조하기 위해 대문자를 사용했다는 이유로 동료 공무원들을 위협했다는 혐의를 받았다. 그의 메시지 어디에도 위협적인 내용은 없었지만, 관계자들은 대문자 사용 때문에 위압감을 느꼈다고 주장했다. 결국 윤리위원회에 공식 민원이 접수되었고 조사가 이루어졌다. 내게는 이것이 분명 "우리가 대문자를 감당할 힘조차 없으니, 당신이 책임져라"라는 사례처럼 들린다. 얼마나 가엾은 사람들인가.

아내가 바람을 피우고 있음을 알게 된 한 남성이, 간통을 저지른 상대 남성의 이름을 공개할 것을 아내에게 요구했지만 영국 법원에서 금지 당했다. 판사는 "친밀하거나 성적 관계의 행위는 '사생활 보호에 대한 합리적 기대'가 존재하는 사안이라는 강력한 근거가 있다"고 판결했다. 해당 판사는 외도의 상대인 남성 간통자를 처벌받아야 할 가해자가 아니라, 잘못된 선택의 피해자로 간주하여 보호받아야 할 대상으로 판단한 것이다.

진보주의자들은 잘못된 '방종적 사랑'에 대한 집착 때문에 피해자 사고를 강력히 지지한다. 그들의 눈은 이미 가려져 있기에, 내가 그들에게 자신들이 사랑하는 나라를 해치고 있다는 사실을 절대 설득할 수는 없을 것이다. 그런 것은 기대하지 않는다. 그러나 내가 바라는 것은 보수주의자들이 무자비하거나, 인정이 없고, 혐오적으로 보일까봐 위축되어 두려워하지 않는 것이다. 보수주의 자들은 반드시 계속해서 가정과 공동체 안에서 책임감을 강조해야한다.

왜곡된 자비의 관점

진보주의자들에 대한 풍자 중 하나는 그들이 범죄에 관대하다는 것이다. 만약 그 말에 조금이라도 진실이 있다면, 그것은 그들의 '방종적인 자비관' 때문이다. 진보주의적인 부모에게는 자녀가 싫어하는 것을 억지로 견디게 하는 것이 잔인해 보이고, 불순종에 대해 단호한 징계를 내리는 것이 가혹해 보이며, 부모가 바꿀 수 있는 문제 때문에 자녀가 울도록 내버려 두는 것이 무정해 보인다. 그러나 내가 계속 강조해왔듯이, 인격은 실망과 어려움을 다루는 과정을 통해 길러진다. 우리가 자녀를 지나치게 보호해 삶의 역경들, 특히 그들의 행동에 따른 결과에서 그들을 면제해 준다면, 자녀들은 반드시 필요로 하는 인격을 형성하지 못하게 된다. 아이들을 불행하게 만드는 일들에 굴복하지 않기 위해서는 부모의 이타적인 사랑이 필요하다.

부모가 훈육에 약해지는 요인 중 하나는 부모가 불안정하고 자녀의 인정을 필요로 하기 때문이다. 정치적 부모 역할을 하는 진보주의자들도 다르지 않다. 그들의 인정과 인기를 얻고자 하는 욕구가 자녀 역할을 맡은 이들에게 미약하고 방종적인 리더십을 제공하도록 이끈다. 그들의 불안정함은 세계관을 형성하고, '부분적 피해자'인 사람들을 '완전한 피해자'로 보도록 만든다. 그들은 '피해자들'이 겪은 억압이나 스스로 초래한 고통 때문에 너무나 안타까워하여 그들에게 특혜를 주고 책임을 면제해 준다. 부모가 "나는 자녀를 사랑하기 때문에 이 고난을 겪게 하고 싶지 않다"라고 말할 수 있다면, 정치적 부모 역할을 하는 진보주의자는 "그들은 삶이 너무 힘들었으니, 그들의 삶을 더 낫게 해주지 않는 것은 불친절한 일이다"라고 말할 수 있다. 이런 리더십 방식은 피해자 사고방식을 조장하며, 부분적 피해자인 사람들이 특혜를 받을 권리가 있다고 생각하게 만든다.

부드러운 양육과 물렁한 정의 사이에는 직접적인 연관이 있다. 자녀에게 단호하게 대하지 못하는 사람들은 언제나 범법자들에게도 엄격하게 대하는 것을 두려워한다. 그들의 정의관은 물렁한 사랑의 관점에 의해 왜곡된다. 그들이 말썽꾸러기 아이들을 징계하기를 주저하는 것처럼, 그들은 유죄 판결을 받은 범죄자들을 불쌍히 여겨 그들이 범죄로 인해 마땅히 받아야 할 결과를 제한하려 한다. 결국 그들의 논리는 이렇다. "범죄를 저지른 사람들은 그저 환경 때문에 피해자가 되었을 뿐이니, 그들에게 모든 책임을 물을 수는 없다. 자신의 행동에 전적으로 책임이 없는 사람들을 어떻게 정당하게 처벌할 수 있을까?"

낙원에서의 고통

최근 하와이에 갔을 때, 이전 여행에서는 보지 못했던 오아후의 심각한 노숙자 문제를 목격했다. 섬의 서쪽 와이아나에 지역 바닷가에는 아름다운 공원들이 있다. 잘 가꿔진 잔디밭과 나무들이 만드는 시원한 그늘 덕분에 현지인과 관광객 모두에게 인기 있는 피크닉 장소였다. 그러나 최근 들어 노숙자와 부랑자들이 '야영 금지'라는 표지판에도 불구하고 보기 흉한 천막촌을 만들어 버렸다. 천막을 젖지 않게 하려고 스프링클러를 계속 꺼버리는 노숙자들 때문에 야자수와 관목들은 죽어가고 있었다. 이용객을 위해 지어진 화장실은 그들이 24시간 음식 준비를 하고 몸을 씻느라 항상 엉망이었다. 관광객들은 죽어가는 나무들과 함께 우범화된 천막촌을 보고 그냥 차를 몰고 지나칠 수 있지만, 현지인들은 크게 불만을 품고 있었다. 자신들이 사는 동네인데도 불구하고 더 이상 자유롭게 피크닉을 즐길 수 없게 되었기 때문이다. 잔디밭에 진을 친 수많은 노숙자들 가운데 많은 이들이 술에 취하거나 마약에 취해 있고, 차량 절도 사건이 빈번하기 때문에 현지인들은 아예 가까이 가지 않았다. 이 열대 낙원에서 가장 아름다운 해변 공원들이 노숙자와 범죄에 점령당한 것이다.

당신은 아마 의아해할 것이다. "왜 경찰이 불법 야영자를 체포하지 않는 거지? 그냥 잡아들이거나 쫓아내면 될텐데!" 지금까지 읽어온 내용을 떠올린다면, 답을 짐작할 수 있을 것이다. 지도층들은 이 노숙자들이 힘든 삶을 살아온 피해자들이라고 판단했고, 그들에게 법을 지키도록 요구하는 것은 잔인한 일이라고 여긴 것이다. 실제 이들 가운데는 집을 잃고 정말로 거처가 없는 이들도 소

수 존재한다. 그러나 분별이 없는 이들의 눈에는 그들 모두가 힘든 시절의 피해자로 보인다. 나는 진정한 의미의 무주택자는 도움이 필요하다고 믿는다. 그러나 와이아나에 공원을 점령한 그들은 법을 어기는 자들이다. 그럼에도 시민들이 당국에 불편과 두려움을 호소하면, 그들은 오히려 어려운 사람들을 불쌍히 여길 마음이 없는 냉정하고 몰인정한 사람으로 몰려 죄책감을 느끼게 된다니 얼마나 놀라운 일인가!

진보주의자들은 부분적 피해자라도 스스로 책임감을 가져야 한다고 말하는 이들을 꾸짖고 위협한다. 그들은 가난한 자들을 돌본다는 말을 하고, 진짜로 집 없는 사람들을 대표 사례로 내세우며 자신들을 자비롭게 보이려 한다. 그러나 그들의 리더십 방식은 실제로는 무책임과 배은망덕을 조장한다. 이 경우, 그들은 법을 지키는 시민들보다 범죄자들을 선택한 것이다. 그런 '자비'의 결과는 정의와 이성이 무시되는 것이다.

범죄에 관대한 태도

정의는 현대적 사고의 일부이며, 법정에 만연해 있다. 변호사들이 점점 더 의뢰인을 피해자로 포장할 뿐만 아니라, 진보 성향의 판사와 배심원들은 마치 관대한 부모처럼 판결을 내리는 경향이 있다. 우리는 거의 매일 뉴스에서 또 다른 사법적 실패의 사례를 본다. 2006년 버몬트 주 법원은 34세의 마크 훌렛이 7세 소녀를 대상으로 4년간 반복적으로 성폭행한 혐의로 유죄를 선고했다. 훌렛이 범죄 전부를 자백했음에도 불구하고 에드워드 캐시먼 판사는 법정에서 더 이상 이런 유형의 범죄자들에게 내려지는 처벌에 대해 신뢰가 없다고 선언했다. 그는 피해자 측 지지자들에게 "내가 전하고 싶은 메시지는, 분노는 아무것도 해결하지 못한다는 것이다"라고 설명했다. 이에 따라 캐시먼 판사는 훌렛에게 단 60일간의 징역형을 선고한 뒤 성적 장애 치료를 받도록 했다. 그는 징역형을 내리는 처벌이 이런 유형의 범죄에 더 이상 효과적인 억제 수단이 아니라고 믿는다는 점을 분명히 했다.

2007년, 메릴랜드 세버나 파크에 사는 한 남성이 자신의 친딸을 8살 때부터 7년 동안 성추행한 혐의로 유죄 판결을 받았다. 그의 범행에는 조카 두 명에 대한 성추행도 포함되어 있었다. 변호사 로저 해리스 주니어는 그의 성적 일탈이 알코올이나 약물 중독과 유사하다고 주장했다. 범인이 중독적 행동의 피해자라서 재활 대상자라고 확신한 조셉 P. 맨크 판사는 그에게 징역 4개월과 가택연금 8개월을 선고했다. 이 판결에는 부동산 중개인으로 일하던 그의 직업을 유지할 수 있도록 매일 외출해 일할 수 있는 근무석방 조치까지 포함되었다. 설령 소아성애자가 완전히 회개하여 더 이상 아이들에게 위협이 되지 않는다고 하더라도, 무고한 아이들에게 저지른 이런 끔찍한 범죄는 어떤 사회에서든 반드시 엄중한 처벌을 받아야 한다.

2006년 10월, 컬럼비아대학교에서 불법 이민 반대 집회가 열렸을 때 학생 시위자들이 행사를 방해했다. 연사 마빈 스튜어트가 발언하는 동안 야유와 농담, 박수로 연설을 끊었고, 결국 '미니트맨 프로젝트' 창립자 짐 길크리스트가 연설을 하던 중 약 스무 명의 시위자들이 무대 위로 돌진해 자신들의 메시지를 전하고 집회를 무산시키려 했다. 그 결과 보안 요원들과 시위자들이 몸싸움을 벌이는 폭력적 충돌이 벌어졌다. 학교 측은 여섯 달이 지난 후에야 세 명의 시위자에게 징계를 내렸다. 이 학생들은 수정헌법 제1조에 대한 이해를 전혀 보여주지 못한 채, 자기들과 다른 의견은 전혀 용납하지 않겠다는 버릇없는 아이들처럼 행동했다. 그들은 학교를 찾아온 손님을 무시함으로써 대학에 수치를 안겼으며, 폭력적이고 반항적인 행동은 최소한 퇴학, 아니면 체포를 받을 만한 것이었다. 그러나 세 학생은 단순히 경고만 받았다.

2001년 4월 18일, 하버드대학교의 학생 시위자 50명이 행정 건물을 점거하고 3주 동안 시끄러운 농성을 벌였다. 그들은 교내 최저임금을 인상하라고 학교에 압력을 가하려 했다. 건물 밖에서는 시위자들이 동시에 천막촌을 세우고 집회를 열며 농성을 지지했다. 당시 닐 L. 루덴스타인 총장은 시위자들이 의견을 가질 권리는 인정했지만, "행정 건물을 점거하거나 그 안에서의 업무를 방해하거나, 인근 학생들의 생활을 방해하면서 다른 결정을 강요할 권리는 없다"고 말했다. 그럼에도 그는 시위자들이 건물 안에 3주 동안 머무르는 것을 허용했고, 음식과 화장실 이용까지 허락했다. 강력하게 말을 한 듯했지만, 시위자들을 계속 건물 안에 머무르게 하고 편의를 제공한 것은 곧 그들의 권리 행사를 포장해 주며 권위에 도전할 권리를 강화해 준 꼴이었다. 이런 학생들에게 책임을 가르칠 수 있는 유일한 방법은 자기 행동의 결과를 직접 감당하게 하는 것이다. 그들은 불법 침입, 소란 행위, 평화 방해 혐의로 체포되었어야 했다. 만약 학생들이 가구에 몸을 쇠사슬로 묶어 물리적으로 끌어낼 수 없었다면, 음식을 주거나 화장실을 허락하지 않아 스스로 포기할 때까지 버티도록 했어야 한다. 그것이야말로 어떤 대의를 위해 희생하는 과정이다. 그러나 실제로 그들은 편안히 지내며 결국 반항에 대한 보상을 받은 셈이 되었다.

하버드는 사립 기관으로 학생들이 아니라 이사회에서 책임을 진다. 사립 조직이기에 그들은 원하는 방식으로 운영할 수 있으며, 직원에게 최저임금을 지급할 수도 있다. 대학이 사람들에게 억지로 일하도록 강요하지 않듯, 학생들에게도 억지로 다니라고 강요하지 않는다. 하버드의 운영 방식이 마음에 들지 않는 학생들은 다른 학교를 찾아가면 된다. 만약 많은 학생들이 항의 차원에서 떠난다면, 하버드든 다른 어떤 기업이든 결국 메시지를 수용하고 다시 사업을 이어가기 위해 필요한 변화를 하게 될 것이다. 우리가 법을 어기는 사람들에게 보상을 주는 일을 멈추고, 그들을 일관되게 책임지게 하지 않는 한, 사회의 도덕적 성장은 이루어지지 않을 것이다.

2006년 여름, 오하이오의 10대 청소년 데일린 캠벨과 제시 하워드는 장난을 치다가 두 사람에게 치명적인 부상을 입혔다. 두 소년은 실제 같은 모형 사슴을 만들어 도로에 놓고, 차들이 피하려고

급히 방향을 틀며 사고가 나는 것을 지켜보려 했다. 그 결과 운전자는 목이 부러지는 등 여러 골절상을 입었고, 동승자는 뇌 손상을 입었다. 이들은 차량 기물 파손 등의 혐의로 유죄를 인정했고, 게리 맥킨리 판사는 이들에게 소년원 60일 수감과 함께 '왜 나는 행동하기 전에 생각해야 하는가Why I Should Think Before I Act.'라는 제목의 500단어짜리 글을 쓰라는 과제를 내렸다.

그러나 판사는 이들이 켄턴 고등학교 미식축구팀의 뛰어난 선수들이라는 사실을 알고 있었고, 시즌이 막 시작된 상황에서 형량을 즉시 집행하지 않고, 시즌이 끝난 뒤에 복역을 시작하도록 했다. 그는 "이렇게 해서는 안 되지만, 하려고 한다"라고 말하며 스스로 잘못된 판단임을 알면서도 결정을 내렸다. 이미 두 명의 무고한 시민이 그렇게 큰 피해를 입었음에도 불구하고, 판사는 그들의 팀이 불이익을 당하거나 소년들의 장래에 타격을 입지 않길 바랐던 것이다. 게다가 그는 "미식축구에 참여하는 것은 긍정적인 면이 있다"고 보았다. 이것이야말로 전형적인 피해자 사고방식이다. 이미 두 명의 피해자가 있었는데, 왜 더 만들 필요가 있느냐는 논리였다.

플로리다 에스캄비아 카운티의 윌리엄 화이트 판사는 음주운전을 억제하기 위해 공개적인 망신을 주는 방법을 택했다. 그는 일부 운전자들에게 "내 운전 어때요? 판사가 알고 싶대요!!!"라는 문구와 식별 번호, 전화번호가 적힌 범퍼 스티커를 차량에 부착하라고 명령했다.

말할 것도 없이, 자존감을 지켜주겠다는 자칭 '공공의 수호자'들이 이런 스티커 부착을 막기 위해 애쓰고 있다. 휴스턴의 테드 포판사^{현 하원의원} 역시 비슷한 전략을 썼다는 이유로 같은 반발을 산 적이 있다. 그는 한 음주운전자에게 술집 앞에서 "나는 음주운전으로 두 사람을 죽였다"라는 팻말을 들게 했다. 또한 그는 아내를 폭행한 남자에게 시청 계단 위에서 공개적으로 사과하도록 명령하기도 했다.

2001년, 코퍼스 크리스티의 한 판사는 소아성애자들의 집 마당에 자신이 성범죄자임을 알리는 표지판을 세우도록 지시하기 시작했다. 공개적인 수치심이라는 위협은 일부 범죄자들에게 그러한 위험을 감수하기 전에 한 번 더 생각하게 만드는 데 성공했다. 하지만 공공의 안전보다 범법자들의 인권을 더 중요하게 여기는 사람들은 항상 이러한 조치에 반대한다.

물론 모든 판사와 배심원들이 범죄에 관대하다는 것은 아니다. 그러나 우리 사회가 책임감에 대한 기본적인 이해와 강조를 회복하기 전까지는 법정에서 더 많은 어처구니없는 판결과 괴상한 모습의 정의를 계속 보게 될 것이다.

피해자 문화를 만드는 방법

피해자 사고방식^{victim-thinking}을 키우는 일은 자녀가 어릴 때부터 시작된다. 부모가 불안정하고 자녀의 애정을 필요로 할 때, 책임이나 훈육에서 자녀를 면제해 주려는 유혹을 받는다. 그러고는 자기 합리화를 위해 변명을 만든다. 아이가 잘못 행동할 때 부모는 이렇게 말한다.

"낮잠을 못 자서 기분이 안 좋은가 봐요."
"오늘 컨디션이 좀 안 좋은 날이에요."
"원래 좀 예민한 아이라서 그래요."
"사내아이들이 다 그렇잖아요."
"선생님이 괜히 제 아이를 미워하는 것 같은데요."
"에너지가 많은 아이라 그렇죠."
"형제들이 늘 괴롭히니까 가끔은 그렇게 반응하는 거예요."

어쩌다 한 번은 이런 말들이 사실일 수도 있다. 그러나 그런 변명들이 개인의 책임을 면제해 주는 것은 아니다. 계속해서 그냥 넘어가다 보면 사람들은 자신이 한 선택과 결정에 대해 책임질 필요가 없다고 여기게 된다. 그러다 마침내 책임을 지라고 요구받을 때면 깜짝 놀라며, 마치 자신이 부당한 피해자라도 된 듯한 태도를 보이게 된다.

내 친구 하나는 2년제 대학에서 영문학을 가르치는데, 최근 몇 년 사이 학생들이 얼마나 달라졌는지를 나에게 들려주었다. 그녀의 표정과 눈빛을 보니 적잖이 충격을 받은 것 같았다. 그만큼 극적인 변화가 있었다는 뜻이다. 그녀가 말하길, 20년 전만 해도 학생들은 시험을 잘 보지 못하거나 과제를 제때 제출하지 않아 낮은 점수를 받으면 대체로 그 결과를 받아들였다. 그녀에게 이의를 제기하는 일은 드물었고, 대부분은 낮은 성적을 더 열심히 공부해야 한다는 신호로 받아들였다. 그러나 이제는 성적이 낮으면 항의하는 것이 흔해졌다고 한다. 다시 4년 제 대학에 들어가려면 높은 성적이 필요하기 때문에, 학생들은 그녀의 사무실로 몰려와 성적을 올려 달라고 강하게 요구한다고 했다. 그녀가 '결과와 책임'의 개념을 분명히 설명해도, 그들은 높은 성적이 노력으로 얻어져야 한다는 사실을 모르는 것 같다는 것이다. 낮은 시험 점수와 늦은 과제 제출에 대해 그럴듯한 변명을 내세운다고 해서 점수를 올려줄 수는 없다는 것을 그들은 이해하지 못했다. 그러나 그녀는 온화하지만 단호하게, 노력하지 않은 성적을 줄 수 없다고 거절했다. 학생들은 그녀를 비이성적이고 차가운 교수라 여기며 자신을 피해자처럼 여겼다. 분명 과거에 너무 많은 사람들이 이런 변명들을 받아주었던 결과다.

변명, 변명

부모가 자녀를 위해 변명을 만들어 주고, 학생들이 자신을 위해 변명을 만들어 내듯이, 오늘날 법정은 변명의 무대가 되어 버렸다. 오스틴 피 주립대학교에서 형사 사법과 국토 안보 프로그램 매니저이자 세계 안보 연구소 소장인 톰 오코너 박사는 강의 중 학생들에게 사람들이 법정에서 자신들의 책임을 면제받기 위해 주장한

65가지 '증후군'과 '상태'를 나열해 주었다. 그중에는 실제로 존재하는 질환도 있었지만, 피고인들은 자신의 행동에 대해 전적으로 질환을 탓했다. 여기 몇 가지 예가 있다.

입양아 증후군_{Adopted Child Syndrome} : 자신이 입양되었다는 사실을 알게 되면, 범죄로 이어질 수 있다는 '잠재적 영향'을 주장.

아메리칸 드림 증후군_{American Dream Syndrome} : 경제적으로 성공하고자 하는 문화적 영향이 범죄를 유발한다는 주장.

자의적 권력 남용 증후군_{Arbitrary Abuse of Power Syndrome} : 하루 종일 관료들을 상대하다 보니 그런 행동을 하게 되었다는 주장.

학대 아동 증후군_{Battered Child Syndrome} : 계부모를 살해한 의붓자녀들의 변명으로 사용됨.

만성 지각 증후군_{Chronic Lateness Syndrome} : 1992년, 시카고의 한 교사가 반복적으로 지각하다 해고된 사건에서 제시된 변명. 정당화 시도로 인정됨.

컴퓨터 중독_{Computer Addiction} : 슈팅형 컴퓨터 게임이 폭력을 유발한다는 주장.

아버지 부재 증후군^{Distant Father Syndrome}: 로버트 블라이가 『아이언 존』(1993)에서 제시한 개념으로, 아버지가 양육비를 내지 않고 직장을 보여주지 않은 채 부재했기 때문에 아들이 분노하여 범죄를 저지른다는 설명.

약물 남용 방어^{Drug Abuse Defense}: (캘리포니아, People v. Richard 1989) 아동 성추행범들이 종종 마약에 취해 있었기 때문에 책임이 없다고 주장할 때 사용. 그러나 대체로 실패함.

신고 실패 증후군^{Failure-to-File Syndrome}: 뉴욕대 교수 스티브 콜먼이 1994년에 제시. 스스로에게 불리한 결정을 내리지 못하고 불안해하는 경향을 설명하는 개념. 여러 사건에서 성공적으로 사용되었지만, 아직 형사 세금 사건에는 적용되지 않음.

순한 배우자 증후군^{Meek-Mate Syndrome}: 1994년 캘리포니아의 한 남성이 아내를 살해하며 처음 제기. 아내가 자신을 모욕하고, 대중 앞에서 조롱하며, 바닥에서 자도록 강요해 심리적으로 남성성을 말살했기 때문이라고 주장.

어미 사자 방어^{Mother Lion Defense}: 자녀를 보호하기 위해 어머니가 보이는 폭력적 반응을 정당화하려는 변명. 법정에서 자주 받아들여졌고 종종 성공적임.

부모 학대 증후군^{Parental Abuse Syndrome} : 메넨데즈 변론으로, 부모가 자녀에게 수년간 가한 정서적·신체적·성적 학대가 이후 행동에 대한 통제력 상실을 초래한다는 주장을 성공적으로 제기하는 데 활용된 변론 기법.

월경 전 스트레스 증후군^{Premenstrual Stress Syndrome} : 호르몬 변화가 너무 심해 여성이 상상할 수 없는 행동을 하게 된다는 주장. 1991년 버지니아의 외과의사 제럴딘 리히터가 음주운전 혐의로 체포되었을 때, 이 변명으로 무죄 판결을 받은 사례가 있음.

록 앤 롤 방어^{Rock and Roll Defense} : 록 음악(혹은 경우에 따라 랩 음악)에 담긴 잠재적 메시지가 범죄 행위를 유발했다고 주장. 맨슨 사건(비틀즈), 1990년 유다스 프리스트 사건, 그리고 투팍 샤커 음악 사례에서 사용됨.

로이드 레이지^{Roid Rage} : 스테로이드 사용으로 인한 폭력성을 설명하는 용어. 하버드 의대 데이비드 다츠 박사가 명명. 아나볼릭 스테로이드가 공격성을 유발한다고 함. 1993년 캘리포니아에서 한 보디빌더가 여자친구를 목 졸라 살해한 사건에서 성공적으로 사용됨.

자기 희생자 증후군^{Self Victimization Syndrome} : 사회학적 현상으로, 사

회 속 자신의 위치에 대해 지속적으로 분노와 불행을 느끼는 것을 설명. '빈곤의 악순환 방어cycle of poverty defense'라고도 불림. 워싱턴 D.C.와 캘리포니아에서 일부 사례가 성공함.

트윙키 방어Twinkie Defense : 1978년 샌프란시스코 시장 조지 모스코니와 시정감시관 하비 밀크가 전 시의원 댄 화이트에게 살해된 사건. 1급 살인 대신 '과실치사' 판결을 받은 사건. 당시 화이트는 살인 직전 정크푸드만 섭취했다고 주장.

변명거리를 만들어 책임을 피하려는 충동은 아담이 금지된 열매를 먹은 후 하와를 탓했을 때부터 존재해왔다. 그러나 심리학 중심, 피해자 지향적인 오늘날의 문화 속에서 우리는 변명 만들기를 하나의 예술로까지 발전시켜 버렸다.

피해자 사고방식 극복하기Curing Victim Thinking

우리 사회에서 환경적 피해자라고 불리는 사람들도 아이들이 책임을 배우듯 책임감을 배울 수 있다. 아이들이 스스로 해야 할 일을 대신 해주어서는 안 된다. 무엇인가를 부수면 고쳐야 하고, 더럽히면 치워야 하며, 잃어버리거나 훔친 것은 다시 되갚아야 한다. 켜둔 것은 돌아가 꺼야 하고, 문을 열어두었으면 가서 닫아야 하며, 빚을 졌다면 반드시 갚아야 한다.

우리는 자녀들을 계속해서 구해주어서는 안 되며, 그들이 뿌린

대로 거두게 해야 한다. 습관적으로 꾸물대다가 차를 놓쳤다면 자동으로 태워다 주지 말아야 한다. 숙제를 미루고 미루다 마지막 순간까지 남겨두었다면 대신 해주지 말아야 한다. 잘못된 사업 결정을 하거나 어리석은 소비를 했다면 그 선택의 결과를 감수하게 해야 한다. 학교에서 문제를 일으켰다면 무조건 그 편을 들지 말아야 한다. 행동 때문에 감옥에 갔다면 보석으로 꺼내주지 말아야 한다. 성적으로 문란하다면 피임약을 제공해서는 안 된다. 딸이 임신을 했다면 낙태를 돕지 말아야 한다.

부모와 정치인, 교사, 판사, 사회운동가 모두 권위를 거스르거나 무책임한 행동에 보상을 주는 것은 사랑이 아님을 배워야 한다. 무책임을 반복해서 해결해주고, 그들이 마땅히 마주해야 할 선택에 따른 당연한 결과를 제거해버리면, 도움을 주려는 바로 그 사람들을 오히려 해치게 되고, 게으름과 의존심을 조장한다. 계속해서 결과로부터 구출되는 사람들은 자기중심적 태도를 키우며, 방종이 자신들의 최고의 권리라고 믿게 된다. 그리고 그들이 피하는 결과가 자연적 결과가 아니라 사회적·법적 결과라면, 그 영향은 사회 전체에 훨씬 더 심각한 해악을 끼치게 된다.

✓ 모든 어려움이 즉각적인 구출을 필요로 하지는 않는다.

✓ 선택에 의한 결과로부터 보호해주고 해결해주면 아이는 책임을 배우지 못한다.

✓ 진정한 도움은 문제를 대신 해결해 주는 것이 아니라, 감당할 힘을 기르는 것이다.

✓ 부모의 개입은 아이의 성장을 돕는 방향이어야 한다.

잠시 멈춰 생각해 보기

1. 나는 아이가 감당해야 할 결과를 대신 제거해 준적은 없는가?

____

____

2. 보호와 책임 사이의 균형을 어떻게 잡고 있는가?

____

____

3. 아이가 실패를 통해 배울 기회를 충분히 허용하고 있는가?

____

____

제9장
방어적인 자녀 양육

"엄마 지킬이 하이드로 변하는 걸 보고 싶다면,
그 애들을 건드려 보라."

　　내 친구 루앤은 자신이 겪은 일을 나에게 들려주었는데, 아마 많은 부모들의 등골을 서늘하게 할 만한 이야기일 것이다. 너무 놀라운 일이라 내가 직접 루앤과 그녀의 아들에게 듣지 않았다면 믿기 힘들었을 것이다.

　1994년 어느 날, 루앤은 여덟 살 난 아들 마이클과 동물원을 찾았다. 구경을 하던 중, 사람들 틈에 섞여 사육사가 어린 호랑이를 우리 사이로 옮기는 장면을 지켜보고 있었다. 사육사가 힘겹게 제어하려 했지만 문이 열리자마자 그 호랑이는 통제를 벗어나 달아났다. 모두가 망연자실한 가운데, 호랑이는 곧장 가장 취약해 보이는 먹잇감, 루앤의 아들에게 달려들었다. 그 순간! 한 치의 망설임도 없이, 키 163cm 남짓한 루앤은 호랑이의 목덜미와 꼬리를 움켜쥐고 거꾸로 끌며 열린 우리 안으로 되돌려 넣었다. 사육사는 여전히 놀란 채로 우리의 문을 걸어잠궜다. 루앤은 어디 하나 다치지 않은 채 아들의 곁으로 달려갔다. 다행히 마이클은 충격을 받은 것 말고는 무사했다.

　군중들이 놀라움에 숨을 고른 뒤 박수갈채를 보냈다. 그날 동물원에서 본 어떤 장면보다 더 놀라운 광경이었기 때문이다. 작은 체구의 한 인간 엄마가 자녀를 보호하기 위해 두려움도 잊고 엄청난 힘을 발휘하는 것을 본 것이다. 루앤은 단지 어떤 부모에게나 본능처럼 있을 마음을 행동으로 옮겼을 뿐이었다. 자기 생명을 걸고서라도 무고한 자녀를 구하려는 그 마음 말이다.

겁쟁이와 호랑이

부모가 자녀를 열정적으로 지켜내는 것은 자연스럽고 좋은 일이다. 그러나 방임적인 부모들은 자연스러운 방어 본능을 훨씬 넘어선다. 이들은 자녀의 행복에 집착하기 때문에 단순히 물리적인 위협으로부터 보호하는 데 그치지 않고, 정서적인 불편함으로부터도 끊임없이 자녀를 지켜내려 한다.

아이의 놀이 친구가 잘못을 했을 때는 곧장 달려가 작은 말썽꾸러기를 나무라며 자신의 아이를 구한다. 상대가 놀이 친구의 엄마라면 거리낌 없이 따져 묻는다. 자녀가 교사, 코치, 경찰관처럼 권위를 가진 사람에게 불평을 늘어놓으면, 이런 부모들은 무조건 자녀의 무죄를 가정하고 상대방을 공격한다. 이처럼 과도하게 방어적인 부모들에게 자녀는 결코 자신의 행동에 전적으로 책임을 지지 않는다. 언제나 변명이 따라붙는다. "그저 이해해 주기만 하면 돼요."

방임적인 부모는 두 극단이 뒤섞여 있다. 자녀에게는 나약하고 관대하지만, 자녀의 행복을 위협하는 사람에게는 호랑이처럼 사납다. 이들의 부드러운 태도는 동시에 위험을 만들어낸다.

타임지에서 버릇없이 자란 아이들에 대해 글을 쓴 낸시 깁스는 이 같은 부모 현상을 이렇게 설명한다.

자녀를 행복하게 하고, 유해한 것들과 고통으로부터 지켜주고 싶은 마음은 지극히 자연스러운 본능이다. 그러나 그 본능이 절제되지 않으면 대가가 따른다. 청소년들은 보호의 껍질 안에서 좌절이나 실패를 겪어볼 기회가 없다면 정서적으로 회복력을 기를 수 없다. 메릴랜드 몽고메리 카운티의 5학년 교사 숀 스티븐슨은 이렇게 말한다. "부모들은 늘 교실 안에서 훈육과 질서를 원한다고 말합니다. 그런데 막상 자기 자녀가 규칙을 어기면 예외를 원하지요. '분명 그 전에 무슨 일이 있었을 거예요.', '우리 애는 절대 그럴 애가 아니에요.', '누군가 가만히 있는 우리 아이를 자극한 거예요.', '그냥 한 번 타일러 주면 다시는 안 그럴 거예요.' 이런 식으로 변명합니다."

그 교사의 관찰은 부모들이 겉으로는 훈육을 중시한다고 말하면서도, 실제로는 자기 자녀만은 예외로 두길 원한다는 것이었다. 무엇이 옳은지 아는 것과 객관적으로 그것을 끝까지 실행하는 것은 전혀 다른 문제다. 방임적인 부모는 공정함을 잃어버렸기 때문에 자녀의 성품 결함을 보지도 못하고, 자신이 그것을 키우는 데 일조하고 있다는 사실조차 깨닫지 못한다. 바로 그 방어적 태도가 자녀의 잘못뿐 아니라 자기 자신의 양육 방식의 문제까지 보지 못하게 눈을 가린다. 이런 부모들은 자신의 양육에 잘못이 있거나 자녀에게 부족한 점이 있다는 의견 자체에 매우 강하게 저항한다. 그들이 아는 전부는 "나는 아이를 사랑한다, 아이가 잘 되길 바란다."는 것뿐이고, 그것만 알면 충분하다고 생각한다.

이런 방어적인 마음가짐 때문에 이 책의 내용은 많은 부모에게 읽기 어려운 책이 된다. 자녀에게 부족함이 있다는 암시, 혹은 부모가 양육에서 실수를 했다는 암시가 반복되면서, 겁쟁이는 호랑이로 변한다. 이 대목까지 책을 집어 던지지 않고 계속 읽고 있는 독자가 있다면 그 자체로 잘하고 있는 것이다.

나는 목회자로서 수년 동안 많은 사람들의 삶에 대해 말씀해왔다. 솔직히 말해, 이 현상을 너무도 자주 목격했다. 삶에서 도움을 구하는 대부분의 사람들은 자신의 약한 부분에 대해 권면 받는 것을 기꺼이 받아들인다. 그러나 똑같은 사람들이 내게서 원망, 정욕, 이기심 같은 문제를 지적받을 때는 감사하면서도, 자녀에 관한 문제를 지적하는 순간에는 즉각 분노하며 반응한다. 자녀 문제만 나오면 그 즉시 그들은 호랑이가 되어버린다.

부모의 눈먼 시각

피해자 사고방식, 불안정함, 가족 충성심에 대한 왜곡된 관점 때문에 방임적인 부모는 과도하게 방어적이고 객관성을 상실한다. 방임적 부모의 눈에는 언제나 자녀가 무죄이거나 억울한 오해를 받는 존재로 보인다. 반대로 그렇지 않다고 지적하는 사람은 모두 '적'이 된다. 자녀를 피해자로 여기는 부모는 더 민감하게 대해줘야 한다고 믿기에, 자신이 어쩔 수 없이 징계의 결과를 내릴 때조차 자녀에게 미안해한다. 말할 필요도 없이, 가족 밖의 누군가가 자녀에게 징계를 가하면, 이들은 "불공평하다"고 외치며 전형적인 피해자 사고방식으로 징계를 집행한 사람을 탓한다.

당신은 2007년 초 이탈리아에서 일어난 과잉 방어적 부모들의 사건을 기억하는가? 바리라는 마을에서 한 중학교 교장이 학생의 낮은 성적 때문에 학부모들의 공격을 받았다. 아버지와 두 명의 남성 친척이 학교에 찾아가 교장을 폭행했고, 그는 병원으로 실려 갔다. 부모들은 성적표가 나쁘다는 이유와 학교의 최근 휴대폰 사용 금지 조치에 대한 자녀의 불만을 들어 폭행을 정당화했다. 아이의 학업 성취도에 실망했음에도 불구하고, 이 부모들은 피해자 사고 방식에 사로잡혀 성적을 받은 당사자가 아니라 성적을 매긴 사람을 탓했다. 이것은 전형적인 '전달자를 공격하는' 예이다.

내가 고등학교에 다닐 때, 우리 농구팀이 한 라이벌 학교를 쉽게 이긴 적이 있었다. 그러나 그것은 상대 팀이 경기 대부분을 두 명의 주전 선수 없이 치렀기 때문에 가능했다. 그들은 팀 규율을 어겼고, 코치는 그들을 세 쿼터 동안 벤치에 앉혔다. 경기 후, 패배한 팀의 학부모들은 그 코치를 비난했다. 마치 코치가 두 선수뿐 아니라 학교 전체를 벌한 것처럼 여긴 것이다. 그러나 부모들은 전혀 이해하지 못했다. 문제는 코치가 아니라 두 소년에게 있었고, 그들이 부주의하게 행동하여 팀 전체를 위험에 빠뜨린 것이었다. 규칙과 그 결과를 알고 있었던 두 선수는 불평하지 않았다. 오히려 자신의 잘못된 선택으로 팀에 피해를 끼쳤음을 깨닫고 후회했다. 팀원들도 코치에게 불만이 없었다. 불평한 유일한 사람들은 학부모들이었고, 그들의 과잉 방어적 태도 속에서 책임의식은 찾아볼 수 없었다.

이 장면은 35년이 더 지난 일이지만, 만약 오늘날 21세기 청소년 스포츠 프로그램에서 일어났다면, 학부모들은 아마 폭동을 일으켰을 것이다. 아이들의 경기에서 통제력을 잃은 부모들의 모습은 이제 너무 흔해져서 나는 기사 스크랩을 오래전에 그만두었다. 언론은 정기적으로 심판을 공격하거나, 서로 싸우거나, 아이들의 코치를 폭행하는 부모들의 이야기를 보도한다. 모두 자녀를 과잉 방어하는 태도 때문이다. 아마 당신도 경기 도중 상대 선수에게 폭력을 가하거나 심지어 청부 폭행까지 의뢰해 자녀의 가장 큰 경쟁자를 제거하려 한 부모들의 사례를 들어봤을 것이다. 폭력은 스포츠 현장에만 그치지 않는다. 때로는 학교 연극, 청소년 미인대회, 심지어 학부모 회의에서도 벌어진다. 50년 전의 부모들은 어른들이 이렇게 미성숙하고 통제 불능의 행동을 보일 것이라고는 상상조차 하지 못했을 것이다.

우리가 부모들의 폭력에서 보고 있는 것은 결국 응석받이로 자라난 세대가 부모가 되어 드러낸 필연적인 결과다. 그들은 자신의 부모에게서 절제하는 법을 배우지 못했기 때문에, 이제는 자녀들의 활동을 지켜보며 위험한 관중이 되어버렸다. 그리고 그들의 본보기는 또다시 자녀들에게 이어져, 그 아이들이 부모가 되었을 때는 더욱 통제 불능하고 위험한 존재가 될 것이다.

부모 역할 속의 호랑이 같은 진보주의자들

응석받이 부모들처럼, 진보주의자들도 겁쟁이이면서 동시에 호랑이다. 자녀의 입장에 선 이들에게는 겁쟁이처럼 굴며, 그들이 하고 싶은 일을 마음껏 할 수 있도록 권리를 보호해주지만, 그들의 '표현의 자유'를 반대하는 자들에게는 호랑이처럼 달려들어 공격한다.

시청 관계자들, 진보주의 활동가들, 복음주의 기독교인들이 지역 경찰까지 출동한 시위 사건을 논의하기 위해 만난 장면이 뉴스에 보도된 적이 있었다. 기독교인들이 교회에서 특정 사회적 문제에 대해 논의하는 행사를 열었는데, 그것을 진보주의 활동가들이 불쾌하게 느껴졌던 모양이다. 교회 모임이 진행되는 동안 진보 활동가들은 소음을 내고 건물을 공격하며 이를 방해하려 했다. 활동가들의 폭력성이 극에 달해 상당한 재산 피해가 발생했다. 나무가 부서지고 유리가 깨지기 시작하자 경찰이 마침내 개입했다. 보호받아야 할 수정헌법 제1조의 권리를 넘어, 시위는 순식간에 범죄적 폭동으로 치달았다.

그 후 열린 시청 회의에서 보여진 장면은 충격적이었다. 범죄를 저지른 이들이 통제 불능의 난동꾼이 아니라, 마치 괴롭힘을 당한 불쌍한 아이들처럼 대우받은 것이다. 시청 관계자들은 지나치게 감상적인 어조로, 시위자들의 삶이 얼마나 힘든지 잘 안다고 위로했다. 그들은 이 폭도들에게 끊임없이 사과하며, '저런 기독교인들' 때문에 불편을 겪게 되어 미안하다고 했다. 반면, 그리스도인들에게는 정반대로 날카롭고 비난조의 말만 쏟아냈다. 법을 준수한 이들은 오히려 가해자로 몰렸고, 폭력 시위자들은 '도발당한 피해자'로 옹호 받았다. 이는 불손한 자녀에게서 인정받고 싶어 안달이 난 불안한 부모의 모습 그대로였다.

정치인이나 판사들이 부모의 역할을 맡을 때, 진보주의 시위대나 불법적인 시위자들을 동정과 이해의 시선으로 바라보는 경우가 많다. 그들은 이러한 무정부적 행동을 어떤 불의, 차별, 혹은 편협함을 경험한 마음에서 터져 나온 외침으로 본다. 진보주의자들은 이미 많은 고통을 겪었거나, 혹은 '고귀한 목적'을 위해 '체포의 위험을 감수'한 이들에게 "감히 징계로 인한 고통"을 주는 것을 어려워한다.

자존감의 수호자들

가정에서든 정치 영역에서든 과도하게 방어적인 양육은 "아이들의 자존감은 무슨 일이 있어도 지켜져야 한다"라는 신념에서 뿌리내리고 있다. 어떤 사람들은 자녀의 행복에 지나치게 집착하여 그것을 마치 사명처럼 여긴다. 인간 존엄과 자존감의 수호자들은 최근 등장한 새로운 양육 방식에 불편함을 드러내고 있다. 부모들이 공개적인 망신을 통해 자녀가 더 나은 선택을 하도록 압박하는 것이다. 2007년 4월, 테네시주 녹스빌에서 한 아버지는 열네 살 아들이 마약을 사용한 사실을 알게 되자, 그 아들을 시더 블러프 중학교 앞에 세워 '나는 마약을 사용했고 팔았다'라고 적힌 샌드위치

보드를 걸게 했다. 2007년 5월, 캘리포니아 테메큘라에 사는 한 어머니는 학교에서 괴롭힘을 하다가 정학당한 딸에게 '나는 학교폭력을 했다. 나는 학교에서 정학 당했다.… 나처럼 되지 마라. 괴롭힘을 멈추라'라는 문구가 적힌 팻말을 목에 걸게 했다. 2006년 2월, 인디애나주 포티지에 사는 한 고등학교 2학년은 욕설을 사용하다가 정학을 당했고, 가족은 그를 아파트 단지 앞에 세워 '나는 욕설을 사용하다가 정학 당했다. 지금 나를 보라! 나처럼 되지 마라. 에베소서 4장 29절'이라는 팻말을 걸게 했다. 2005년, 도심에 사는 한 헌신적인 어머니는 아들의 도둑질을 막기 위해 '안녕하세요!! 저는 13살입니다. 저는 도둑질을 합니다. 아빠와 함께 감옥에 가고 싶습니다'라고 적힌 팻말을 걸게 했다. 징계를 받은 청소년들과의 인터뷰에서, 그들 모두 자신이 정당한 결과를 받았다고 느꼈다고 말했다.

아이오와에서 한 엄마는 열아홉 살 아들의 차 앞좌석 밑에서 술을 발견했을 때, 아들에게 팻말을 들게 하는 대신 다른 방법을 택했다. 그녀는 중고차 광고를 내며 아들의 잘못을 공개했다. 광고에는 이렇게 적혀 있었다.

'차종: 올즈 1999 인트리그. 분명히 십대 아들을 사랑하지 않는, 완전히 별로인 부모가 아들의 차를 팝니다. 엄마가 앞좌석 밑에서 술을 발견하는 바람에 단 3주밖에 몰지 못했어요. $3,700/흥정 가능. 세상에서 가장 못된 엄마에게 전화하세요.'

다행히도, 그녀는 엄청난 지지와 응원의 전화를 받았다.

블로그와 뉴스 사이트 댓글들을 보면, 이런 부모들의 행동을 지지하는 사람들이 많다는 것을 알 수 있었다. 하지만 동시에 비판도 적지 않았는데, 이는 사랑과 정의에 대해 흐릿한 시각을 가진 사람들이 여전히 많다는 사실을 보여주었다.

패자가 없는 세상

과잉보호하는 부모들은 자신들이 마치 코치와 같아야 한다는 사실을 이해하지 못한다. 부모의 역할은 자녀가 장차 성인이 되어 마주할 도전에 대비할 수 있도록 어릴 때부터 훈련과 연습을 시키는 것이다. 부모나 지도자들이 이 점을 깨닫지 못하거나 사랑과 정의에 대한 균형 잡힌 시각이 부족하면, 아이들을 모든 부정적인 감정, 심지어 실패나 패배에서 오는 감정으로부터 보호하려는 유혹에 빠진다.

1970년대 초, 내가 다니던 대학의 강사 중 한 사람은 A에서 F까지의 성적 평가 제도를 없애고, 어린이 스포츠에서 점수 기록을 폐지하면 아이들이 패배를 경험하지 않고 '패자'라는 기분을 느끼지 않게 될 것이라고 주장했다. 그는 심각한 경쟁이 아이들의 자존감을 해칠 수 있으므로 경쟁을 억제해야 한다고 말했다. 그의 생각은 1960년대에 번성하기 시작한 방임적 양육에서 자연스럽게 흘러나온 것이었고, 전국의 학교와 아동 스포츠 프로그램에 변화를 가져왔다.

오늘날 청소년 스포츠는 자존감이 강조되는 경우가 많다. 예를 들어 트로피는 더 이상 승자에게만 주어지지 않는다. 이제는 단순히 참여했다는 이유만으로 팀의 모든 선수에게 트로피가 주어지는 것이 흔한 일이 되었다. 많은 청소년 스포츠 프로그램에서 규칙이 수정되어 모든 참가자가 더 큰 성취감을 느끼도록 배려하여 규칙이 수정되었다. 어떤 야구 리그는 점수를 기록하지 않고, 어떤 곳은 아웃이 몇 개가 나든 상관없이 매 회마다 모든 선수가 타석에서게 기회를 준다. 타자의 집중을 방해할까 봐 내야에서의 수다를 금지하는 리그도 있고, 경기 초반 한 팀이 너무 많은 점수 차로 앞서면 경기를 중단하는 리그도 있다.

특히 오하이오의 한 팀인 콜럼버스 스타스는 너무 뛰어난 실력을 보여주자, 리그 관계자들이 시즌 도중 아예 그들을 경기 일정에서 제외시켜 버렸다. 그들의 일방적인 승리가 다른 팀들에게 상처를 줄까 우려가 됐기 때문이다. 아이들의 감정을 배려하는 마음은, 일부 초등학교에서 전통적인 쉬는 시간 놀이까지 금지하게 만들었다. 피구는 '하지 말아야 할 놀이' 목록에 오르게 됐는데, 이는 '배제적'이며 지나친 경쟁심을 조장하기 때문이다.

이는 참으로 비극적인 일이다. 승리와 패배는 실제 삶의 일부이며, 아이들은 어린 시절부터 이런 도전에 대처하는 법을 배울 수 있다. 승리를 명예롭게 받아들이는 법은 인격을 세우지만, 패배를 우아하게 받아들이는 법은 더 큰 성장을 이끈다. 우리는 전구 발명 과정에서 무수히 실패했지만 그것을 실패로 보지 않고 "전구를 만들 수 없는 방법을 천 가지 발견한 것"이라고 말한 토머스 에디슨의 예에서 배워야 한다. 오늘날의 이런 접근은 아이들에게 중요한 성장의 기회를 빼앗을 뿐 아니라, 정서적 회복력을 기대하지 않아도 된다는 잘못된 메시지를 강화한다. 내 생각에, 이러한 낮은 기대야말로 우리 사회의 정서적 회복력이 약화된 가장 큰 원인이다.

긍정적으로 보기

우리 대학 강사들이 아이들의 자존감을 높이도록 권장한 또 다른 방법은 용어를 바꾸는 것이었다. 그들은 아이들의 행동을 다룰 때 '잘못'이나 '나쁘다' 같은 부정적인 단어를 피하라고 당부했다. 대신 '받아들일 수 없는', '부적절한', '최선이 아닌' 같은 표현만 쓰라고 했다.

내가 자원봉사했던 YMCA에서 받은 상담 교육 역시 대학에서 배운 것을 강화했다. 거기서 우리는 아이들이 자신에 대해 부정적인 감정을 갖지 않도록 보호할 책임이 있었다. 어떤 이유로든 아이들이 '무시당했다'고 느끼지 않게 해야 했다. 그리고 다른 아이들과 비교당하는 기분이 들지 않게 최선을 다했다. 그래서 우리는 아이들이 자신의 의견을 너무 강하게 주장하지 못하도록 막아야 했다. 다른 아이가 위축되거나 소외감을 느낄 수 있기 때문이다. 결국 아이가 낮은 자존감의 피해자가 되는 것이야말로, 우리가 아이에게 해서는 안 될 가장 무정한 일이 된다는 메시지가 전달되었다.

오해하지 말라. 나는 언제나 마지막으로 뽑히거나 놀이에서 제외되는 아이들을 생각하면 마음이 아프다. 무언가를 해내고 싶었는데 실패해서 낙심하는 아이들을 보는 것도 힘들다. 나에게는 여섯 명의 자녀가 있는데, 아이들이 '패자'가 된 것 같아 눈물을 흘리거나 목표를 이루지 못했다고 속상해할 때가 종종 있었다. 나는 그들을 안아 주며 함께 울었다. 그러나 현실의 삶을 준비하려면 거절당하는 고통을 견딜 줄 알아야 하고, 자기연민에 빠지지 않고 실패를 마주할 수도 있어야 한다. 또한 자신이 성공할 수 있는 분야를 발견하고 그것을 향해 열심히 노력하는 법도 익혀야 한다.

아이들의 자아상을 해칠 수 있는 상황으로부터 보호해 주거나, 규칙을 완화해 아이들이 더 승리자처럼 느끼도록 만든 것은 결국 우리 사회의 자존감을 높이는 데는 성공했다. 「타임」지는 학업 성취와 자존감의 상관관계에 대한 연구 결과를 발표한 적이 있다. 기고자인 찰스 크라우트해머는 연구진이 영국, 캐나다, 아일랜드, 한국, 스페인, 그리고 미국의 13세 학생들에게 기초 수학 시험을 실시하고, 동시에 자신들의 수학 실력을 평가하도록 요청했다고 전했다. 미국 학생들이 자존감에서 가장 높은 점수를 보였는데, 68%가 스스로를 '수학을 잘 한다'고 평가했다. 그러나 실제로는 수학을 잘한다고 느낄 가장 적은 근거를 가진 집단이었다. 미국 학생들이 가장 낮은 점수를 기록했기 때문이다. 다른 연구들도 같은 결과를 보여 준다. 미국 학생들은 대체로 자존감은 높지만, 그 자존감을 뒷받침할 만한 성취는 부족하다.

아이들의 자아상을 인위적으로 높이는 것은 분명 효과를 내었다. 그러나 그 끝은 무엇인가? 그것이 더 나은 사회를 만들어 냈는가? 오늘날의 학생들은 한 세대 전의 학생들보다 학업적으로 뒤처져 있다. 매년 새로운 성병 감염 사례가 1,900만 건에 달한다. 결혼 서약은 더 약해졌지 더 강해지지 않았다. 범죄율은 현저히 더 높아졌지 낮아지지 않았다. 우리 사회의 도덕적 토대는 천천히 무너져 가고 있으며, 이는 주로 사람들이 지나치게 자신을 높이고 자신에게 집중하기 때문이다.

미스터 로저스의 책임인가?

CBS 뉴스는 새로운 '긍정적' 양육 방식이 직장에서 어떤 부정적 결과를 가져왔는지 보도한 적이 있다. 1980년과 1995년 사이에 태어난 세대, 즉 '밀레니얼'이라 불리는 이들이 이제 산업현장을 가득 메우고 있다. 보도에 따르면 이들은 "자녀를 특별하다고 말해준 부모 밑에서 자랐고, 승자나 패자가 없는, 혹은 모두가 승자인 리그에서 경기를 뛰었다." 그래서 고용주들에게 꽤 까다로운 존재가 되었다. 이들은 대체로 요구가 많고, 건방지며, 자기중심적이다. 끊임없는 인정을 필요로 하고 자신들이 특별 대우를 받아야 한다고 여긴다. 그렇다고 해고할 수도 없다. 왜냐하면 다시 뽑은 대체 인력도 어차피 비슷하기 때문이다. 그래서 기업들은 실제로 응석받이처럼 행동하는 직원들을 다루는 방법을 가르치는 관리자까지 고용한다.

칼럼니스트 제프리 자슬로는 "우리는 미스터 로저스를 탓할 수 있다”고 말했다. 나는 그의 주장에 전적으로 동의하지는 않지만, 미스터 로저스(1968년~2001년까지 방영된 아동 대상 TV프로그램 ‘미스터 로저스의 이웃’의 진행자였던 프레드 로저스 목사)가 아이들에게 자신감과 긍정적 감정을 주는 전형적인 방식을 보여 주었다는 점에는 동의할 수밖에 없다. 그 혼자만의 책임은 아니다. 그는 우리의 어린 시절을 상징하는 사람이다. 그는 자기 자신이 특별하다고 느끼는 것이 더 이상 인격, 태도, 성취에 달려있지 않다고 가르쳤다. 그 존재만으로 충분히 특별다고 말했다. 방임적인 양육이 널리 퍼져 있는 상황에서 아이들이 자기 중요성을 과장되게 여기며 자라나는 것은 필연적이다. 그래서 교도소가 자존감 높은 사람들로 가득 찬 것도 놀랍지 않다. 사람들의 자존감을 과도하게 지켜 주려는 태도가 계속된다면, 사회는 그 나쁜 열매를 거둘 수밖에 없다.

정서적 회복력

내가 아주 어릴 때였는데, 친구들이 나에게 별명을 붙이며 놀렸었다. 나는 그때 마음이 아프다는 걸 처음 느꼈다. 부모님은 본인들도 전해 받은 지혜를 내게 전해 주셨다. 내 눈을 똑바로 보며 이렇게 말씀하셨다. “렙, 절대 잊지 마라. ‘몽둥이와 돌은 내 뼈를 부러뜨릴 수 있지만, 말은 나를 다치게 하지 못한다.’” 나는 곧바로 그 말을 외워 두었고, 그날 이후 말로 공격하는 아이들에게 늘 그 문장을 외쳐 주었다. 네 살짜리에게는 아주 좋은 반격이었다. 나는 무장한 듯한 기분이었고 힘이 생겼다. 그러나 솔직히 말하자면, 놀림의 말들은 여전히 마음을 아프게 했다. 하지만 나는 그 말들이 내 존재를 무너뜨리거나 내 정체성을 규정할 수 없다는 걸 알게 되었다. 또, 언어적 공격을 받았다고 해서 부모님을 불러 구조 요청을 하지 않고도 충분히 견뎌낼 수 있다는 것도 알게 되었다. 나를 비롯해 내 세대의 많은 이들이 정서적 회복력을 키울 수 있었던 것은, 부모님들이, 우리가 스스로 상처받은 감정과 어려움을 감당할 수 있다고 믿어 주고 응원해 주었기 때문이라 확신한다. 그 덕분에 우리는 힘을 얻었다.

나는 영화 《스타워즈》의 제다이 기사의 통찰력을 과자 속 운세 문구 이상의 것으로 생각해 본 적이 없지만, 《스타워즈: 보이지 않는 위험》에서 어린 아나킨 스카이워커에게 전해 준 제다이의 말은 예외적으로 지혜로웠다. 아나킨은 친구에게 부당하게 부정행위 혐의를 받자 화를 내며 주먹으로 대응하려 했다. 그때 제다이 콰이곤 진은 아나킨이 거짓된 비난을 참지 못하는 태도를 보며 이렇게 말했다. "너는 진실을 알고 있어. 그의 말을 견뎌내야 해. 싸운다고 바뀌는 게 아니야." 요컨대 '다른 이들이 너에 대해 잘못된 의견을 가지고 있어도 받아들이며 살아가는 법을 배워야 한다'는 뜻이었다. 이것은 모욕, 조롱, 거짓말에 대처하는 성숙하고 건강한 태도의 요약이다. 우리는 다른 이들의 잘못된 의견을 견디는 법을 배워야 하고, 자녀들에게도 그렇게 가르쳐야 한다.

오늘날의 세대에는 정서적 회복력이 부족한 사람들이 너무 많다. 그들의 부모는 아이가 다른 아이에게 모욕을 당하면 곧바로 구해 주었고, 자기 행동에 대한 책임을 스스로 지게 하려는 권위자로부터도 방어막이 되어 주었다. 이런 부모들은 교사와 지역 지도자들과 함께 오직 아이를 행복하게 해 주는 일에만 전념했다. 바로 이런 아동 중심적 리더십이 정서적으로 나약한 세대를 만들어 낸 것이다. 그러니 방임적이고 과잉 방어적인 양육이 정치적 올바른 언어의 뿌리에 놓여 있다는 사실은 놀라울 것이 없다.

정치적 올바름의 기초

정치적으로 올바른 언어를 쓴다는 것은 사람들의 감정에 민감하게 반응한다는 뜻이다. 곧, 특정 집단이나 개인이 불쾌하거나 모욕적이라고 규정한 단어와 표현을 피하는 것이다. 이런 '보호받는' 집단에는 인종, 종교, 성적 지향, 신체적 특징을 가진 사람들이 포함될 수 있고, 사실상 진보주의자들이 보호가 필요하다고 정한 누구든 여기에 들어간다.

정치적 올바름은 진보주의자들의 소유다. 그들이 정의하고, 그들이 집행한다. 누가 정치적 올바름의 보호를 받아야 하는지 결정는 주체가 바로 그들이다. 그들이 처음 생각해내고 보수주의자들보다 앞서서 차지했기 때문이 아니다. 정치적 올바름은 그들의 과잉 방어적 양육관의 필연적 표현이기 때문에 진보주의자들의 것이 된 것이다. 진보주의자들이 어린이의 감정을 연약한 것으로 보는 것처럼, 그들은 어른들 가운데서도 '아이 역할'을 하는 이들을 연약하고 보호가 필요한 존재로 여긴다. 이들은 타인의 잘못된 의견을 견디는 법을 배우지 못한 사람들이다. 이것이 바로 정치적 올바름 사고의 핵심이다.

혹시 지금까지 생각해 보지 않았다면, 정치적 올바름은 '사람들(특정한 사람들)은 해로운 것들로부터 보호받을 필요가 있다'는 전제 위에 세워져 있다는 사실을 주목하라. 그렇다면 그 특정한 사람들이 누구인지 알아내려면, 자연 속에서 무엇이 보호가 필요한지 살펴보면 된다. 답은 분명하다. 약자가 보호를 필요로 한다. 강자는 결코 보호가 필요하지 않다. 오히려 강자는 약자의 연약함에 민감하게 반응하며 보호하는 것이 마땅하다.

바로 거기에 답이 있다. 정치적 올바름의 뿌리는 어떤 사람들은 정서적, 사회적으로 약하며, 따라서 감정이 상하기 쉬운 취약한 존재라는 가정에 있다. 진보주의자들은 강자가 약자의 정서적 연약함에 민감하게 반응하지 않으면 약자가 감당할 수 없는 상처를 입게 될 것이라고 여긴다.

놀라운 것은 보호받는 집단 가운데 아직까지도 정치적 올바름의 보호가 모욕적이라고 항의하는 사람이 없다는 점이다. 누가 자신이 약하고 취약한 존재로 여겨지는 것을 원하겠는가? 그것이야말로 모욕이다! 그러나 정치적 올바름은 정확히 그 위에 서 있다. 그것은 어떤 사람들은 다른 이의 말이나 의견을 감당할 정서적 회복력이 부족하다고 말한다. '막대기와 돌은 뼈를 부러뜨릴 수 있지만 말은 결코 나를 해치지 못한다'라는 속담이 있지만, 정치적 올바름

논리에 따르면 말은 곧 사람을 죽일 수 있다는 것이다.

정치적 올바름에 대한 대응

정치적 올바름을 믿는 사람들은 약한 자들이 상처받지 않도록 강한 자들에게 법적 제한을 두려고 한다. 하지만 그것이 과연 지혜로운 일일까?

누군가 연약하다면, 그에게 정말 가장 도움이 되는 것은 무엇일까? 계속해서 보호하는 것일까, 아니면 그를 강하게 하는 것일까?

만약 그 연약한 자가 면역 체계가 약한 영양실조 아이라면, 우리는 평생 그 아이를 무균실에 넣어 세균에 노출이 안 되게 해주어야 할까? 아니면 좋은 영양과 환경, 운동을 통해 면연력과 체력을 강하게 만들어주어야 하지 않을까? 세균으로부터 보호하는 것이 아니라, 세균을 이겨낼 수 있게 강하게 만들어주는 것이 옳지 않을까?

자연만 보아도 우리는 연약한 자를 영원히 보호하는 것보다 강하게 만드는 것이 최선이라는 것을 알 수 있다. 운동선수는 끊임없이 도전을 맞닥뜨림으로써 더 강해지고 준비된다. 우리의 몸은 세균을 만남으로써만 항체를 발달시킨다. 굳은살은 반복되는 마찰을 통해서만 생겨난다. 그렇다면 사회 속의 '연약한 자들'을, 성장을 가능케 하는 상황들로부터 피하게 하는 것은 그들의 면역 체계를 더 약화시키는 것과 같지 않을까? 정치적 올바름의 보호 본능이 오히려 약자를 더 약하게 만들고, 사회 전체를 상처에만 집착하도록 만드는 것에 대해 어떻게 생각하는가?

사람들이 상처 중심적으로 살아가면, 사소한 모욕에도 쉽게 예민해지고 언제나 불평과 분노를 품게 된다. 그들의 예민한 반응은 자신을 다스릴 능력이 없고, 강한 자들이 자신의 행복을 좌우한다는 고백과 다르지 않다. '상처'의 존재 자체가 그들이 연약하고 무력하며, 강한 자의 권위 아래에 있다는 것을 드러내는 것이다. 강한 자가 약한 자의 반응에 책임을 져야 한다는 생각은 전형적인 피해자 사고방식이다.

그 결과, 정치적 올바름이 지배하는 사회에서는 강한 자들이 쉽게 상처를 받는 약한 자들을 점점 부담스러워 하게 된다. 그들은 언제라도 실수로 누군가를 상처 입힐까 두려워하며 '달걀 껍질 위를 걷는 듯한' 삶을 살기 때문이다. 그렇게 사회적 연합은 무너지게 되고, 결국 공동체는 쉽게 상처받는 자들과, 실수하지 않으려 조심스러워하는 자들로 나뉘어 버린다. 오늘날 우리가 경험하는 미묘한 사회적 긴장은 불과 오십 년 전만 해도 존재하지 않았던 것이다.

우리는 어디로 가고 있는가?

미국이 앞으로 어디로 갈지를 알고 싶다면, 대서양 건너편만 바라보면 된다. 영국은 정치적 올바름에 있어 우리보다 몇 걸음 앞서 있다. 영국 정부는 사람들의 감정을 두려워한 나머지 수많은 법률과 직장 규정을 만들어냈고, 거기에는 각종 처벌과 벌금이 뒤따른다. 그들은 보호받는 집단을 불쾌하게 할 수 있는 말, 행동, 혹은 신념으로부터 그들을 지키는 데 집착하는 듯하다.

* 2007년 12월, 한 학생 합창단은 전통 크리스마스 노래 가사를 바꿔야 했다. 일부 콘서트 참석자들이 불쾌해할 것을 학교 행정가들이 우려했기 때문이다. 크리스마스가 본래 그리스도의 탄생을 기념하는 절기임에도 불구하고, 합창단은 아기 예수의 탄생을 언급하는 가사를 모두 바꿔야 했다. 예를 들어, "작은 나귀야, 마리아를 안전하게 데려다주렴"이라는 가사를 "작은 나귀야, 루시를 안전하게 데려다주렴"으로 바꾸어야 했다.

* 2006년, 맨체스터 고용법 자문 서비스는 동료에게 발렌타인 카드를 보내는 행위를 경고했다. 성희롱으로 해석될 수 있기 때문이라는 이유였다.

*특정 집단의 감정을 보호한다는 명목으로, '로디언&보더스 경찰지침서'는 경찰관들에게 노인들을 "늙은이"라고 부르지 말고, 여성들을 "여보"나 "내 사랑" 같은 친근한 호칭으로 부르지 말라고 가르친다. 또한 동성애자를 "동성애자homosexual"라고 말하지 말아야 하고, 사람들이 동성 결혼 여부를 묻는 것도 금지한다. 교육부 역시 학교에서 "엄마"와 "아빠"라는 용어를 쓰지 않도록 하는 안내를 했다. 동성애자들에 대한 배려라는 이유였다.

＊웨일스 서부 카마던의 한 학교는 어머니가 없는 아이들이 상처 받을 수 있다는 우려로, 어머니날 카드를 만드는 활동을 금지했다.

＊2007년 9월, 이슬람의 라마단 기간 동안 스코틀랜드 글래스고와 로디언의 국민건강보험공단 이사회는 직원들이 책상에서 음식을 먹는 것을 금지했다. 금식 중인 무슬림들이 불쾌해할 수 있다는 이유에서였다.

＊미국에서는 학교에서 관중들이 상대 팀을 향해 야유하는 것을 자제하도록 권고한 적이 있었지만, 스코틀랜드의 한 학교는 한 걸음 더 나아가 학생들이 자기 팀을 응원하는 것조차 금지했다. 당국은 그것이 다른 팀을 모욕하는 결과가 될까 두려워했기 때문이다. 더욱 놀라운 일은 영국 서튼 콜드필드의 한 학교에서 벌어졌다. 이 학교는 체육대회에 학부모들이 참석하는 것을 금지했는데, 자녀가 경기에서 지면 부모 앞에서 굴욕감을 느낄 수 있다는 이유였다.

＊잉글랜드 셰필드에서는 청소년 축구 선수들의 자존감을 보호한다는 명목으로, 지역 축구 연맹이 경기 최종 점수를 언론에 보도하지 못하게 했다. 점수 차가 너무 크면 패배한 팀이 곤혹스러워할 수 있다는 이유였다. 이 결정은 한 지역 신문이 29대 0이라는 경기를 "완벽한 참패A Comprehensive Trouncing"라고 보도한 뒤에 내려졌다.

* 잉글랜드 럭비의 한 여성은 집이 도둑을 맞자 울타리 위에 철조망을 설치하려고 했다. 그러나 경찰은 침입자가 담장을 넘다 다치면 그녀가 조사를 받을 수 있다고 경고했다. 그녀는 결국 철조망을 설치하지 못했다.

* 서머셋주 콜포드에서는 경찰이 오토바이 도난 현장을 목격했지만, 도둑을 쫓지 않았다. 도둑이 헬멧을 쓰지 않은 상태였기 때문이다. 경찰은 헬멧을 쓰지 않은 도둑을 추격하는 것이 위험하다고 변명했고, 만약 추격 중 도둑이 다치면 소송 위험이 있다고 상부는 경찰의 행동을 두둔했다.

* 영국 교도소의 재소자들은 마약 금단 증상을 겪도록 강제한 것이 '동의 없는 폭력적 대우'라며 정부를 상대로 소송을 제기했고, 승소했다. 법원은 이들의 주장을 받아들였고, 두 건의 사건에서 총 198명의 수감자들에게 각각 8,000달러씩 배상금이 지급되었다.

* 웨일스에서는 십대 폭력배 집단이 조용한 동네를 공포에 몰아넣으며 차량과 재산을 파손하고 주민들을 위협했다. 그러나 영국에서 정치적 올바름은 십대 '아이들'을 보호 계층으로 만들어 버렸기 때문에, 경찰에 민원을 넣어도 소용이 없었다. 어느 날, 64세의 한 여성이 귀가하던 길에 20명의 십대들이 길을 막고 그녀를 조롱했다. 괴롭힘은 폭력으로 이어졌고, 결국 그 할머니는 팔이 부러진

채 바닥에 쓰러졌다. 그런데 경찰은 그녀를 '미성년자 폭행 혐의'로 체포했다. 또 다른 사례에서는, 66세 여성이 폭력배들에게 밀침을 당하고 판자로 위협을 받았다. 그녀가 그중 한 십대에게 되받아쳤다는 이유로 하룻밤 동안 유치장에 갇혔다.

계속해서 외치는 사람들이 있다. "임금님은 벌거숭이다!" 과연 언젠가 임금님과 그 측근들이 자신을 돌아보고 진실을 마주할 용기를 낼 수 있을까?

혐오 발언

지금쯤이면 내 우려를 잘못 이해하는 이들이 있을 것이다. 나를 인격적인 모욕이나 경멸적 언어 사용을 조장하는 사람이라고 생각할 수도 있다. 혹은 사람들의 감정은 아랑곳하지 않고 '혐오 발언'을 퍼뜨린다고 비난할 수도 있다.

하지만 그것만큼 사실과 동떨어진 일은 없다. 혐오스러운 말은 쓴 마음과 교만에서 비롯된다. 나는 쓰디쓴 마음이나 혐오 발언이라는 개념 자체를 몹시 싫어한다. 사실 나는 사람들이 하나님의 사랑을 발견해 쓴 마음을 치유받고 상처 주는 말을 줄이도록 돕는 데 내 삶을 헌신해왔다.

우리 가정에서는 자녀들에게 언제나 남을 배려하며 말하라고 가르친다. 화가 났을 때도 마찬가지다. 우리는 아이들이 누구를 놀리거나 비하하는 말을 하지 못하게 한다. '바보'나 '멍청이' 같은 말조차 허용하지 않는다. 또한 의도했든 우연이든 모욕은 그냥 흘려보내라고 강조한다. 친절함이 원칙이다.

나는 우리 가정에서처럼 이 나라 사람들이 모두 친절이라는 기준을 가지고 서로의 관계 속에서 살아가길 바란다. 친절한 말과 자비로운 반응이야말로 수많은 갈등과 아픔을 없앨 수 있을 것이다.

내가 이 장 전체에서 말해온 내용을 바탕으로 볼 때, 정치적 올바름에 대한 가장 큰 우려는 정부가 예의를 규제하려 한다는 점이다. 나는 그것이 현명하다고 보지 않는다. 예절은 부모가 가르쳐야 하고, 사회가 그것을 강화할 수 있다. 그러나 정부가 누군가의 감정을 상하게 하는 것을 법으로 금지하는 순간, 그것은 인간 마음이라는 전적으로 주관적인 영역에 손을 대는 것이다. 그렇게 되면 어디까지가 금지대상이 될지 가늠할 수 없게 된다.

정부는 우리가 비도덕적인 행동, 신체적 피해를 일으키는 말, 혹은 순수한 이들을 더럽히는 저속한 이미지와 표현을 한다면 당연히 우리에게 책임을 물어야 한다. 그러나 다른 사람들이 우리의 말, 신념, 의견에 어떻게 반응하느냐에 대해서까지 현실적으로 우리에게 책임을 물을 수는 없다. 약한 사람들을 임의적으로 선정해 목록을 만들고, 그들의 감정을 상하게 했다고 해서 다른 사람을 처벌하는 것은 나쁜 양육자이며, 나쁜 통치자이다.

9장의 핵심

✓ **과도한 보호는 아이의 회복력을 약화시킨다.**

✓ **비판과 실패를 경험하지 못한 아이는 책임을 회피하게 된다.**

✓ **부모의 역할은 방패가 아니라, 훈련자에 가깝다.**

✓ **아이는 보호보다 사회로 나갈 준비가 더 필요하다.**

잠시 멈춰 생각해 보기

1. 나는 아이가 상처받지 않게 하려다 성장의 기회를 막고 있지는 않은가?

   ____

   ____

2. 나의 부모는 보호하는 부모였나, 준비시키는 부모였나?

   ____

   ____

3. 우리 가정은 비판과 실패를 어떻게 받아들이고 있는가?

   ____

   ____

제10장
불법침입자를 대하는 방법

"범죄는 결코 이익이 되지 않는다."

미국은 자기 결정권과 개인의 자유라는 원칙 위에 세워진 주권 국가다. 우리의 자비로운 정부와 자유 기업을 지지하는 풍토는 구성원들이 성공과 번영을 누릴 수 있는 엄청난 기회를 제공했고, 그 덕분에 우리 사회는 전세계인이 인정하는 살기 좋은 나라, 살고 싶은 나라가 되었다. 나라가 젊었을 때는 국경이 활짝 열려 있어 이 땅에 발을 들일 수 있는 사람이라면 누구든 이곳을 자기 집으로 삼을 수 있었다. 그러나 나라가 성숙하면서 공식적인 시민권 제도의 필요성을 깨달았고, 방문객을 환영하고 새로운 구성원을 받아들이는 방식에서도 점점 더 신중해졌다. 최근에는 테러의 위협과 불법으로 국경을 넘어오는 이민자의 급증으로 인해 국경을 더 엄격히 관리하는 일이 얼마나 중요한지도 배우게 되었다. 그럼에도 매년 수십만 명이 허가 없이 국경을 넘고 있으며, 그 대부분은 남쪽 이웃, 멕시코에서 온다.

일부 미국인들은 불법 이민자들을 미국에 받아들여 미국식 생활 방식이 주는 혜택을 누리게 하는 것이 연민이라고 말한다. 이들은 국경을 열어두고, 이미 이곳에 살고 있는 이들에게는 전면 사면을 주어야 한다고 주장한다. 그 지지자들은 집회를 열고 대규모

행진을 주도하며 운전면허와 일자리뿐 아니라 세금으로 지원되는 의료와 교육을 받을 권리까지 요구했다. 멕시코 전 대통령 비센테 폭스는 자국민이 국경을 몰래 넘는 것을 막으려는 어떤 시도도 강하게 비판하며, 국경 장벽을 베를린 장벽에 비유하고 "수치스럽고 불명예스럽다"라고 말했다. 유럽연합 외교정책 수장 하비에르 솔라나 역시 불법 이민자들을 옹호하면서 그들이 "범죄자가 아니라 사람으로 대우받아야 한다."고 주장했다.

뉴스만 보아도 불법 이민자들이 자신들의 권리를 요구하는 데 얼마나 열정적인지 알 수 있다.

많은 미국 시민들은 이런 주장에 반대하며, 국경을 불법으로 넘어온 사람들의 요구를 존중하고 싶어 하지 않는다. 이들은 그들이 '법을 어긴 자'이므로 범죄자로 취급되어야 하고, 범죄에 상응하는 처벌을 받아야 한다고 주장한다. 일부는 심지어 무기를 들고 국경 순찰을 돕기도 한다. 불법 이민 문제에 관해 양쪽 모두의 열정이 그만큼 뜨겁다는 사실은 분명하다.

이 논란이 그토록 격렬한 이유 중 하나는 미국으로 오는 멕시코인 가운데 68%가 허락 없이 들어오기 때문이다. 멕시코 정부 기관인 '국가인구위원회National Population Council'의 조사에 따르면, 미국에 거주하는 멕시코인 1,100만 명 가운데 다수인 620만 명이 불법 체류자다. 그 숫자는 더 클 수도 있었지만, 평균적으로 해마다 약 백만 명이 국경을 몰래 넘으려다 체포된다. 2005년에는 그 수가 120만 명에 달했다. 결론적으로 우리가 주위에서 보고 있는 멕시코인의 대다수, 즉 거의 열 명 중 일곱은 법을 위반한 상태로 이곳에 살고 있다는 것이다.

이 책의 목적 중 하나가 양육 관점에서 정치적 관점을 평가하는 것이므로, 적절한 양육의 틀을 통해 불법 이민 문제를 살펴보자.

우리 집의 규칙

이 땅, 곧 미국은 우리의 집이다. 우리는 집의 주인으로서 누가 집에 들어올 수 있는지, 어떻게 들어와야 하는지에 관한 규칙을 만들 권리가 있다. 우리는 이웃이 몰래 들어오거나 억지로 들이닥치는 것이 아니라 현관문을 두드리기를 요구한다. 만약 허락 없이 들어온다면 우리는 그들을 침입자로 볼 것이다. 그들이 자기 것이 아닌 것을 가져간다면 우리는 도둑으로 여길 것이다. 손님방에 눌러앉는다면 우리는 무단 점유자로서 내보낼 것이다. 우리가 요구하는 것은 그리 많지 않다. 이웃이 문을 두드리고 들어올 허락을 받는 것뿐이다.

집의 가장으로서 중요한 것은 자녀들이 우리가 한 말을 진지하게 받아들이도록 하는 것이다. 만약 규칙이 깨졌는데도 우리가 아무런 책임을 묻지 않는다면, 아이들은 적당히 피해갈 수 있다고 배우게 된다. 그렇게 되면 그들은 가정의 규칙을 어김으로써, 자신의 마음대로 하여 얻은 즐거움 혹은 구체적인 물질적인 이득만을 손에 쥐게 된다.(예를 들어 지키지 않은 귀가 시간 또는 사지 않기로 한 게임팩 등) 그 결과, 우리는 그들에게 "범죄는 실제로 이득을 준다"라는 메시지를 가르치게 되는 것이다. 만약 이웃이 창문을 통해 몰래 들어와 규칙을 어겼는데도 우리가 그들을 책임지게 하지 않는다면, 이웃은 우리와 우리의 권위를 무시하게 될 것이다. 사실 우리가 그들의 침입을 묵인하고 손님방에서 내쫓지 않는다면, 그들은 시간이 흐르며 그곳에 머물 권리가 있다고 여기게 될 것이다. 결국 음식에 불평을 하고, 우리 자녀와 똑같은 권리를 요구할 것이다.

아이들은 우리가 징계하지 않는 모습을 보며 두 가지 반응 중 하나를 보일 수 있다. 우리의 리더십이 나약하다고 무시하거나, 혹은 이웃이 집안일을 도와줄 경우에는 우리가 그들을 내쫓으려 하는 것을 못 마땅해 할 수도 있다. 한 가지는 분명하다. 그런 집에서는 권위에 대한 존중이 사라지면서 자녀와 불청객 사이에서 갈등과 혼란이 커질 것이다.

기억해야 할 원칙은 이렇다. 규칙을 만들었지만 그것을 집행할 의지가 없는 권위자는 결국 자신이 이끄는 이들의 존경을 잃게 된다. 법이나 그것을 집행하는 자에 대한 존중이 사라지면 가정이나 사회는 통제 불능 상태로 치닫는다.

불법 이민자와 그들의 요구에 대한 양육적 관점

우리 나라에 허락 없이 들어오는 것이 불법이라는 사실을 고려할 때, 그렇게 하는 사람들은 법을 어긴 자들이다. 그리고 그들의 존재 자체가 범죄적 성격을 띤다는 점에서, 불법 이민자들은 어떤 것도 요구할 자격이 없다. 사실 나는 이렇게 묻지 않을 수 없다. 애초에 법을 어기며 들어온 사람들에게 시민권을 부여해야 할지에 대해 왜 고민을 해야 하는 것인가! 그들은 이미 우리의 법을 심각하게 무시했다는 사실을 행동으로 보여주지 않았는가?

은행 강도가 훔친 것을 계속 소유하도록 허락하는 경우가 있는가? 우리가 임대할 방을 광고할 때, 계속해서 몰래 들어와 소파에서 자는 침입자에게 임대해 주겠는가? 우리는 분명, 입증된 불법 점유자보다는 더 나은 성품을 가진 세입자를 찾으려 하지 않겠는가?

불법 체류자는 미국의 국경법을 무시하고 기만적으로 이 나라에 들어온 사람이다. 이런 방식의 입국은 방을 임대한다고 광고한 집에 누군가 창문을 타고 들어와 주인의 허락 없이 살기 시작하는 것과 다르지 않다. 집에 들어와 방을 임대할 수 있는 합법적인 방법이 있듯, 이 나라에 들어오는 것도 합법적인 절차가 있다. 몰래 집에 들어오는 자가 무단침입자이자 불법 거주자인 것처럼, 이 나라에 몰래 들어오는 자도 동일하다.

이 비유에는 아무런 흠이 없다. 정확히 평행을 이루고 있으며, 복잡하지도 않다. 허락 없이 국경을 넘는 자들에게 가장 알맞은 표현은 '국경 침입자border trespasser'이다. 엄밀히 따지면, 국경을 처음 침입하다 적발된 자는 심사 없이 입국entry without inspection 이라는 연방법 위반 행위를 저지른 것이며, 이는 경범죄에 해당한다. 그러나 두 번째로 적발될 경우 중범죄가 되며, 추방되기 전에 최대 2년간 징역형을 받을 수 있다.

　침입은 경범죄이든 중범죄이든 여전히 징계를 받을 만한 범죄다. 만약 처벌이 주어지지 않는다면 참으로 유감스러운 결과를 보게 될 것이다.

침입자들은 겸손이 없으며, 요구할 근거도 없다

　자녀가 자기 욕심만 차리며 부모의 규칙을 무시할 정도로 교만하다면, 겸손을 회복하도록 합당한 징계를 받아야 한다. 겸손이 없이는 어떤 교훈도 배우지 못한다. 사회의 범법자도 마찬가지다. 범죄로 유죄 판결을 받고도 겸손 없이 형기를 마친 자는 아무 교훈도 배우지 못한다. 그래서 다시 범죄에 손을 대고 또다시 감옥으로 돌아오는 것이다.

　내가 뉴스에서 국경 침입자나 그 대변인들의 주장을 들을 때 걱정되는 점 중 하나는 그들에게 겸손이 전혀 보이지 않는다는 것이다. 그들은 마치 자기 것이 아닌 것에 권리가 있는 듯 분노하며 당당하게 요구한다. 최소한 그들은 존재하지도 않는 '권리'를 요구할 것이 아니라 자비를 구해야 한다. 그들은 범죄자이다. 그들이 자국에서 아무리 초라하게 살았더라도, 우리는 불법 입국이라는 범죄에 대한 사법적 처벌을 그들에게 요구해야 한다. 그들은 잘못을 저질렀다. 그러나, 자신이 잘못을 저질렀음을 뉘우치며 자비를 구하는 자의 겸손함이 그들에게는 없어 보인다.

　분명히 겸손이 없는 이유는, 그 이웃이 손님방에서 너무 오래 살아서 이제는 자신이 거기에 있을 권리가 있다고 생각하기 때문이다. 아니면 우리가 '가진 자haves'이고 그는 '갖지 못한 자have-nots'이기 때문에 그곳에 있을 자격이 있다고 여기는지도 모른다. 어느 쪽이든, 이런 관점은 방임적 정치적 양육에서 비롯된 것이다.

국경 침입자 자녀들에게 음식, 교육, 의료를 제공하라고?

누군가 범죄를 저질러 내 집에 침입한다면, 불법을 저지른 그들의 자녀들을 내가 먹이고 돌볼 책임은 없다. 범죄자들이 자신의 자녀를 위험에 빠뜨린 책임이 있는 것이지, 집주인인 나에게 있는 것이 아니다. 국경 침입자들은 합법적으로 일할 수 없는 나라에 가족을 몰래 데려옴으로써 스스로 가족을 위험에 빠뜨린다. 합법적으로 생계를 유지할 수 없는 곳에 자녀를 데려오는 자는 어리석은 사람이다. 범죄를 저지르면서 가족까지 데려오는 자는 잔인한 사람이다. 그는 가족을 위험에 빠뜨리고, 본보기로 자녀에게 법을 무시하는 태도를 가르치는 것이다.

안타깝게도, 미국은 자녀를 오냐오냐하며 키우는 나쁜 부모와 같다. 우리가 "더러운 양말을 빨래통에 넣어 두지 않으면 빨래는 되지 않을 거야"라고 말하면서도 계속 직접 주워다 빨아준다면, 우리는 어리석은 부모다. 그런 가정에서 자녀는 자신이 저지른 행동의 결과에 대한 책임을 경험하지 않으므로, 권위를 무시하는 마음이 무의식중에 자리 잡는다. 그런 집에서는 자녀가 결코 책임감을 배우지 못하고, 부모는 결국 자녀의 존경을 얻는 데 실패한다.

미국도 마찬가지다. 우리는 기만적인 입국을 금지해 놓고, 정작 침입자들을 보상해 주고 있다. 그들이 자녀를 위험에 빠뜨린 것을 보고서도, 자녀를 위험에 빠뜨린 것에 대해 엄하게 꾸짖고 본국으로 돌려보내는 대신, 우리는 오히려 그들의 자녀를 교육하고 먹이고 돌봄으로써 보상한다. 부모의 무책임을 부추기면서까지, 우리가 그들이 위험에 빠뜨린 그들의 자녀를 돌볼 의무는 결코 없다. 그런데도 우리는 그 길로 간다. 우리는 도대체 얼마나 눈이 멀어 있는 것인가?

국경 침입자들은 운전면허증을 받으려 한다

불법 체류자들에게 운전면허를 발급해 주는 것은 우리가 침입자들을 오냐오냐하며 달래는 또 다른 방식이다. 사실 그렇게 복잡하지 않다. 그들은 법을 어기고 있는 것이다. 그들은 우리 땅에서 운전을 배우는 것이 아니라, 나라 밖으로 쫓겨나야 맞다, 운전자를 등록하는 것은 도로 안전을 확보하는 한 방법이다. 그러나 만약 그들을 본국으로 돌려보낸다면, 그들은 애초에 우리 도로 위를 운전할 일이 없다. 원칙은 분명하다. 잘못을 보상하면, 같은 잘못이 더 늘어난다.

국경 침입자들은 시민권을 요구한다

국경 침입자들이 이제 미국 시민권을 요구하는 것은 정부가 보여온 '잘못된 양육'의 직접적인 열매다. 우리는 법을 어긴 자들을 오히

려 감싸고 그 결과로부터 보호해 주었고, 그로 인해 그들은 '피해의
식'을 키워 왔다. 침입자들은 이제 자신들을 억압받는 피해자로 여
기며 특별 대우를 받을 자격이 있다고 믿는다.

여러분은 이미 배웠을 것이다. 무책임한 사람들을 계속 달래 주
면, 그들은 자신이 올바른 방식으로 얻을 생각이 없는 것조차 '권
리'라고 주장하게 된다. 우리는 국경 침입자들에게 이미 충분히 특
혜를 주었고, 그래서 그들은 이제 스스로를 특별한 존재로 여기
며 개인적 책임에서 벗어난 예외적 존재라고 생각하게 된 것이다.

국경 침입자들은 미국을 탓한다. 침입이 너무 위험하다고 말한다

미국 국경을 넘는 일은 대부분에게 쉽지 않다. 때때로 침입자들
은 애리조나 남부 사막을 걸어서 건너려다 탈진으로 죽기도 한다.
평균적으로 하루에 한 명 이상이 목숨을 잃는다. 죽는 사람이 너무
많다 보니, 멕시코 정부는 사막 경로를 통해 국경을 넘는 법에 대
한 지역 세미나를 열고 있다. 이들은 침입자들에게 영양 섭취, 의
료, 불법체류자로서 살아가며 받게 될 스트레스 관리 방법을 가르
친다. 심지어는 생존 키트를 제공하기도 하는데, 거기에는 음식과
물뿐 아니라 응급 처치 도구와 피임약도 포함되어 있다. 또한 미
국에서 결핵 치료를 받을 계획이 있는 사람들을 위한 특별 카드와
사회보장번호 없이도 진료 받을 수 있는 캘리포니아 보건소 목록
도 들어 있다.

이처럼 자기 정부로부터 많은 지원을 받으니, 그들이 자신을 미

국 억압의 피해자라고 생각하는 것은 놀랍지 않다. 그리고 열한 명의 침입자들이 사막에서 탈진으로 죽었을 때, 동조자들이 미국 정부를 상대로 '급수대를 설치하지 않았다'는 이유로 불법 사망 소송을 제기한 것 또한 전혀 놀라운 일이 아니다.

국경 침입은 위험한 선택이다

일부 불법 이민자들은 마치 정어리처럼 꽉 들어찬 밀폐된 트럭에 몸을 실었다가, 더위와 산소 부족으로 목숨을 잃는다. 좀 더 편안한 차량으로 이동하는 경우도 있지만, 국경 순찰대를 피하려다 사고로 죽기도 한다. 2006년 8월, 침입자 20명을 실은 SUV를 운전하던 브로커가 국경 순찰대를 따돌리려다 사고를 내면서 열한 명이 죽었다. 생존한 가족들은 브로커에게 책임을 묻지 않고, 도리어 추격을 시도한 국경 순찰대 요원을 상대로 소송을 제기했다. '피해의식'은 국경 침입 사고에서 핵심 요소다.

본질적으로 모든 범죄는 위험하다. 범죄를 저지르다가 죽음에 이르는 경우에도, 피해의식은 그 죽음에 책임이 없다고 주장한다. 범죄 행위는 대개 기만과 위험을 수반하며, 무장한 법 집행기관과 얽힐 가능성을 높인다. 국경 침입자들은 여러 차원에서 스스로 목숨을 걸지만, 그 모험이 실패로 끝나 죽음에 이르면, 동조자들은 대개 범죄자에게 책임을 묻지 않고 미국이 국경을 지키는 것을 탓한다.

내 생각에 어떤 죽음이든 비극이다. 범죄를 저지르는 도중에 죽은 경우도 마찬가지다. 그러나 위험하고 불법적인 선택을 한 결과로 죽은 사람을 피해자로 추켜세우고, 미국 정부를 가해자로 묘사하는 것은 그 비극을 더 키우는 일이다.

멕시코 정부, 미국을 상대로 소송을 걸겠다고 위협하다

2006년 5월 15일, 조지 W. 부시 대통령은 이민 문제에 관한 연설에서 멕시코 국경에 주방위군을 배치한다고 발표했다. 국경 침입자들이 치명적인 무력 사용의 위협을 마주하게 되자, 멕시코 외무장관 루이스 에르네스토 데르베스는 이렇게 말했다.

"만약 실제로 권리 침해가 파도처럼 밀려온다면, 만약 우리가 주방위군이 직접 체포에 개입하는 것을 보게 된다면, 우리는 즉각 영사관을 통해 소송을 제기하기 시작할 것이다."

이 발언은 나로서는 놀라울 따름이다. 멕시코 정부는 자국민이 국경을 침입할 권리가 있다고 믿고, 우리가 무력을 사용해 국경을 지키면 소송을 걸겠다고 위협한다. 명백히 멕시코 정부는 방임적인 리더십 방식을 취하며, 자국민을 피해자로 보고 있는 것이다.

이 상황을 당신의 이웃 동네로 옮겨 보자.

만약 이웃집 아이들이 당신의 마당에 몰래 들어와 과수원에서 야영을 한다는 사실을 알게 된다면, 당연히 그 아버지에게 아이들을 단속하라고 요구하지 않겠는가? 그런데 아이들이 단순히 야영만 한 것이 아니라, 당신의 과일을 따다가 아버지의 과일가게에 가져다 판다면, 울타리를 치고 경비견을 들이는 것이 당연한 권리가 아니겠는가?

그런데 울타리를 치고 나서 이웃이, 울타리에 가시철조망을 둘렀다는 이유로 당신을 고소하겠다고 위협한다면 어떻게 하겠는가? 그의 아이들이 철조망을 타고 넘다가 다칠 수도 있다는 이유에서다. 그 경우 아이들을 돌보고 그들을 당신의 마당에 들어오지 못하게 하는 것은 아버지의 책임이라고 생각하지 않겠는가? 만약 그가 자기 아이들을 통제할 수 없다면, 스스로 울타리를 치도록 기대하는 것이 무리일까?

그러나 지금 멕시코 정부는 피해의식에 사로잡혀 있다! 자기들 국경을 지키지 못하고 국민을 통제하지 못한 것에 대해 사과하기는커녕, 미국이 멕시코 국민을 돌봐야 한다고 이상하게도 믿고 있는 것이다. 심지어 우리가 국경을 조금 더 철저하게 보호하려 하면 소송을 걸겠다고 위협하기까지 한다.

멕시코 관리들이 우리를 향해 위협을 가할 것이 아니라, 자기 국민들에게 북쪽 이웃의 마당에 무단 침입했을 때 어떤 결과를 맞게 될지를 경고해야 마땅하지 않겠는가? 그러나 그들은 부모로서 무책임하게 자녀를 응석받이로 키우듯 의무를 소홀히 한다. 자기 지도 아래에서는 누릴 수 없는 삶을 국민들이 미국에서 누리길 바라기 때문이다. 그래서 그들은 미국 이웃에게, 자신들이 스스로 제공하지 못하는 것을 대신 제공하라고 요구하는 것이다. 그러나 분명한 것은, 그들이 자기 국민들에게 경고하는 모습을 결코 보지 못할 것이라는 사실이다. 멕시코 정부는 매년 미국에서 본국으로 송금되는 수십억 달러를 탐내고 있기 때문이다.

미국이 국경 범죄를 용인하고, 그 범죄자들과 그들의 자녀를 돌봄으로써 보상하는 한, 이 나라가 도덕적 기개를 키울 수 있을 것이라고 기대해서는 안 된다. 이러한 지도력은 나쁜 양육이자 나쁜 통치다. 부디 너무 늦기 전에 깨어나 올바른 일을 하기를 바랄 뿐이다!

✓ **아이가 선택하고 행동한 일에 대한 결과는 아이가 책임지게 한다.**

✓ **자비는 기준을 무너뜨리는 것이 아니라, 기준 위에서 작동해야 한다.**

✓ **보상은 행동의 방향을 가르치는 강력한 도구다.**

✓ **부모의 일관성은 아이의 도덕 기준을 형성한다.**

잠시 멈춰 생각해 보기

1. 나는 갈등을 피하기 위해 기준을 낮춘 적은 없는가?

____

____

2. 자비와 책임을 균형 있게 가르치고 있는가?

____

____

3. 아이는 우리 가정에서 어떤 행동에 격려받는지 분명히 알고 있는가?

____

____

결론

우리는 각 시대 성인은 자신을 길러준 윗세대의 양육 방식을 반영한다는 것을 알게 되었다. 사람들은 성장하면서 자신이 받은 양육을 통해 형성된 세계관에 따라 시민이자 정치인으로 살아간다. 그러므로 사회는 부모가 자녀에게 자기 절제와 이타적인 마음을 전해 줄 때 번영하지만, 자녀가 스스로를 내세우는 마음을 심어 줄 때는 도덕적 쇠퇴를 겪게 된다. 결국 한 나라를 형성할 힘은 부모의 손에 달려 있다.

좋은 인격을 기르려면 부모는 자녀가 태어날 때부터 쾌락적이고 자기중심적이라는 사실을 이해해야 한다. 본성적으로 아이들은 책임을 지는 것보다는 즐거움만을 원한다. 욕구를 채우려는 자녀의 성향을 부모가 방임하고, 매일 해야 하는 집안일이나 채소 먹기 같은 훈련을 시키지 않는다면, 아이들은 원하는 것은 당연히 가져야 하고 행동에 따른 결과는 책임지지 않아도 된다고 믿게 된다. 성인이 된다 해도 그들의 세계관은 훈련받지 못한 유아 수준에 머물며, 성숙의 핵심 요소인 자기 절제, 지혜, 책임감이 결여된 채 살아가게 된다.

그런 어른들은 계속해서 '아이 역할'을 하며 책임 없는 만족을 요구하거나, 혹은 '부모 역할'을 맡아 '아이 역할'을 하는 이들을 만족시키며 살게 된다. 이런 세계관에서는 욕망이 이성과 논리를 압도한다.

욕망과 만족 추구가 시민들을 지배하고, 정부가 방임을 연민으로 착각할 때, 사회를 무너뜨리는 모든 것이 번성한다. 범죄는 증가하고, 중독은 급증하며, 정신 건강은 악화되고, 결혼은 붕괴되고, 교육은 저해되고... 결국 사회적 혼란이 닥친다. 건국의 아버지들은 이에 대해 분명한 경고를 남겼다.

미덕이 결여된 사회에서는 도덕적 기준이 자의적이고 끊임없이 변한다. 새로운 도덕을 장려하고 보호하는 사람들이 영웅으로 보이는 반면, 절제를 요구하는 사람들은 악당으로 취급된다. 관대한 수호자들은 자신을 배려하는 사람으로 생각하지만, 그들의 왜곡된 연민관은 좋은 결과가 아닌 해를 더 많이 끼치고 있다.

미국은 분명 심각한 곤경에 처해 있다. 우리는 교육, 입법, 자존감 강화 프로그램을 통해 도덕적 문제를 고치려 하며 수백만 달러와 수많은 세월을 허비했다. 그러나《오즈의 마법사》속 도로시가 붉은 반짝이 구두를 신은 채 언제든 집으로 돌아갈 수 있었던 것처럼, 부모들은 이미 변화를 일으킬 힘을 가지고 있다. 이 점을 붙잡아야 한다. 부모에게는 나라를 빚어낼 힘이 있다!

부모가 전적인 힘을 가진 것은 아니다

일부 사람들은 내 의도를 오해하고, 부모가 자녀의 미래를 완전히 통제할 수 있다고 내가 주장한다고 생각할지도 모른다. 그러나 그것만큼 사실과 동떨어진 일은 없다.

아이들은 훈련시킬 개도 아니고, 실험실에서 혼합할 화학물질도 아니다. 그들은 부모가 주려는 훈련을 어떻게 활용할지 결국 스스로 결정하는 결정권을 가진 존재들이다. 물론 아이들은 받은 훈련에 크게 영향을 받기 때문에, 부모가 집에서 함께하는 몇 년을 최대한 활용해야 한다. 보수적인 부모들은 자녀가 보수적으로 성장할 가능성을 크게 높일 수 있다. 그러나 인간 본성에 내재된 욕구 중심적, 쾌락적 성향과 현재 문화가 자기 절제가 아닌 욕망을 따르도록 부추기기 때문에, 부모가 자녀의 최종적 모습까지 100% 통제할 수는 없다.

그래서 동일한 부모에게서 같은 양육을 받은 형제·자매가 정치적으로 완전히 정반대의 길을 가는 경우가 생기기도 한다. 보수적인 부모가 자녀에게 욕망을 제어할 수 있는 힘을 주려 해도, 결국 그 열정에 매혹되어 진보주의적 세계관으로 끌려갈 수 있다. 반대로 진보 부모의 자녀가 자라서 보수의 이상을 붙드는 경우도 가끔 있지만, 내 경험에 비추어보면 그리 흔하지는 않다. 진보주의적 관점은 인간 본성의 욕구 지향적이고 쾌락적인 경향에 뿌리를 두고 있기 때문에, 보수가 진보로 미끄러지는 것은 자연스러운 반면, 진보가 보수로 발돋움하는 일은 훨씬 드물다. 만약 진보주의자가 보수주의로 전환한다면, 대개는 자신의 핵심 가치가 사실상 보수적임을 깨달았기 때문이다. 아니면 성격과 세계관 자체를 바꾸는 극적인 '영적 회심'을 경험하여, 개인적 책임과 타인에 대한 관심에 기초한 삶으로 옮겨갔기 때문이다.

방어적인 부모들

앞에서 계속 강조했듯이, 자녀 양육이 개선되면 범죄는 극적으로 줄어들고, 교육은 향상되며, 정신 건강은 강해지고, 성병 확산은 줄고, 혼외 임신도 최소화될 것이다. 하지만 어떤 이들에게는 그 원인을 인종차별, 빈곤, 교육 재정 부족, 폭력적인 오락물, 혹은 총기 접근성에 돌리는 것이 훨씬 쉽다. 개인적 책임을 부인하려는 성향이 있는 사람들에게는, 눈으로 보기에 너무나 분명한 객관적인 사실을 받아들이기보다는 다른 데서 이유를 찾는 것이 훨씬 자연스럽다.

그렇다. 확실히 말해서 이런 책의 메시지는 어떤 사람들에게는 엄청난 호응을 얻겠지만, 다른 이들에게는 철저히 미움 받을 것이다. 자신의 자녀 성품을 위해서라면 무엇이든 하려는 부모들, 혹은 자녀 때문에 간신히 버티고 있는 부모들이 아니라면, 요즘 부모들 대부분은 자신이 변해야 한다는 말을 듣고 싶어 하지 않는다. 그리고 나라의 도덕적 위기가 자기들의 책임이라는 말은 더더욱 듣고 싶어 하지 않는다. 하지만 진정한 변화를 보려면, 다음 세대의 부모들은 반드시 자녀 양육 방식을 바꿔야 한다. 효과가 있을 수 있는 유일한 정부 프로그램은 내가 4장에서 설명한 원리들을 부모에게 훈련시키는 것뿐이다. 그런 훈련 없이는, 이 세대 부모들은 자신이 갖고 있지 않은 것을 자녀에게 줄 수 없다.

나는 미국에 간청한다. 지금은 부모들이 방어적 태도를 보일 때가 아니다! 걸려 있는 것이 너무 크다.

나는 여기서 나눈 내용이 개인과 가정, 그리고 나라까지도 변화시킬 힘이 있다고 믿는다. 그런 변화를 간절히 바라는 이들이 하나님께 은혜를 구하여 그것을 반드시 이루기를 기도한다.

이 책은 단순히 정치적 성향의 차이를 설명하거나, 한 세대의 도덕적 붕괴를 분석하기 위한 책이 아니다. 이 책이 말하고자 하는 핵심은 단순하다.

> "다음 세대의 인격은 가정에서 결정되며,
> 가정의 실패는 곧 사회의 실패로 이어진다."

오늘날 미국 사회가 겪는 혼란은 결코 하루아침에 시작된 문제가 아니다. 그 뿌리는 가정에서 자기 절제를 배우지 못한 아이들이 자라, 욕망과 감정이 지배하는 어른이 되고, 그 어른들이 사회와 제도를 구성하고 이끌어가는 데서 비롯되었다. 우리는 사회의 도덕성을 다시 세우는 방법을 먼 곳에서 찾을 필요가 없다. 해답은 언제나 가까이 있다. 부모가 가정에서 자녀에게 어떤 성품을 길러주는가, 그 선택이 바로 다음 세대를 결정한다.

부모는 단지 자녀의 안전과 행복을 보장하는 존재가 아니다. 부모는 자녀에게 인격의 기초·자기 절제·책임·권위 존중을 전수하는 첫 번째이자 가장 강력한 교육자다. 부모가 이 책임을 잃어버릴 때, 사회는 그 대가를 치르게 된다.

그러나 희망도 바로 이 지점에서 다시 시작된다. 한 가정이 올바른 원칙을 회복할 때, 한 아이가 자기 절제와 책임감을 배울 때, 그는 장차 가정을 세우고 사회를 이끄는 건강한 시민이 된다.

아이를 잘 양육하는 일은 결코 작은 일이 아니다. 자녀의 인격을 바로 세우는 것은 곧 나라의 미래를 세우는 일이며, 가정에서 배우는 자기 절제는 사회의 진보를 지탱하는 마지막 보루다.

이 책을 덮는 지금 이 순간, 부모인 우리는 선택의 기로에 서 있다. 감정 중심의 양육, 즉각적 만족을 보장하는 양육, 아이의 욕망을 중심에 두는 양육으로 흘러갈 것인가? 아니면 자기 절제와 질서, 책임과 인격을 길러내는 양육을 다시 세울 것인가?

그러므로 오늘, 부모로서 다음을 정확히 알아야 한다.

우리는 모두 욕망과 감정의 지배를 받는 진보주의자로 태어난다. 자기절제와 책임감 있는 어른이 되기 위해서는 어릴 때부터 반드시 훈련을 받아야 한다. 우리에게는 자녀를 좋은 시민으로 길러낼 의무가 있다. 아이가 자신의 선택에 따른 결과를 받는 것을 막고 대신해서 해결을 해주는 것은 사랑이 아니다. 방어적 사랑은 아이뿐만 아니라 사회에 나라에 독이 된다.

그러기 위해 작은 것부터 일관되게 실천해 보자. 아이가 원하는 대로 먹도록 내버려두거나 아이가 안 먹는 것에 전전긍긍해 새로운 음식을 해주는 것을 멈추자. 어떤 일이든 아이의 결정과 선택에 따른 결과를 아이가 책임지게 하자. 아이가 원하는 것을 바로 바로 해주지 말고, 기다리고 참을 수 있게 미루게 해보자. 아이가 모든 것을 선택하게 하지 말자. 잘못에 대해서는 많은 기회를 주지 말자. 즉각 순종하게 하고 그 훈련이 된 이후에 아이에게 합당한 이유를 명료하게 가르치자. 가정에서 매일 매일 이런 경험들이 쌓여 그 아이의 성품이 바뀌고, 그 성숙한 인격이 사회를 바꾸며, 그 세대가 미래를 바꾸게 될 것이다.

우리는 아이들의 손을 끌어 미래를 향해 이끌어가는 세대다. 그러니 이렇게 선언해 보자.

“나는 자녀를 자기 절제와 책임감이 있는 사람으로 기르겠다.”
“나는 가정의 질서를 세우고 아이가 권위를 존중할 수 있게 가르치겠다.”
“나는 다음 세대를 위해 오늘 내 아이에게 훈육과 훈련을 실천하겠다.”

이것이 부모 세대가 자녀의 삶에, 또 미래의 이 나라에 해줄 수 있는 가장 필요한 일이며, 우리 사회가 다시 건강해지는 유일한 길이다.

마지막으로, 이 책의 주요 원리를 간단히 정리하고자 한다.
아래 요약표는 부모가 자녀의 인격을 세울 때 반드시 기억해야 할 핵심 내용들을 한눈에 보여준다.

1. 인간 본성과 양육의 방향성

구분	인간의 기본값 (자연적 성향)	훈련된 인격 (양육의 결과)
만족 방식	즉각적 만족 요구	기다림·인내 학습
감정	감정 우선·표출 중심	감정 조절·표현 절제
권위	본능적으로 거부	건강한 권위 인정
책임	회피·핑계	책임 수용·결과 인정
행동 기준	욕망·기분	원칙·규범

2. 진보주의적(본성 중심) 양육 vs 보수주의적(훈련 중심) 양육

항목	본성 중심(진보주의적)	훈련 중심(보수주의적)
부모 역할	조력자·친구	지도자·권위
사랑의 형태	욕구 충족 중심	책임·질서 중심
훈육	최소화·방임	명확한 경계와 일관성
자녀의 자아관	"나는 특별하다"	"나는 책임 있는 존재다"
결과	감정 지배·방종·불안	절제·안정·성숙한 시민

잠시 멈춰 생각해 보기

1. 이 책을 통해 내가 가장 불편하게 느낀 지점은 무엇이었는가?

2. 가족들이 다 모이면 사회 정치 이야기를 하는가, 안 하는가, 이유는?

3. 이 책을 읽고 떠오르는 주변에 롤모델이 될 만한 가정이 있을까?

부록

주니어는 두 살이고 채소, 스크램블 에그, 미트로프를 좋아하지 않는다. 부모는 주니어가 행복하게 자라기를 바라기 때문에 싫어하는 음식을 억지로 먹으라고 하지 않는다. 사실 엄마는 저녁을 두 가지 버전으로 만드는 습관이 생겼다. 하나는 엄마와 아빠를 위한 것이고, 다른 하나는 주니어만을 위해 특별하게 준비한 것이다. 결국 주니어가 네 살이 될 즈음, 엄마는 한 번에 한 끼만 준비하는 게 더 쉽다는 것을 알게 되었고, 그래서 가족의 식단은 주니어가 좋아하는 음식 위주로 바뀌었다. 치즈버거, 피자, 스파게티가 가정의 주된 음식이 되었다. 외식할 때도 주니어가 허락한 식당만 갈 수 있었다. 건강을 위한 식단이 아닌 주니어의 입을 만족시키기 위해 먹는 식사였다. 엄마는 주니어의 건강을 위해 사탕 맛이 나는 비타민을 챙겨주었다. 엄마와 아빠는 모두 어린 시절 경제적으로 넉넉하지 않은 가정에서 자랐다. 그래서 지금은 충분히 돈을 벌고 있기에 주니어를 행복하게 할 수 있다는데 만족했다.

주니어가 일곱 살이 되었을 때, 그는 엄청난 양의 장난감과 영상을 볼 수 있는 전자기기, 그리고 모든 게임이 갖춰진 비디오 게임기를 갖게 되었다. 그의 방에는 컴퓨터와 300개의 위성 채널을 볼 수 있는 대형 TV까지 있었다. 주니어가 받은 것에 만족하지 않을 때면 그는 반드시 부모에게 불만을 표시했다. 식사 시간이나 생일, 혹은 원하는 대로 되지 않을 때면 징징거리거나 불평하는 소리가 흔하게 들렸다.

주니어의 부모는 각자 자신의 가정에서 마음대로 의견을 표현할 수 없었던 경험이 있었기에, 아들이 자유롭게 감정을 표현하는 것을 기쁘게 여겼다. 그들은 어릴 적 부모로부터 어른들에게 반드시 공손하게 말해야 한다는 요구를 받았고, 만약 주니어를 그렇게 키운다면 감정을 억압하게 되고 심리적으로 왜곡될 수 있다고 믿게 되었다. 그러나 집이 항상 평화롭지는 않았다. 주니어가 자기 의견을 거리낌 없이 말하는 성향 때문이었다. 처음에는 그가 '건방지게 구는 것'을 허용하는 게 아닌가 걱정했지만, 학교를 방문해 보니 다른 아이들도 교사에게 비슷하게 대드는 모습을 보고는 요즘 아이들이 다 그렇다고 받아들였다. 결국 부모는 권위자에게 자기 의견을 거리낌 없이 말하는 것이 사실은 자신감과 건강한 의사소통의 신호라고 믿게 되었다.

온갖 노력을 다해 주니어를 행복하게 해주려 했지만, 부모는 그가 좀처럼 만족하는 법이 없다는 것을 알게 된다. 부모는 주니어가 단지 자기 생각이 많은, 기질이 강한 아이라고 여기게 된다. 자기 생각이 뚜렷한 아들이라 그런지 부모는 그가 지시를 따르도록 하려면 여러 번 반복해서 가르쳐야 했다. 주니어가 반항할 때에도 부모는 그에게 화를 내기보다는 이해하려 했고, 그의 행동을 기분이나 발달 단계, 혹은 성격적 특성 때문이라며 넘기곤 했다. 부모는 아들의 잘못된 행동이나 태도에 대해 자신들이 얼마나 많은 변명을 하고 있는지 전혀 알지 못했다.

주니어는 워낙 자기 생각을 거리낌 없이 표현하는 아이였기 때문에, 어머니는 무엇이 아들을 기쁘게 하고 무엇이 아들을 화나게 하는지 뚜렷이 알 수 있었다. 어머니는 아들의 어린 시절을 즐겁게 해주겠다는 결심으로, 그의 방을 대신 치워주고 침대를 정돈해 주었다. 부모 모두는 어린 시절이란 무거운 책임에서 자유롭게, 걱정 없이 지내야 하는 시기라고 믿었다. 공부만으로도 충분히 스트레스가 크다고 생각했기 때문에, 주니어가 집안에서 책임질 만한 일은 모두 대신해주었다. 주니어가 무엇을 망가뜨리거나 잃어버리면 그것도 부모가 대신 보상해주었다. 결국에는 그가 내야 할 주차 위반 티켓이나 교통 범칙금까지 부모가 대신 내주게 될 것이다.

주니어가 중학교에 들어간 지 얼마 되지 않아, 부모는 그가 점점 더 우울해지고 있다는 것을 눈치 챘다. 그에게 특권이란 가만히 있어도 주어지는 것이었기에, 당연히 요구할 수 있는 권리로 여기게 되었다. 그는 권리 의식에 사로잡혀 대부분의 시간을 감사하지 않고 불평 속에서 보냈다. 심지어 그는 부모를 향한 노골적인 경멸까지 드러냈다. 주니어는 열 살 무렵부터 인터넷에서 음란물을 접했고, 열네 살이 되었을 때에는 성적 방종과 마약에 손대기 시작했다. 그럴수록 집에서의 불행감은 점점 더 커져만 갔다.

그가 열다섯 살이 되었을 때, 주니어는 경찰에게 마리화나를 소지한 혐의로 붙잡혔지만 판사는 가벼운 경고만 하고 풀어주었다. 판사는 자신의 전문적인 의견으로, 청소년은 전두엽이 아직 완전히 발달하지 않았기 때문에 충동적인 행동의 결과를 이해할 수 없다고 설명했다. 주니어는 그 체포 기록이 전과에 남지 않는다는 사실에 매우 기뻐했다.

주니어가 열여섯 살이 되자 생일 선물로 차를 받았다. 그것은 바로 그가 원하던 것이었다. 그러나 안타깝게도 한 달도 안 되어 그는 사고를 내 새 차를 완전히 망가뜨렸다. 부모는 주니어에게 아르바이트를 해서 새 차를 사게 하지 않고, 또 다른 차를 사주었다. 두 번째 차는 주니어의 마음에 들지 않았지만 부모가 감당할 수 있는 유일한 차였다. 주니어는 자신이 저지른 문제에서 구해준 부모에게 감사하기는커녕, '창피한 싸구려 차'를 몰게 했다며 화를 냈다. 그는 계속 불만을 드러냈고, 부모는 그의 마음에 드는 차를 사주지 못한 것에 대해 미안해했다.

고등학교 마지막 학년이 끝나갈 무렵, 주니어는 여자친구가 임신했다는 사실을 알게 되었다. 그는 아버지가 될 준비가 되어 있지 않았지만 그녀는 낙태를 원하지 않았다. 주니어는 그녀가 피임약을 복용하지 않았다는 이유로 그녀를 탓했다. 그는 그녀의 무책임함 때문에 자신의 인생이 망가질 것이라며 크게 좌절했다. 그러나 결국 그녀는 주니어의 압력에 굴복해 낙태를 하게 되었고, 주니어는 안도하며 학교 간호사가 나누어주는 무료 콘돔을 활용하기로 다짐했다.

주니어는 지역의 2년제 대학에 등록했다. 그러나 첫 학기 중반에 그는 자신의 학습능력이 대학 공부를 하기에는 부족하다는 사실을 깨달았다. 12년간의 학교 생활은 너무 쉬웠고, 대부분의 교사들이 지나치게 관대해서 그는 마감일을 지키거나 성적을 얻기 위해 열심히 노력하는 법을 배우지 못했다(부모가 항상 숙제를 도와주었기 때문이다). 그는 각 교수들을 찾아가 'C 학점은 자신에게 너무 낮다'며 '더 좋은 성적을 달라'고 요구했다. 몇몇 교수는 그렇게 해주었지만, 다른 교수들은 기준을 충족하고 과제를 제때 제출해야 성적을 받을 수 있다고 거절했다. 주니어는 책임을 인정하지 않고, 오히려 융통성 없고 불공평한 교수들의 피해자라고 생각하며 자신의 미래를 망치고 있다고 여겼다.

아들의 장래를 걱정한 주니어의 부모는 학교 행정실을 찾아가 아들을 부당하게 대한 교수들에 대해 항의했다. 그러나 부모의 압력에도 불구하고 행정실은 교수들의 편을 들었고, 결국 주니어의 부모는 집 담보 대출을 추가로 받아 다른 도시의 사립대학에 아들을 등록시켰다. 원래 주니어가 계획했던 길은 아니었지만, 그는 마지못해 새 학교를 받아들였다. 새로운 대학에서 주니어는 미리 작성된 리포트를 사거나 시험에서 가끔 부정행위를 하며 졸업을 향해 나아갔다. 많은 대학생들과 마찬가지로 그는 조금은 공부했지만, 파티와 놀기에 더 많은 시간을 보냈다. 중독 수준은 아니었지만 술, 마리화나, 여자들과의 관계는 그의 대학 생활의 일부였다.

4년간 즐거운 시간을 보낸 후 그는 졸업했고, 대기업에 취직했다. 그러나 예상대로, 정해진 근무 시간과 일하는 시간에 농땡이를 절대 용납하지 않는 상사들에 적응하는 데 큰 어려움을 겪었다. 동료들과의 휴게실 대화 주제는 주로 까다롭고 비현실적인 상사들에 대한 불평이었다.

시간이 지나 주니어는 한 여자를 사랑하게 되어 결혼했고, 가정을 꾸렸다. 두 사람은 충분한 수입을 올렸고, 여유가 있다고 느꼈다. 그래서 걸스카우트 쿠키를 사주고, 매년 12월마다 열대우림 보호를 위해 소액 기부를 했다. 그들은 집을 사기 위해 저축을 하고 있었기에, 당장은 아이를 갖지 않기로 했다.

그러나 3년 후 주니어는 직장에서 해고되었고, 다른 직업을 찾을 때까지 부모에게 경제적 도움을 요청했다. 지난 직장에 불만이 많았던 그는 새 직장을 고를 때도 까다로웠고, 결국 아내의 수입과 실업 수당, 그리고 부모의 지원금으로 1년을 버텼다. 그 기간 동안 그는 대학 시절의 옛 여자 친구와 다시 교제를 시작했다. 새 직장에 들어가게 될 무렵, 아내는 그의 게으름과 외도에 질려 이혼을 요구했다. 주니어는 자신이 부당하게 버려졌다고 생각했고, 피해자처럼 느꼈다. 그는 만나는 이들에게 자신이 버림받은 이야기를 늘어놓으며 대부분의 사람들로부터 동정을 얻었다. 주니어는 슬픔에서 벗어날 때까지 다시 부모 집으로 들어갔다.

주니어는 자신의 행복이 최우선이라고 믿으며 자란 사람이었다. 어린 시절부터 누리려는 욕구가 부모에 의해 제어되지 않았고,

그것은 그의 성장 과정 내내 더욱 강화되었다. 자제력을 배워야 할 시기에 그는 오히려 자기 방종을 키워갔다. 그는 지나치게 부풀려진 자기중심적인 사고방식을 갖게 되었고, 만족의 지연을 거의 견디지 못했다. 언제나 자기 행동에 대한 온전한 책임을 요구받지 않았고, 늘 결과로부터 구제받아 왔기에 자기 절제의 삶과는 거리가 먼 삶을 살아왔다. 그는 모든 사람이 자신에게 빚을 지고 있다고 여겼다. 그리고 그의 친구와 동급생 대부분이 같은 방식으로 자랐기에, 결과에 대한 책임 없는 쾌락 추구가 마치 최고의 권리인 것처럼 믿게 되었다.

그의 어린 시절을 되돌아보면 그런 삶의 관점이 어떻게 형성되었는지를 알 수 있다. 그는 갱단이나 마약상이 되지는 않았지만, 결국 성인이 되었을 때에도 유아기에 가졌던 자기중심적 시각을 그대로 간직한 채 몸만 어른이 되었다.

이러한 세계관은 그의 배우자, 직장 상사, 공동체, 그리고 부모와의 관계에 영향을 미쳤다. 이러한 그의 삶의 태도와 가치관이 그의 정치적 견해와 관점에 결정적인 영향을 주었다는 것이 놀라운 일일까?

　　　　스카이는 이제 막 걸음마를 뗀 아기이지만, 집에서 거의 제약이 없다. 그의 부모는 아이를 억압하거나 강요하는 것은 좋지 않다고 생각했다. "아이를 심하게 억제시키면 창의력 성장에 방해가 된다."라고 그들은 말하곤 했다. 물론 위험한 물건들은 손 닿지 않는 곳으로 치워두었지만, 그 외에는 스카이가 원하는 대로 집 안을 돌아다니고 관심 있는 것에 손대도록 내버려 두었다.

　어느 날 엄마가 부엌에 들어가 보니 유기농 통밀가루가 온통 흩어져 있었고, 세 살 난 스카이가 그 한가운데 앉아 자기만족에 빠져 '부엌 대변신'을 즐기고 있었다. 엄마는 화를 내기는커녕, 아이가 '탐구'하고 '발견'한 것을 기뻐하며 오히려 즐거워했다. 그녀는 심지어 그와 함께 바닥에 앉아 머리에 가루를 조금 뿌려보이며 지지를 표현했다. 엄마에게는 청소의 수고보다, 스카이가 '자유롭게 표현하는 것'을 배워가는 가치가 더 소중한 일이었다.

　스카이네 집에는 규칙이 거의 없었다. 부모의 생각은 이랬다. 아이는 하고 싶은 말을 마음껏 해야 하며, 원하지 않는 일은 억지로 시켜서는 안 된다는 것이다. 그래서 스카이의 협조를 얻는 일은 큰 노력이 필요했다. 부모는 무엇이든 그를 설득해야 했고, 아시다시 피 세 살짜리 아이를 이성적으로 설득하는 일은 거의 불가능하다.

어느 날 부모는 자신들의 양육 방식에 결점이 있음을 깨닫게 되었다. 가족 여행을 위해 비행기에 탑승한 직후, 스카이가 앉아서 안전벨트를 매기를 거부해 결국 비행기에서 쫓겨난 것이다. 스튜어디스가 억지로 앉히려 하자 엄마는 그와 거의 주먹다짐을 벌일 뻔했다. 그때 부모는 스카이가 좀 더 커서 개인 안전 문제를 이해할 수 있을 때까지 모든 여행을 자동차로 해야겠다고 결심했다.

스카이의 부모는 아이가 원하지 않는 일은 거의 강요하지 않았지만, 한 가지 예외가 있었다. 바로 건강한 음식을 먹게 하는 것이었다. 다행히 스카이는 어린 시절부터 건강식을 좋아했다. 생후 6개월 무렵부터 브로콜리, 할라피뇨, 새싹 채소를 먹었기 때문에 또래와 달리 단것을 싫어하고 채소를 좋아하게 되었다.

스카이가 학교에 갈 나이가 되었을 때, 부모는 교실 수업의 구조적 틀이 아이의 자유로운 정신을 억압할까 걱정했다. 그래서 최대한 자유롭게 자신이 흥미를 느끼는 과목을 공부할 수 있도록, 규율이 거의 없는 학교를 찾아 보냈다.

하지만 부모는 미처 알지 못했다. 스카이가 어릴 때부터 성인의 권위에 순종하고 경계와 질서에 따르는 법을 배우지 못한 탓에, 점차 지나치게 자기중심적인 사고방식을 키워가고 있었고, 이후 규칙을 따르거나 권위에 복종하는 데 어려움을 겪게 될 것이라는 사실을 말이다.

스카이의 부모는 1970년대식 사고방식을 그대로 간직한 사람들이었다. 건강식을 먹고, 환경을 중시하며, 매일 마리화나를 피웠다. 스카이가 하고 싶은 것을 마음대로 하도록 자유를 누리게 했지만, 물질적인 것은 많이 허락하지 않았다. 그들은 단순하고 비물질적인 삶을 살았고, 스카이 역시 그것에 만족했다.

스카이가 자라던 시절, 저녁 시간은 TV 앞에서 보내지 않았다. 그는 부모에게서 기타와 콩가 드럼을 배우며 음악을 연주했고, 가족은 여가 시간에 함께 음악을 하고, 시를 읽으며, 철학을 토론했다. 대화의 주제는 대부분 지구를 어떻게 지킬지, 인류를 어떻게 개선할지에 관한 것이었다.

고등학교에 다닐 무렵 스카이는 완전히 개성 넘치는 사람이 되었다. 그는 전혀 남들과 같지 않았고, 일부러 어울리지 않는 옷차림을 했으며, 데오드란트는 대기업이 판매를 조장하기 위한 술책이라 여겨 거부했다.

'권위에 도전하라'는 교육을 받고 자란 그는 학교 신문에 기고하는 글에서 두려움 없이 자신의 철학적 적뿐 아니라 동지들까지도 일관성이 부족하다고 판단되면 가차 없이 비난했다. 더 넓은 세상에 자신의 목소리를 내기 위해 지역 신문에도 편집자에게 보내는 글을 보냈다. 그의 직설적인 태도 때문에 교사들과 끊임없이 충돌했는데, 어떤 가르침도 논쟁 없이 받아들이지 않았기 때문이다. 스카이는 자신과 자신의 생각에 큰 자부심을 가지고 있었고, 동의하지 않는 일은 결코 하지 않겠다고 버텼다. 토론을 좋아했기에 학교 토론팀에 들어갔지만, 한 달도 안 되어 그만두었다. 규칙이 너무 많았기 때문이다.

대학에 들어간 스카이는 환경에 대한 신념과 '믿는 바를 위해 싸워야 한다'는 가정교육의 영향을 받아 각종 사회운동에 빠져들었다. 그는 원인과 상관없이 시위와 집회에 정기적으로 참여했다. 낙태를 반대하는 사람들이 낙태 시술소 앞에서 태아의 생명을 지키기 위해 모여 시위한다는 소식을 들으면, 그는 즉시 반대 시위에 참여했다. 그리고 그 직후에는 벌목 위기에 놓인 나무를 지키기 위해 뜻이 맞는 친구들과 함께 나무에 쇠사슬을 묶고 둘러서서 작업을 지연시키려 했다. 그들에게 이것은 단순한 시위가 아니라 '구조 작전'이었다. 실제로 나무의 생명을 구하는 일이었다.

비록 그의 행동으로 체포되었고, 그가 구치소에 있는 동안 나무는 잘려 나갔지만, 스카이는 자신이 옳다고 믿는 일을 했다는 이유만으로도 승리했다고 여겼다. 스카이는 체포될수록 자신의 신념이 더 굳건해졌고, 자신의 선함에 대한 확신도 커졌다. 그는 고기를 먹지 않았고 동물성 제품을 일절 사용하지 않았다. 가죽으로 만든 옷이나 신발도 신지 않았으며, 어디든 갈 수 있는 곳은 자전거로 이동했다. 비가 와도 마찬가지였고, 거리가 너무 멀 때만 친구의 차를 얻어 탔다. 일회용품은 물론 화장지조차 사용하지 않았다. 스카이는 자신의 신념을 지키며 체포까지 감수하는 태도에서 우월감을 느꼈고, 다른 사람들을 은근히 깔보았다. 특히 환경 문제에서 위선적으로 행동하는 진보주의 지도자들에게는 더욱 그랬다. 그는 환경 보호 모금 행사에 참석하면서 리무진을 시동 켠 채로 대기시키는 유명 인사들을 신문 사설을 통해 꾸짖었다. 또한 개인 비행기를 타고 환경 행사에 오는 환경운동가들, 대저택에서 엄청난 양의 프레온가스를 배출하는 이들을 보며 분노했다.

그가 처음으로 단독 시위로 체포된 것은 대학에서 존경하던 환경운동가가 강연을 하던 자리였다. 질의응답 시간이 되었을 때 스카이는 마이크를 받아 질문 하나만 하도록 허락받았지만, 예상대로 그는 여러 질문과 코멘트를 이어갔다. 마이크를 놓지 않고 질의응답을 독점하자 캠퍼스 경찰이 그를 제압하려 했다. 그러나 스카이는 자신이 불합리하다고 여기는 요구에는 결코 굴복할 수 없었기에 끝까지 저항했다. 결국 경찰은 테이저건을 사용해야 했고, 다섯 번이나 충격을 가한 후에야 그는 몸부림을 멈췄다.

스카이는 끌려나가 경찰차에 실렸지만, 강연장이 모두 정리된 후 곧 풀려났다. 그날 밤 전까지 그는 단 한 번도 자신의 의사에 반하는 것을 강요당한 적이 없었기 때문에, 자신이 극도의 부당함의 피해자가 되었다고 느꼈다. 권위 앞에 순종해야 한다는 개념은 그에게는 전혀 이해되지 않았다. 경찰관의 명령에 입을 다물고 따르는 것은 그에겐 상식 밖의 일이었고, 그는 그들의 지시에 저항할 권리가 있다고 굳게 믿었다.

스카이는 남을 위하는 마음을 배우며 자랐고, 그렇지 않은 사람들을 보면 분노를 느꼈다. 그는 다른 사람들과 지구를 아끼는 마음 때문에, 자기 생각과 다르게 행동하는 사람들을 도무지 용납할 수 없었다. 하지만 자신이 동의하는 견해만을 관용하는 태도 속에 담긴 모순은 보지 못했다.

이 모순이 특히 드러난 것은 어느 날 평화 행진에서였다. 그는 300여 명과 함께 전쟁에 반대하는 행진에 참여했는데, 그곳에 미군을 지지하는 몇몇 반대 시위자들이 있었다. 그들이 들고 있던 피켓에는 이런 문구가 적혀 있었다.

"당신들은 정말 평화를 원합니까? 집안일은 평화롭습니까?"

이 도전적인 문구는 스카이를 자극했다. 그는 평화의 상징인 피스 마크 피켓을 휘둘러 그 옆을 지나가던 전쟁 지지자를 쳤다. 흥미롭게도 그 지지자는 반격하지 않았다. 그 결과 저녁 뉴스에 나온 장면은 아이러니했다. 평화 운동가는 폭력으로 대응했고, 전쟁 지지자는 평화적으로 자제했다는 모습이었다.

스카이는 자신이 '평화를 위해 폭력을 행사한' 위선을 보지 못했다. 또한 그가 "집안일은 평화롭습니까?"라는 도전에 그토록 분노한 이유도 이해하지 못했다. 사실 스카이의 어린 시절 가정은 늘 평화로웠다. 부모에게 규칙이 없었으니 반항할 이유도 없었다. 부모와 같은 음악을 좋아했고, 같이 마리화나를 피웠으며, 같은 가치를 공유했다. 1960년대에 불거졌던 세대 갈등은 그의 집안에서는 없었다. 집은 그저 완벽하게 즐거운 곳이었다. 적어도 그가 대학에 들어가기 전까지는 말이다.

대학 1학년 때 일이 달라졌다. 스카이의 부모는 오래된 친구 중 한 명과 정기적으로 커피 모임을 가졌는데, 그 친구는 '예수쟁이'가 되어 있었다. 스카이는 부모가 변해가는 모습을 보고 두려움을 느꼈다. 그들은 '대지의 어머니Mother Earth'를 믿었고, 인간이 의지해야 하는 절대적 존재인 하나님 개념을 경멸했었는데, 이제는 성경을 읽기 시작한 것이다. 몇 주가 지난 뒤, 부모는 스카이와 진지하게 앉아 자신들이 그리스도인이 되었다고 고백했다. 그 말은 스카이의 두려움을 확인시켜 주었고, 그는 깊은 혼란과 고통 속으로 빠져들었다.

부모의 삶의 변화와 새로운 가치관은 그에게 용납할 수 없는 것이었다. 여전히 함께 음악을 연주하곤 했지만, 이제 그들은 스카이와 함께 마리화나를 피우려 하지 않았다. 오히려 집 안에서는 피우지 말아 달라고 부탁했다. 부모는 결코 스카이의 가치관을 정죄하지 않았지만, 그는 부모가 자신을 업신여긴다고 생각했다. 그 변화 이후 저녁 대화는 예전과 같지 않았다. 어릴 적에는 모두 절대적 진리를 부정했기에 누구도 '틀렸다'는 말이 없었지만, 이제는 논쟁이 자주 생겼다. 그러나 불편함을 느낀 것은 스카이뿐이었고, 부모는 오히려 그 어느 때보다 더 평안해 보였다.

　스카이는 부모의 신앙 때문에 점점 더 불행해졌다. 반대 시위자를 공격했던 그날도 사실은 그의 위선이 드러나자 깊은 상처를 받았기 때문이었다. 몇몇 평화 시위자들은 자신들이 '평화'를 외치며 행진하면서도 정작 집에서는 부모와 갈등하며 싸우고 있다는 사실을 깨닫고 부끄러워했지만, 스카이는 분노로 반응했다. 그는 자신의 위선을 마주하고 싶지 않았기 때문에, 자신을 죄책감에 빠뜨린 상대를 공격했던 것이다.

　이것이 바로 스카이의 삶이었다. 그는 스스로 '편협과 증오'라고 부르는 것에 맞섰지만, 정작 자신은 조금이라도 마음에 들지 않는 사람에게 증오와 편협함으로 대했다. 언젠가는 자신 안의 위선을 보게 될 날이 올지도 모른다. 그러나 자신이 옳다고 느끼고 자신의 선택에 만족하는 한, 그는 결코 그것을 인정하지 못할 것이다.

데본은 하룻밤의 관계로 태어나게 되었다. 그의 어머니 애비는 당시 열아홉 살에 미혼이었으며 취약계층을 위한 복지 혜택에 의존하며 살고 있었다. 데본은 주립 병원에서 태어났고, 분유와 기저귀, 이유식 등 필요한 물품들은 복지사업을 통해 공급받았다.

데본은 친아버지를 알지 못했다. 대신 어머니에게는 수많은 동거 남자친구들이 있었고, 그때마다 데본은 새로운 집이나 트레일러로 이사해야 했다. 남자친구가 없을 때는 어머니와 함께 차에서 생활하기도 했다.

데본이 여덟 살이 되었을 때, 어머니는 마크라는 남자와 함께 살기 시작했다. 그는 이전 남자들과는 달랐다. 데본을 무시하지 않았고, 오히려 아버지 역할을 하려는 듯 보였다. 그는 데본에게 집 안일을 맡기고, 어머니에게 말대꾸하지 못하게 했으며, 잘못하면 매질을 하기도 했다. 어머니 애비가 불법 마약 소지로 6개월간 수감되었을 때는 마크가 아는 한도 내에서 부모 역할을 맡았다. 하지만 그 역시 불우한 가정에서 자라 부모 역할을 제대로 배운 적이 없었다.

마크는 데번의 아버지가 되려고 했지만 좋은 본보기가 되지는 못했다. 마크는 옳지 않은 일에 연루된 사람이었고, 데번은 그로부터 거짓말하는 법, 속이는 법, 규칙을 피해 가는 방법을 배웠다.

데번은 학교에서 자주 문제를 일으켰는데, 그럴 때마다 마크나 애비가 선생님을 찾아갔다. 그러나 그들의 눈에 문제는 늘 데번의 잘못이 아니었다. 언제나 선생님이 데번을 좋아하지 않아서 벌어진 일이라고 생각했다. 데번이 분명히 잘못한 것이 드러난 경우에도 그들은 책임을 부인하고, 오히려 선생님이 오해를 했거나 불공평하게 대한다고 주장했다. 이런 태도 속에서 자라면서 데번은 자기 연민에 쉽게 빠지고, 스스로를 피해자라고 여기는 사고방식을 키워 갔다.

데번의 삶에는 흡연과 술, 약물이 늘 가까이 있었다. 마크나 애비가 그에게 이런 것을 직접 권장한 것은 아니었지만, 그들의 생활 방식이 이미 그런 모습을 보여 주었고, 집안 곳곳에 널려있기에 데번은 원할 때마다 자연스럽게 그것들을 할 수 있는 환경이었다. 열한 살이 될 즈음에는 매일 담배를 피우고 있었다.

데번이 자란 집에는 늘 문란한 요소들이 있었고, 그는 열두 살이 되기 전 이웃 소녀와 잘못된 경험을 했다. 그 소녀는 이미 가족 안에서 상처를 입은 상태였다. 그러나 데번은 어려서부터 여성에 대해 왜곡된 시각이 형성되었다. 그의 안에는 여성을 존중하기보다

이용해도 된다는 생각이 자리해 있었다.

데번은 열두 살 때 이웃집을 털다 붙잡혔다. 하지만 처음 저지른 일이라 그는 부모의 손에 다시 맡겨졌다. 그 일에 대한 마크의 반응은 데번을 꾸짖는 것이 아니라, 잡힌 것에 대한 분풀이였다.

마크의 손찌검은 데번에게 큰 고통이 되지는 않았다. 그는 어려서부터 이를 악물고 버티며, 맞더라도 견뎌내는 법을 배웠다. 그러나 그가 진정으로 견디기 힘들었던 것은 어머니의 말이었다. 몸은 매를 버텼지만, 마음은 어머니의 거친 말 한마디마다 찢겨 나갔다. 그녀는 자신이 아들에게 어떤 영향력을 가지고 있는지, 그리고 그 말이 얼마나 깊은 상처를 남기는지 알지 못했다. 시간이 흐를수록 데번은 모욕을 더 많이 당했고, 그의 마음은 점점 더 굳어지고 메말라 갔다. 열세 살이 되었을 무렵 데번은 신경 쓰지 않고 무감각하게 살기로 결심했다. 그는 동네 갱단에 들어갔다. 갱단은 그가 집에서 느끼지 못하던 가치, 의미, 소속감을 주었다. 갱단 친구들은 그를 인정해 주었고, 심지어 그가 이미 면도를 하고 있다는 이유로 '레이저'(;면도기)라는 별명까지 붙여 주었다.

'레이저'라는 이름으로 갱단에 몸담으면서 그의 범죄는 단순한 절도에서 폭력과 강도까지 확대되었다. 마크는 데번이 갱단과 어울리는 것을 탐탁지 않아 했다. 그의 범죄로 인해 자신들에게 불필요한 관심을 끌어올까 두려웠기 때문이다. 하지만 아무리 위협을 해도 데번이 갱단과의 관계를 끊지 않자, 마크와 애비는 결국 이

사를 결심했다. 갱단이 없는 곳을 찾고 싶었던 것이다. 어느 날 데번이 학교에 간 사이, 그들은 얼마 되지 않는 살림을 훔친 트레일러에 실었다. 데번이 집에 돌아오자마자 그를 차에 태워 산골 작은 마을로 향했다.

예상하듯 데번은 완전히 절망에 빠졌다. 자신에게 정체성과 의미를 준 갱단, 자신을 누군가로 만들어 준 공동체가 사라져 버렸기 때문이다. 이제 그는 깊은 산골짜기, 자신이 '시골 촌구석'이라고 부른 곳에 갇힌 셈이었다. 데번은 감정을 억누르는 데 익숙했기에, 신경 쓰지 않는다고 무감각하게 살겠다고 스스로에게 말했지만, 실제로는 분노와 슬픔을 마음속에 묻어두었을 뿐이었다.

새 집은 숲속 열 에이커 땅 한가운데 놓인 방 두 개짜리 트레일러였다. 나무가 많았지만 독성 참나무도 무성했다. 마크는 더없이 만족했다. 마침내 자기만의 대마초를 재배할 수 있는 장소를 얻은 것이다. 그들은 복지 수당, 장애 보조금, 취약계층 지원사업으로 살아왔지만, 마크는 늘 마약 판매를 부수입으로 삼았다.

이사한 지 며칠 되지 않아 데번은 마을 사람들을 알게 되었다. 그곳은 모두가 순진할 만큼 믿음이 깊었고, 문을 잘 잠그지 않고 다녔다. 하지만 데번의 도벽은 마크가 예상하지 못한 변수였다. 대도시에서는 범죄가 일어나도 용의자가 수만 명에 이를 수 있지만, 작은 시골 마을에서 새로운 범죄가 잇따르면 제일 먼저 의심받는 건 가장 최근에 이사 온 가족이었다.

얼마 지나지 않아 지역 보안관이 마크의 대마초 밭을 처음 찾아 왔다. 다행히도 마크의 어린 대마초들이 자라는 한 에이커 땅은 독성 참나무 뒤에 잘 가려져 있어 보안관의 눈에 띄지 않았다. 그러나 데번은 운이 없었다. 보안관이 도착했을 때 그는 훔친 자전거에 앉아 있었던 것이다.

데번은 보안관을 설득해 자신이 자전거를 가질 생각은 없었고, 곧 주인에게 돌려주려 했다고 말했다. 마크도 보안관에게 데번을 직접 다루겠다며 적절히 벌을 주겠다고 약속했다. 보안관은 두 사람의 진심을 믿고 자전거를 트렁크에 싣고 떠났다.

법망에 아슬아슬하게 걸릴 뻔한 경험을 한 마크는 그 어느 때보다 화가 나서 데번을 거칠게 때렸다. 그러나 이제 몸집이 거의 마크만큼 자란 데번은 물러서지 않고 맞서기로 했다. 두 사람은 몇 분간 주먹을 주고받았고, 결국 마크가 입술에 난 상처를 만지며 멈춘 순간 데번은 집을 뛰쳐나와 마을을 향해 달렸다. 체육 시간마다 달리기를 싫어했던 그였지만, 아드레날린이 솟구친 덕분에 법원까지 두 마일을 쉬지 않고 달렸다. 그곳에서 보안관을 찾아 마크의 대마초 밭에 대해 모두 털어놓았다.

이 날은 데번의 인생에서 전환점이 되었다. 그날이 끝나기도 전에 마크는 감옥에 갇혔고, 그의 어머니는 평생 본 적 없는 분노를 드러냈다. 그녀는 거친 욕설을 퍼부으며 데번이 태어난 날을 저주했고, 그의 약점과 결점을 하나하나 들춰내며 모욕했다. 가까운 사람만이 알 수 있는 방식으로 그의 마음을 찢어놓고 남자로서의 자존심까지 짓밟았다.

데번은 수년 동안 울지 않았지만, 더는 버틸 수 없었다. 그는 울음을 터뜨리며 집을 뛰쳐나와 울부짖었다. 상처받고 화가 난 그는 자기 삶을 증오하며 끝내고 싶다는 생각까지 했다. 절벽에서 뛰어내릴까도 고민했지만, 다치고 휠체어 신세만 지게 될까 두려웠다. 그래서 달리던 중 다른 계획을 세웠다. 어떻게든 도시로 돌아가 예전 갱단 친구 중 한 명과 함께 살겠다는 것이었다.

데번은 정말로 예전 동네로 돌아갔다. 마침 부모가 받아주겠다는 친구를 찾아 함께 지낼 수 있었지만, 불과 일주일 만에 사회복지국이 개입했다. 결국 데번은 위탁 가정에 보내졌고, 열여덟 번째 생일까지 그곳에서 지냈다. 그는 어머니를 다시는 보지 못했다.

집에서 나와 지낸 4년 동안 데번은 일곱 번이나 집을 옮겨 다녔다. 그는 깨끗하고 단정한 집에서 살며, 부모 역할을 맡은 사람들이 소리를 지르거나 때리지 않는 점은 좋았지만, 규칙은 싫어했다. 필요할 때는 양부모에게 공손하게 말할 수 있었지만, 시선에서 벗어나면 마음대로 행동했다. 밤늦게까지 밖에 돌아다니고, 학교를 빼먹었다. 또 눈에 띄는 것은 무엇이든 가져갔다. 심지어 자신을 돌보던 위탁 가정의 물건조차도.

비극적인 것은, 데번이 자신을 받아준 사람들의 친절을 끝내 이해하거나 감사하지 못했다는 사실이다. 그는 너무 오래 정부 보조에 의존하며 살아왔기 때문에, 공짜로 받는 것은 당연한 권리라는 관점이 깊이 뿌리내려 있었다. 그래서 감사하지 않는다는 지적을 받을 때면 전혀 깨닫지 못했고, 오히려 분노하기만 했다.

스무 살이 될 즈음, 데번은 여러 차례 감옥을 들락거렸다. '그나마 다행'이었던 것은, 감옥에서 한 번 칼에 찔려 다리를 절게 되었고, 그 덕분에 장애 보조금을 받을 수 있게 된 것이다. 그는 장애 보조금, 함께 사는 여자 친구의 사회보장 연금, 그리고 그녀가 두 아이 때문에 받는 복지급여로 생활을 이어갔다. 데번은 일을 하지 않아도 된다고 여겼다.

데번은 정당에 가입하거나 투표를 해본 적은 없었다. 그러나 어느 정당이 권력을 잡기를 원하는지는 분명히 알고 있었다. 자신과 친구들 모두, 어떤 정당이 자신들을 돌봐주고 지금의 생활을 유지할 수 있게 해줄지를 잘 알고 있었던 것이다.

렙은 1950년대 초반에 태어났고, 사남매 중 둘째였다. 아버지는 블루칼라 직업으로 일했고 어머니는 전업주부로 아이들을 키웠다. 양쪽 부모와 조부모 모두 확고한 민주당 지지자들이었다.

렙이 두 살이 되었을 때 부모는 그가 어느 정도 자기 통제를 배울 나이가 되었다고 판단했다. 그래서 누나가 그랬던 것처럼, 또 동네 아이들 대부분이 그랬던 것처럼, 렙은 부모의 말을 따르지 않을 때마다 매를 맞았다. 그러나 그 매는 언제나 침착하고 절제된 태도로 주어졌고, 화를 내거나 통제력을 잃은 채로 행해진 적은 없었다. 그 결과 렙과 형제자매들은 폭력적인 성향을 보이지 않았다. 오히려 그들은 자기 절제와 권위에 대한 존중심을 배우며 자랐다.

렙의 가족은 한 사람의 수입으로 살아가다 보니 여유 돈이 많지 않았다. 그래서 렙과 형제자매들은 많은 물건을 가질 수 없었다. 부모님은 아이들에게 꼭 필요한 것이 아니면 사주지 않았다. 렙은 부모가 동전을 세어가며 어떤 물건을 살 수 있을지 고민하는 장면을 수없이 보았다. 기름값을 아끼려고 외출을 취소하는 일도 여러 번 있었다. 검소하게 살았다는 표현보다는, 넉넉하지 않은 살림이었다.

렙은 누나와 동생들처럼 기대치가 크지 않았고, 무엇을 받든 늘 감사했다. 때로는 어머니가 아이스크림을 사라고 준 10센트마저 거절하며 돈을 아껴주기도 했다.

렙의 부모는 대공황 시대에 자라면서 힘든 노동과 책임의 의미를 잘 알고 있었고, 그것을 자녀들에게 전해주고자 했다. 그래서 렙은 매일 해야 할 집안일이 정해져 있었다. 잡초 뽑기 같은 일은 좋아하지 않았고, 사실은 싫어했지만, 일이 힘들다고 해서 하지 않아도 되는 것은 아니었다. 이런 방식으로 렙은 개인적 책임의 의미를 배울 수밖에 없었다. 맡은 일을 성실히 하면 보상이 주어졌고, 게으름, 기만, 무책임에는 반드시 징계가 따랐다.

이러한 훈련은 그의 삶에 좋은 결과를 가져왔다. 그는 평균 이상의 성적을 받았고, 학교에서 문제를 일으킨 적도 없었으며, 대학에 진학하기 전까지 4년간 학교가 끝나면 꾸준히 일을 했다.

물론 부모가 그를 부지런히 훈련시켰지만, 결국 렙은 자신이 배운 교훈을 어떻게 활용할지 스스로 결정해야 했다. 그는 마음속으로 어른을 존중하려 했고, 대체로 모든 규칙을 지키려 애썼지만, 때로는 잘못을 저지르기도 했다. 어릴 때는 집안일을 맡기기 전에 몰래 도망치기도 했고, 누나의 일기를 훔쳐 읽기도 했으며, 형제자매와 말다툼을 하기도 했다. 다른 아이들에 비하면 심각한 행동은 아니었지만, 그래도 그는 자기 양심을 어긴 것이었다.

고등학교 마지막 학년이 되었을 때, 렙은 부모가 물려주고자 했던 많은 도덕적 가치들을 저버렸다. 여전히 어느 정도 자기 절제를 유지하며 도덕적 자제력을 발휘하긴 했지만, 가끔 마리화나를 피우기도 했고, 파티에서 술을 마시기도 했으며, 본능적인 욕구를 채우려 했다. 그 시대의 많은 십대 소년들처럼 그는 성 경험을 갖고 싶어 했다.

마지막 학년이 시작되고 몇 달 지나지 않아 렙은 마리화나를 끊었다. 생각이 흐려지는 것이 싫었기 때문이다. 하지만 파티에서 술은 계속 마셨다. 그래도 두 병 이상은 넘기지 않았고, 강한 약물은 전혀 손대지 않았다. 여자들 앞에서 자신감이 부족했기 때문에 졸업할 무렵에도 그는 여전히 순결을 지키고 있었다.

고등학교를 졸업한 그 여름, 렙은 인생에서 가장 즐거운 시간을 보냈다. 미성년자에게 술을 파는 가게를 발견했고, 미니 쿠퍼를 몰며 질주했고, 여자들과의 관계에서도 이전보다 훨씬 많은 성공을 거두었다. 그 여름, 거의 알지도 못하고 별로 신경도 쓰지 않던 여자와의 하룻밤 관계를 통해 그는 순결을 잃었다. 당시만 해도 그는 더할 나위 없이 좋다고 생각했다.

(이제부터 어떤 독자에게는 읽기 불편할 수도 있는 부분이 이어진다. 왜냐하면 '종교'에 관한 짧지만 강력한 이야기가 나오기 때문이다. 이런 주제를 불편해하는 이들이 있을 수 있어, 미리 밝혀두는 것이나.)

렙은 가족과 함께 교회에 다니며 자랐고, 하나님을 굳게 믿었다. 그가 하나님을 믿었던 이유는 우주가 우연히 존재하게 되었다고 믿을 만한 믿음이 자신에게 없었기 때문이다. 원자의 설계와 힘, 세포 재생, 성의 아름다움까지 모든 것이 지적이고 강력한 설계자의 존재를 말해준다고 그는 생각했다. 사람을 바라볼 때 그는 지성과 인격을 보았고, 그것이 창조주가 단순한 비인격적 힘이 아니라 인격을 가진 분이라는 증거라고 여겼다. 하나님은 인격을 가지셨기에 알 수 있는 분이라고 그는 확신했다.

흥미롭게도, 렙의 하나님에 대한 믿음은 그를 종교적으로 만든 것이 아니었다. 오히려 정반대였다. 그는 하나님이 계시다고 믿었기에, 자신이 그분께 응답하고 하나님을 알아야 할 책임이 있다는 것도 알았다. 하지만 렙은 자기 인생을 스스로 이끌어가는 것을 너무나 사랑했기에 하나님을 무시하기로 선택했다. 그는 자기중심적이었고, 하나님과의 관계는 그에게 불편한 일이었다. 그래서 고등학교를 졸업한 다음 해 여름까지 그는 하나님을 외면하며 살았다.

'성인식'을 치른 지 몇 주 되지 않아 렙은 제이드라는 소녀와 사귀기 시작했다. 그녀는 순수하고 착한 아이였고, 렙은 그녀를 무척 좋아했다. 처음에 그는 그녀가 자기 인생의 전환점이 될 거라는 사실을 몰랐다.

어느 날 저녁, 렙은 제이드와 함께 언덕에 앉아 있었고, 그녀에게 저렴한 사과주를 같이 마시자고 권했다. 제이드는 끝까지 거절하다가 결국 이렇게 말했다. '자신은 그럴 생각이 없다고, 왜냐하면 자신은 기독교인이기 때문이라고.' 렙에게는 이것보다 더 당황스러운 일이 없었다. 그는 기독교인과 사귀고 싶지 않았다. 그는 단순히 함께 '놀 수 있는' 사람을 원했다. 그런데 상황을 더 곤란하게 만드는 말이 이어졌다. 제이드는 렙에게 하나님께 삶을 드려야 한다고 말했다. 렙은 속으로 중얼거렸다. '이런, 이제 나한테 전도까지 하는 거야?'

사실 렙의 마음 깊은 곳에서는 자신을 지으신 분께 삶을 드려야 한다는 책임감을 느끼고 있었다. 하지만 그는 자신의 도덕적 실패를 너무 잘 알고 있었기에 하나님이 자신을 받아주실 거라고 믿지 못했다. 그는 그 사실을 제이드에게 솔직히 말했다. 그러나 당시 렙은 몰랐다. 자신의 도덕적 실패를 깨닫는 것이 하나님과 화해하는 길을 열어준다는 것을, 그것이 길을 막는 게 아니라는 것을 말이다.

교회에서 자라난 렙은 제이드가 전하려는 말을 이미 여러 번 들어왔었다. 제이드는 이렇게 말했다.

"예수님이 네 죄를 위해 죽으셨어. 이미 다 값을 치르셨어. 예수님은 죄인만 위해 죽으셨단다, 렙. 죄인이 용서와 새로운 출발을 구할 때 그분은 절대로 거절하지 않으셔."

그런데 이상하게도 그 말이 너무 좋게 들렸다. 사실 렙의 머릿속에는 다른 생각들이 가득 차 있었다. 그는 제이드를 취하게 만들려 던 시도를 포기하고 산을 내려왔다.

다음 날 아침, 렙은 여전히 제이드와 나눈 대화의 여운 속에 있었 다. 하나님과 화해한다는 게 생각보다 불가능한 일만은 아닌 듯 보 였다. 어쩌면 자기같이 망가진 사람에게도 희망이 있을지 몰랐다. 그는 하루 종일 고민했다. '정말 하나님이 나를 사랑하셔서 대신 예수님을 통해 내 죄의 대가를 치르게 하셨단 말인가?' 렙은 자신 도 모르는 사이 인생을 뒤바꿀 거대한 변화를 눈앞에 두고 있었다.

그 하루가 끝나갈 무렵 렙은 결국 그것을 믿을 마음이 생겼다. 그리고 단 하루 만에 그의 삶은 완전히 바뀌었다. 급진적인 영적 변화의 경험을 어떻게 설명할 수 있을까? 그것은 어떤 사람이 새 로운 신조를 선택하고 스스로 달라지려고 애쓰는 과정이 아니다. 그것은 전혀 자기 스스로 만들어낼 수 없는 것이다. 그것은 하나님 의 손길을 통해 한 사람의 마음이 갑자기 맑아지고, 생명 없는 영 혼 속에 새 생명이 흘러 들어와 즉시 그 사람을 바꾸는 것이다. 렙 은 교회 예배에 참석하지도 않았고, 정해진 기도를 외우지도 않았 으며, 어떤 종교적 의식에도 참여하지 않았다. 그가 한 일이라고 는 예수님이 하나님의 아들이시며, 자기 죄의 대가를 치르기 위해 목숨을 내어주셨다는 사실을 받아들인 것뿐이었다. 하지만 그 작 은 믿음으로 인해 렙의 마음과 생각은 갑자기 변했다. 그는 어깨 에서 무거운 짐이 벗겨진 듯했으며, 마음 깊은 곳에서 깨끗하고 새 로워졌다고 느꼈다. 그는 그런 변화를 전혀 예상하지 못했기에 더욱 놀랐다.

그는 무슨 일이 일어난 건지 거의 알지 못했지만, 술에 취하고 싶던 욕망과 방탕한 생활에 대한 열망이 사라졌음을 알았다. 가치관이 하루아침에 달라졌고, 자신이 다르게 살 수 있는 힘을 얻었다는 것을 느꼈다. 단 하루 만에—정확히 말하면 몇 분 만에—급격한 변화가 일어난 것이다. 그는 다시 태어난 것 같았다.

다음 날 아침, 렙은 하나님을 향한 사랑으로 가득 차 깨어났다. 새로운 삶을 살아가며 렙은 자신 안에서 일어나는 변화를 믿을 수 없었다. 그는 마치 새로운 눈을 얻은 듯 세상이 전혀 다르게 보였다. 이전에는 사람들의 시선을 두려워하며 살았지만, 이제는 불안이 더 이상 자신을 지배하지 않는다는 것을 발견했다. 삶에서 처음으로, 그는 다르게 살아갈 자유를 느꼈다. 심지어 예수님에 대해 다른 이들에게 담대히 말할 용기도 생겼다. 사람들이 화를 내거나 자신을 거부할 것을 알면서도 말이다.

삶에 대한 새로운 관점을 얻은 렙은 세상에 변화를 가져오고 싶었다. 그래서 사람들을 돕는 일을 하겠다는 목표로 대학에 진학해 관련 학위를 받았다. 졸업 후 그는 정신건강 분야에서 일을 시작했지만, 곧 환자들 대부분에게서 뚜렷한 변화가 나타나지 않는 것과 중독자들이 장기적으로 자유를 누리지 못하는 것을 보면서 좌절했다. 결국 그 일을 그만두고 공익회사에 취직해 생계를 유지하면서 밤에는 신학교에 다녔다. 그는 사람들에게 깊고 지속적인 변화를 주는 가장 좋은 길이 목회자가 되는 것이라 결심하게 되었다.

렙은 일과 대학원 과정을 병행하는 가운데 결혼해 가정을 꾸렸다. 그가 자녀를 키우게 되면서 부모에게서 배운 훈육, 존중, 책임의 원칙을 다시금 귀하게 여기게 되었다. 이 원칙들은 자녀 양육에 있어서만이 아니라 인간 본성에 대한 이해와도 맞아떨어졌고, 훗날 목회자가 되었을 때 상담과 가르침에서 중요한 역할을 했다.

회심 이후 개인적 책임에 대한 이해가 깊어지면서, 렙은 점차 자신이 진보적 도덕관이나 지나치게 관대한 진보주의적 사랑에는 더 이상 공감하지 못한다는 결론에 이르렀다. 서른 살이 될 무렵 그는 민주당을 떠났다. 공화당으로 등록했지만, 그의 충성은 어디까지나 하나님과 도덕적 보수주의의 원칙에 있었다.

어떤 독자는 이 이야기가 부모의 영향보다는 종교적 변화의 예시가 더 강하지 않느냐고 생각할지도 모른다. 그러나 내가 이 이야기를 포함한 이유는, 책을 다 읽고 나서 삶과 자녀의 미래를 바꾸고 싶다는 영감을 받은 이들 가운데, 정작 변화를 일으킬 힘이 자기 안에는 부족하다고 느끼는 사람들이 있기 때문이다. 그런 이들에게 예수 그리스도를 믿고 하나님께 나아오기를 권면하고 싶다. 하나님은 겸손히 나아오는 모든 사람에게 자비를 베푸신다.

인간은 태어날 때 본능적으로 자기중심적이다.

그 본능은 시간이 아니라 훈련을 통해 다루어져야 한다.

부모가 자기 절제와 책임을 가르치지 않으면,

아이는 본성대로 살아가게 된다.

그리고 그렇게 자란 아이들이

다음 세대의 사회와 문화, 정치의 모습을 만들어 낸다.

당신의 자녀는 본성을 따라 자라고 있는가?

아니면 훈련을 통해 절제와 인격을 배우고 있는가?

부모의 양육이 자녀의 세계관을 만든다

한 세대의 양육은 어떻게 다음 세대의 정치적 사고를 형성하는가?

Conservatives Who Raise Liberal Children:
How the Parenting of One Generation Shapes the Politics of the Next

초판 발행   2026년 3월 20일

지은이   렙 브래들리
펴낸이   박진하
교정   성정선
표지디자인   신형기
편집   홍용선
펴낸곳   홈앤에듀

신고번호   제 379-2014-000041호
주소   경기도 성남시 수정구 탄리로80, 4층
전화   050-5504-5404
홈페이지   홈앤에듀 http://homenedu.com
패밀리   홈스쿨지원센터 http://homeschoolcenter.co.kr
아임홈스쿨러 http://www.imh.kr
아임홈스쿨러몰 http://imh.kr/shop
아임홈스쿨러 페이스북 http://facebook.com/imhkr

판권소유   홈앤에듀
ISBN   979-11-997521-0-8(03230)
값   20,000원